AI시대

인성과 소통의 이해

지희진 김은정 남궁주리 남원선 이영옥 공저

Understanding HUMANITY and COMMUNICATION
in the Age of AI

양 성 원

Prologue

당신이 오실 줄 알았습니다

여러분과의 만남

설레는 마음으로 기다리고 있었습니다

Prologue

"기계는 말할 수 있다. 그러나 진심을 담을 수 있을까?"

우리는 지금, AI와 알고리즘이 모든 영역에 스며든 세상 속을 살아가고 있습니다. 질문을 하면 즉각 답이 돌아오고, 감정조차 사람보다 흉내 내는 기계와 더 많이 소통하는 시대입니다. 그러나 이런 기술의 발전 속에서 오히려 사람들은 진정성 있는 대화의 어려움을 느끼고 있습니다. 저는 대학 강단에서 오랫동안 대학생들과 함께하며 이런 질문을 자주 받습니다.

"대학생이 된 지금, 인성을 어떻게 함양해야 할까요?"

"교수님, 저는 왜 사람들과 깊은 대화를 못 하는 걸까요?"

"팀 프로젝트 할 때 조원들과 의견을 많이 나누는데, 오히려 마음은 더 불편한 것 같아요."

이 책은 바로 그런 물음들에서 출발했습니다.

AI 시대에 인간다움은 무엇이며, 우리는 어떻게 공감하고 소통하며 살아갈 수 있을까? 기술이 아무리 발전해도, 사람과 사람 사이의 관계는 여전히 '인성'과 '소통'이라는 오래된 가치 위에서 자랍니다. 또한 인성과 소통은 살아가면서, 부딪히고, 실패하고, 다시 돌아보며 배우는 겁니다. 이에 저는 강의실을 단순히 지식을 전달하는 곳이 아니라, 함께 묻고, 함께 성장하는 공간으로 여깁니다.

가르치며 배우고, 배우며 함께 자라는 것 — 이것이 저의 강의 철학이자, 이 책이 지향하는 핵심입니다. 교학상장(教學相長), 가르침과 배움은 늘 상호작용 속에서 깊어집니다. 이 책 역시 강의실에서의 수많은 질문과 토론, 학생들과의 실제 경험을 통해 만들어졌습니다.

어쩌면 지금 이 시대에 가장 절실한 건 '기술'이 아니라 사람을 이해하는 능력일지도 모릅니다. AI시대를 살아가는 청년들이, 사람답게 살아가기 위한 질문을 던지고, 실천하여, 스스로를 성찰해 보도록 돕는 교양서이기에 중부대학교의 필수 교양 교과목 「AI 시대, 인성과 소통의 이해」를 위해 연구교수님들과 개발하였습니다만 기술 중심의 시대 속에서도 '사람'을 중심에 두고자 하는 모든 대학과 교강사들에게도 널리 읽히기를 소망합니다.

기술은 빠르게 진화하지만 사람의 마음은 여전히 천천히 자랍니다.

이 책이 당신에게

"나는 어떤 사람인가?", "나는 어떻게 소통하고 있는가?"를

잠시 돌아보게 해 주는 한 권이 되기를 소망합니다.

2025년 8월

By 대표 저자 지희진

차 례

PART 1 과연 대학생은 인성을 어떻게 함양해야 하는가

PART 3

과연 갈등 상황에서 어떻게 소통해야 하는가?

PART

1

과연 대학생은 인성을 어떻게 함양해야 하는가

우리는 좋은 사람이 되기보다, 유능한 사람이 되라는 말에 익숙합니다. 하지만 세상은 이제 묻기 시작합니다. '그렇게 유능한 너는, 어떤 사람인가?' 라고. 인성이란 정답을 외우는 것이 아니라, 살아가며 계속 묻는 질문입니다. 내 말에 타인이 상처받진 않았는지, 함께하는 이에게 나는 어떤 존재였는지. 대학생 시기야말로 이 질문들을 처음으로 진지하게 마주해야 할 때입니다. 미래를 준비하는 지금, 나는 어떤 사람이 되어가고 있는가. 이 질문은 단순한 철학이 아니라, 당신 삶의 방향입니다.

우리는 자주 '인성' 이라는 말을 '착함' 과 혼동합니다. 누군가에게 불편함을 주지 않고, 예의 바르게 행동하고, 주변의 기대에 맞춰 사는 것. 그러나 그것은 좋은 사람처럼 보이기 위한 인성에 가깝습니다. 진짜 인성은 때로 '아니요' 라고 말할 줄 아는 용기이기도 합니다. 자신의 감정을 솔직하게 표현하고, 타인의 입장을 경청하며, 갈등이 생겼을 때 도망치지 않고 마주할 수 있는 내면의 힘. 성숙한 인성이란, 단지 착한 것이 아니라 '책임 있는 사람' 으로 살아가는 연습입니다.

CHAPTER 01

인성의 이해와 개념

오늘 우리의 학습 목표

1. 인성의 기본 개념을 설명할 수 있다.
2. 대학생에게 비로소 인성이 중요한 이유를 설명할 수 있다.

수업을 시작하기 전 Warming-up

1. 인성이라는 단어를 들으면 제일 먼저 떠오르는 것은 무엇인가요?

2. 내가 생각하는 인성이 좋은 사람은 어떤 사람(특징 등)인가요?

3. 객관적으로 나의 인성을 자가 점검 해 보자.

*5점: 매우 그렇다/4점: 그렇다/3점: 보통이다/2점: 그렇지 않다/1점: 전혀 그렇지 않다

번호	문항내용	점수(1~5점)
1	나는 거짓말을 하지 않고, 정직하게 말하려고 노력한다.	
2	나의 실수나 잘못에 책임을 지고, 핑계를 대지 않는다.	
3	나와 생각이 다른 사람의 입장을 존중하려고 한다.	
4	친구나 동료가 어려움을 겪을 때 도와주려는 마음이 든다.	
5	약속 시간이나 기한을 잘 지키려고 한다.	
6	화가 나거나 스트레스를 받을 때 감정을 조절하려고 노력한다.	
7	내가 한 말이나 행동이 다른 사람에게 어떤 영향을 미칠지 생각해 본다.	
8	다른 사람과 함께 일할 때 협력하고 조율하려고 한다.	
9	비판을 들었을 때 방어하기보다는 받아들이고 개선하려고 한다.	
10	내가 한 일에 대해 스스로 평가하거나 되돌아보는 습관이 있다.	

결과해석

45~50점: 훌륭한 인성을 지니고 있습니다. 타인과의 관계도 긍정적일 가능성이 큽니다.
35~44점: 전반적으로 좋은 인성을 갖고 있으나, 몇 가지 개선할 점이 있습니다.
25~34점: 자신의 태도와 습관을 돌아보고 의식적인 변화가 필요합니다.
15~24점: 인성의 중요성을 인식하고, 생활 속에서 적극적인 성찰과 개선 노력이 요구됩니다.

참고 및 참작배경: 인성교육진흥법(교육부, 2015): 정직, 책임, 배려, 협력, 공감 등의 핵심 인성 요소
성격 5요인 이론(Big Five): 성실성, 친화성, 정서 안정성 등
감성지능 이론(Daniel Goleman): 자기 인식, 자기 조절, 공감, 대인관계
Character Education Partnership(미국): 책임감, 정직, 시민의식

1. 인성 개념 정의

1) 인성과 성품

AI시대 '인성'이라는 단어는 더욱더 집중되어 부각되고 있는 단어이다. 그러나 "인성이 뭐예요?"라는 질문을 받는다면, 선뜻 설명하기 어려운 개념이기도 하다. 인성을 이해하기 위해서는 가장 기본적인 질문부터 시작해야 한다. "인성이란 대체 무엇인가?" 어떤 사람을 두고 "인성이 참 괜찮다"라고 말할 때, 우리는 무엇을 근거로 그런 판단을 내리는 걸까? 말투? 행동? 태도? 모두 맞다. 인성이란 그 사람의 말, 행동, 태도, 감정, 판단 등에 드러나는 내면의 도덕적 품성이자, 바람직한 인간됨의 기준이다.

인성(人性: character)에 대한 사전적 정의는 사람의 성품, 각 개인이 가지는 사고와 태도 및 행동 특성이다. 인성이라는 용어는 추상적이고 포괄적인 개념을 가지고 있으며 흔히 인품, 인격, 성격, 기질, 인간성, 됨됨이, 본성 등의 의미로 사용된다.

인성은 보편적으로 받아들여지는 도덕적인 가치를 내면화한 상태를 반영하는 행동이며, 개인이 주체적으로 자아 존중감을 가지고 자기표현을 정확히 하는 것을 의미한다, 이를 토대로 우리 사회의 기반이 되는 안전하고 건강한 공동체를 위한 태도와 행동을 형성하게 한다. 인성은 보다 긍정적이고 선선한 행동적 특성이라고 할 수 있다. 여기서 건전한 행동적 특성이란 존중하는, 도덕적인, 사회적인, 정서적인, 윤리적인 등을 내포하는 태도로, 개인과 사회에 긍정적인 영향을 주는 성품, 기질, 개성, 인격이다.

성품: 타고난 성질 또는 천품(天稟)을 나타내는 용어이며 한 인간의 총체적 및 전인적 인격 상태를 나타내는 개념

남성과 여성을 동시에 사람(人), 인성을 지니며 즉 인성은 사람이 태어나 어린이와 학생이라는 과정 속에서 자신의 생각과 행동의 기준이 되는 어른으로 완성된 상태이다. 이처럼 인성이란 어린이가 성장하면서 완성된 인간의 모습을 갖추어 가는 과정의 의미이다.

하늘이 명한 것을 성이라 하고 [天命之謂性]
성을 따라 행하는 것을 도라 하며 [率性之謂道]
도를 닦는 행위를 교라 한다 [修道之謂教]
–중용–

우주 만물의 하늘의 명대로 본래의 모습을 찾아가는 현상을 '성(性)'이라 하고 성의 완성으로 안내하는 과정을 도(道)라 하며 도를 닦도록 지원하는 모든 행위를 교(教)라 한다.

세상을 지배하는 단 하나의 법칙을 성이라고 주장하는 근거가 중용에 있다. 인간보다 높은 시각에서 내려다본 인간 생활을 포함한 우주 만물의 생성 원리가 바로 성인 것이다.

인간은 태어나 본능의 지배를 받는 어린이, 합리적으로 문제를 해결하기 위해 배우고 질문하여 지혜와 지식을 넓혀 가는 학생, 사회에 진출해 자신의 능력을 발휘하는 사회인으로 정신적 변화와 역할의 변화를 거쳐야 비로소 어른이 된다. 중용에서의 도란 어린이, 즉 어리석은 아이가 이러한 과정을 거쳐 어른이 되어 가는 과정을 의미한다.

간단히 정의하면, 인성은 사람으로서 마땅히 지녀야 할 가치 있는 성품과 태도를 말한다. 이 개념에는 정직함, 책임감, 배려심, 공감능력, 자기조절, 존중 등 다양한 도덕적 · 사회적 요소가 포함된다. 인성은 선천적이라기보다는 환경, 경험, 교육을 통해 형성되고 변화될 수 있는 성향으로, 일생 동안 성장하고 다듬을 수 있는 특성을 가진다.

대학생인 된 우리는 고등학교 시절의 정해진 커리큘럼과 수동적인 생활에서 벗어나, 자신의 선택과 책임으로 삶을 이끌어 나가야 하는 시기이다. 이 과정에서 학업 성적, 자격증, 어학 능력처럼 눈에 보이는 '스펙'도 중요하지만, 그것보다 더 중요한 것이 있다. 바로 '인성'이다.

인성은 단지 착하고 예의 바른 사람이 되는 것을 뜻하지 않으며, 인성은 내가 어떤 사람인지, 어떤 태도로 세상과 사람을 대하고 살아가는지를 보여 주는 내면의 힘이다. 결국, 인성이란 '좋은 사람으로 살아가는 능력'이라고 할 수 있으며, 인성이 바로 서 있어야, 대학생인 나의 지식과 능력도 건강하게 쓰이고 지속적으로 성장할 수 있다.

2) 인성 개념 비교

인성과 비슷하게 사용되는 개념들이 많다. 성격, 지능, 도덕성, 감성지능 등은 서로 유사해 보이지만, 인성과는 뚜렷이 구별되는 요소를 갖는다.

개념	정의	인성과의 차이점
성격	개인이 타고나는 고유한 기질이나 행동 경향	유전적 요소 강함, 도덕성 요소는 약함
도덕성	옳고 그름에 대한 판단 능력과 행동 기준	인성은 도덕성을 포함하지만 더 넓은 삶의 태도를 포괄
지능(IQ)	문제 해결, 사고력, 분석력 등 인지 능력	인성과 직접 관련 없음
감성지능(EQ)	자신의 감정 조절과 타인의 감정 이해 능력	인성과 밀접하나 주로 정서에 초점

이처럼 인성은 다른 개념들과 연결되어 있지만, 단순히 감정이나 능력이 아닌 삶의 전반적인 태도와 방향성에 깊이 연관된다. 따라서 인성은 한 개인이 어떤 존재로 살아갈 것인가에 대한 본질적 질문과 연결된다.

3) 인성에 대한 학문적 접근

인성은 다양한 학문 분야에서 서로 다른 관점으로 접근된다.

- **교육학적 관점**에서는 인성을 학교 교육을 통해 기르고 지도할 수 있는 '핵심역량'으로 본다. 특히 협동, 책임, 성실, 공동체 의식 등은 학교 수업과 비교과 활동을 통해 체계적으로 학습 가능하다.
- **심리학적 관점**에서는 인성을 인간의 성격 구조 속에서 이해하며, 도덕 판단 능력, 공감 능력, 자기조절력, 양심 등의 심리적 특성과 관련짓는다.
- **철학적 관점**에서는 인성을 인간이 마땅히 추구해야 할 덕성(virtue)으로 보며, 인간의 목적과 삶의 의미를 묻는 윤리적 담론 안에서 논의된다. 고대 아리스토텔레스(Aristoteles)는 '훌륭한 인간이 되기 위한 성품'을 인성의 핵심으로 보았다.

이처럼 학문마다 강조점은 다르지만, 공통적으로 인성을 후천적 훈련과 실천을 통해 기를 수 있는 내면의 태도로 이해하고 있다.

4) 인성의 형성

인성은 단기간에 형성되지 않는다. 그것은 어린 시절부터 시작해, 성장 과정 전반에 걸쳐 다양한 경험과 관계, 교육을 통해 축적되며 만들어진다.

인성은 흔히 타고난 성격이나 기질이라고 오해되지만, 사실 인성은 사회적, 교육적, 문화적 환경 속에서 점진적으로 형성되는 성향과 태도의 총체이다. 특히 대학생 시기는 청소년기에서 성인기로 넘어가는 과도기로서, 정체성을 형성하고 자율적 선택을 반복하는 중요한 인생 단계다. 이 시기에 형성된 인성은 이후 직업 세계, 대인관계, 시민의식 등 삶의 전반에 지대한 영향을 미친다. 따라서 대학생의 인성이 어떻게 형성되는지를 이해하는 것은, 그들의 성장과 미래를 돕는 데 핵심적이다. 특히 다음의 요인들이 인성 발달에 큰 영향을 미친다.

- 가정 환경
  부모의 말투, 행동, 가치관은 자녀의 인성 형성에 직접적인 영향을 준다. 정직함, 배려, 질서 등을 자연스럽게 익히게 된다.
- 학교 교육
  교사와 또래 관계, 학교 문화, 인성교육 프로그램 등은 학생의 사회적 태도와 도덕적 판단력을 기르는 중요한 요소다.
- 사회적 경험
  아르바이트, 봉사활동, 동아리, 갈등 경험 등을 통해 책임감, 인내, 소통 능력 등 실제적인 인성이 성장한다.
- 자기 성찰
  자신의 말과 행동을 돌아보고 개선하려는 태도는 인성을 더욱 성숙하게 만든다. 자기 점검은 인성 발달의 핵심 과정이다.

대학생 인성은 단순히 강의실 안에서만 길러지지 않는다. 오히려 강의 외 활동, 인간관계, 공동체 참여 등 일상의 다양한 경험 속에서 인성은 자라난다. 교과 수업 전공이나 교양 수업을 통해 지식뿐 아니라 윤리, 책임, 소통의 중요성을 배우며, 다양한 세계관을 접하게 된다. 이는 가치관과 태도의 변화로 이어진다. 대인관계와 협업 팀 프로젝트, 동아리, 봉사활동 등을 통해 타인의 입장을 이해하고 협력하는 경험을 하게 된다. 이 과정에서 배려, 존중, 갈등 조율 등의 인성적 태도가 자연스럽게 길러진다

실패와 도전의 경험인 시험, 과제, 대외활동, 공모전 등에서 성공과 실패를 반복하며 자기 조절력, 회복탄력성, 책임감이 훈련된다. 온라인 · 디지털 환경인 디지

털 공간에서의 소통, 표현, 관계맺음은 공감 능력, 표현의 책임성, 디지털 윤리 등의 새로운 인성 요소를 요구한다. 이처럼 인성은 단일한 교육 활동이 아닌, 다양한 삶의 장면과 상호작용 속에서 형성된다.

결국, 인성은 반복적 실천과 지속적인 성찰의 결과로 형성된다. 특히 대학생 시기는 타인과의 관계, 사회적 책임, 자율성과 같은 요소를 체득하기 좋은 시기로, 인성 발달의 결정적 기회라고 할 수 있다.

5) 인성 형성 핵심 요인

대학생 인성의 형성과정에는 여러 가지 주요 요인이 작용한다. 심리학적, 사회학적, 교육학적 관점에서 다음과 같은 요인들이 중요하게 다뤄진다.

- 개인의 기질 및 자아인식
  기질은 인성 형성의 기초가 되지만, 자기 성찰과 자아 인식이 성숙할수록 더 나은 인성으로 발달할 가능성이 높아진다.
- 사회적 관계
  친구, 교수, 선후배, 멘토 등과의 관계 속에서 피드백을 받고 영향을 주고받으며 인성은 다듬어진다.
- 문화와 제도
  소속된 사회의 문화와 제도는 개인이 어떤 인성을 이상적으로 여기는지 결정짓는 기준이 된다.
- 자기 주도적 경험
  스스로 선택하고 결정한 경험들—교환학생, 인턴십, 봉사활동, 여행 등—은 자기 책임감과 성찰 능력을 강화하며 성숙한 인성을 만들어 간다.

오늘날 사회는 인공지능, 빅데이터, 자동화 기술 등 빠른 기술 발전 속에서 '인간다움'의 가치를 새롭게 조명하고 있다. 지식과 능력만으로는 갈등을 해결할 수 없으며, 공동체 안에서 조화롭게 살아가기 위한 감정 조절, 소통, 공감, 윤리적 판단 능력이 점점 더 중요해지고 있다.

실제로 국내외 기업들은 채용 시 '인성 면접'을 강화하고 있으며, 대학은 비교과 프로그램, 캡스톤디자인, 지역 연계 활동 등을 통해 인성 역량을 강화하고 있다.

인성이 없는 능력은 오히려 사회에 해가 되기도 하며, 지식과 기술은 시간이 지나면 무뎌지지만 인성은 사람의 평판과 신뢰를 결정짓는 가장 본질적인 요소가 된다. 또한, 인성은 나 자신의 행복과도 깊은 관련이 있다. 공감하고 존중하며 책임지는 삶은 타인과의 관계를 건강하게 만들고, 스스로에 대한 만족감과 자존감을 높여 준다. 결국, 인성은 성공보다 더 오래가는 삶의 품격을 결정짓는 힘이다.

인성은 선택 가능한 태도이자, 길러질 수 있는 성품이다. 그것은 내가 누구이며, 어떻게 살아가고 싶은지를 말해 주는 내면의 나침반과도 같다. 대학생 시기는 단순히 직업을 준비하는 시간이 아니라, 어떤 사람으로 살아갈지를 연습하는 시기이기도 하다.

좋은 인성은 완벽한 사람이 되는 것이 아니라, 불완전함을 인식하고 끊임없이 더 나은 나를 만들어 가는 자세다. 지금 이 순간, 내 말과 행동, 태도 안에 내 인성이 드러나고 있다.

"지금 나는 어떤 사람으로 살아가고 있는가?" 이 질문은 앞으로 대학 생활을 시작으로 인생의 방향을 결정할 것이다.

2. 인성을 구성하는 덕목

인성은 여러 학문 분야에서 중요한 연구 대상이다. 각 분야는 인성을 조금씩 다르게 정의하지만, 공통적으로는 인간의 도덕적 품성과 사회적 태도, 그리고 올바른 인간됨에 초점을 둔다. 이 장에서는 교육학, 심리학, 철학, 윤리학 등 주요 학문 영역에서 인성을 어떻게 정의하고 해석하는지 살펴본다.

1) 교육학에서의 인성

교육학은 인성을 '교육을 통해 형성되는 인간의 전인적 성품'으로 본다. 이는 단순한 지식 전달이 아니라 도덕성, 사회성, 감성, 행동 양식 등을 포함하는 전인적 성장이다.

한국교육과정평가원은 인성을 "바람직한 가치관과 도덕적 품성을 바탕으로 타인과 협력하며 공동체 생활에 책임 있는 태도를 지니는 것"으로 정의한다. 즉, 교육학에서 인성은 학교 교육과정 내에서 기르고자 하는 핵심 역량 중 하나이며, 이는 학생들의 사회적 적응력과 인간관계 능력 향상을 목표로 한다.

교육학자들은 인성을 '덕목 교육'과 '사회 정서 학습(SEL, Social Emotional Learning)' 두 가지 측면에서 접근한다. 덕목 교육은 전통적으로 정직, 책임감, 예의 등을 강조하며, SEL은 자기 인식, 자기 조절, 타인에 대한 공감, 긍정적 관계 형성, 의사 결정 능력 등 사회 정서 역량을 키우는 데 집중한다.

대표적인 학자인 다니엘 골먼(Daniel Goleman)은 감성지능(EQ)이 인성의 핵심 요소라고 강조하며, 학교 교육이 학생들의 사회적·정서적 능력 발달을 촉진해야 한다고 주장한다.

(1) 교육학에서 바라보는 인성의 구성 요소

교육학은 인성을 다음과 같은 복합적 요소들의 통합체로 본다:

- **인지적 요소**: 정의와 불의, 옳고 그름을 판단할 수 있는 도덕적 판단 능력
- **정서적 요소**: 타인의 감정을 이해하고 공감하며 자신을 성찰할 수 있는 능력
- **행동적 요소**: 내면의 가치와 판단을 실제 생활 속에서 실천하고 행동으로 드러내는 태도
- **사회적 요소**: 타인과 조화롭게 소통하고 협력할 수 있는 능력, 공동체 의식
- **자기조절적 요소**: 감정, 충동, 욕구를 조절하며 자기 주도적으로 책임 있게 행동하는 성향

이러한 다층적 구성은 인성이 단일한 능력이 아닌, 전인적 발달을 통해 길러지는 통합적 성향임을 시사한다.

(2) 교육에서 인성이 중요한 이유

교육의 궁극적 목표는 전인교육이다. 교육학은 교육의 목적을 단순히 지식 전달에 두지 않는다. 전인교육(holistic education)의 관점에서 지식, 기능, 인성은 모두 균형 있게 발달해야 하며, 그중에서도 인성은 인간다운 인간으로 성장하기 위한 핵심 요소로 간주된다.

"무엇을 아느냐"보다 중요한 것은 "어떤 사람인가"라는 질문에 답할 수 있게 만드는 것이 교육의 근본 목적이라는 것이다. 또한 오늘날의 사회는 빠르게 변화하는 지식 정보화 사회이며, 기술과 인공지능의 발달로 지식 자체의 수명은 짧아지고 있다. 이런 사회에서는 단순한 지식이나 기능보다도, 문제를 해결하는 창의성, 협력적 소통능력, 윤리적 판단력, 자율성과 책임감과 같은 인성 역량이 더욱 중요한 '핵심 역량'으로 부각되고 있다.

교육학에서는 학교를 단지 교과 지식 전달의 공간이 아니라, 민주시민으로 성장

하기 위한 인격적 훈련장으로 본다. 학교는 학생들이 다양한 사회적 관계를 처음으로 경험하고, 규칙과 책임, 배려와 존중, 협력과 갈등해결을 학습하는 중요한 장이다. 따라서 교육학은 인성교육을 학교 교육의 본질적 책임으로 간주하며, 교과를 넘어 학교 문화, 교사 역할, 수업 방식, 생활지도, 상담 등 전반적인 교육 환경을 통해 인성을 길러야 한다고 강조한다.

결론적으로 교육학에서 인성은 교육을 통해 발달하고 완성되어 가는 인간 내면의 핵심 역량이며, 개인의 삶의 질뿐 아니라 사회의 지속가능한 발전을 위해서도 반드시 필요한 요소다.

교육은 결국 어떤 인간을 길러 낼 것인가라는 물음에 대한 해답을 찾는 과정이며, 인성은 그 중심에 있다.

지식은 빠르게 변화하지만, 책임감, 공감능력, 협력, 성실성, 자기 성찰과 같은 인성은 평생을 살아가는 데 꼭 필요한 핵심 자질이다. 교육학은 이러한 인성을 기르는 것이야말로 교육이 인간에게 줄 수 있는 가장 중요한 선물이라고 강조한다.

2) 심리학에서의 인성

심리학에서 인성은 개인의 성격과 정서, 도덕적 판단 능력 등을 통합하는 개념으로 연구된다. 특히 발달심리학과 성격심리학 분야에서는 인성을 인간의 사회적 적응과 관련된 행동 특성의 총체로 본다.

로렌스 콜버그(Lawrence Kohlberg)의 도덕 발달 이론은 인성 연구에 큰 영향을 끼쳤다. 콜버그는 도덕성이 '규칙과 권위를 따르는 수준'에서 '자율적 윤리 판단 수준'까지 발전한다고 보았다. 인성은 단순한 규칙 준수가 아니라, 자신과 타인의 권리를 존중하는 내적 도덕 원리의 발현이라고 할 수 있다. 또한, 에릭 에릭슨(Erik Erikson)은 인성 발달을 일생에 걸친 심리사회적 발달 과정으로 보았다. 특히 청소년기와 초기 성인기는 정체성 확립과 인간관계 능력의 발달이 이루어지는 시기로,

인성의 핵심 요소들이 형성된다.

마지막으로 심리학자 고든 올포트(Gordon Allport, 1937)는 인성을 다음과 같이 정의했다.

"인성은 개인 내에서의 역동적인 심리적 체계로, 그것은 개인의 환경에 대한 독특한 적응을 결정한다."

이 정의는 인성이 단순히 외부에서 관찰 가능한 행동 특성만이 아니라, 내면의 동기, 인지 과정, 감정, 가치관 등 심리적 구조 전반을 포함하며, 개인의 환경 적응 방식까지 설명한다는 점에서 심리학적 정의의 깊이를 보여 줬다고 볼 수 있다.

최근 심리학은 인성을 구성하는 다양한 심리적 역량을 '사회 정서 역량'으로 묶어 설명하며, 공감능력, 자기조절력, 긍정적 대인관계 기술 등이 인성의 필수 요소임을 강조한다.

결론적으로 심리학에서 인성은 단지 '착한 사람 되는 법'을 배우는 것이 아니라, 개인의 내면적 특성과 외적 행동 사이의 관계, 그리고 그것이 시간과 상황에 따라 어떻게 유지되거나 변화되는가를 설명하는 핵심 개념이다.

심리학은 인성을 복합적이고 다차원적인 구조이며, 환경과 학습의 영향을 받아 발달할 수 있고, 측정과 평가, 피드백을 통해 조절과 성장이 가능한 영역이며, 개인의 삶의 질, 사회적 적응, 대인관계 만족에 결정적 영향을 미치는 요인으로 본다.

따라서 인성은 단지 '성격'이 아니라, 인간이 자기답게 살며, 타인과 조화롭게 관계 맺고, 사회 속에서 건전하게 성장하는 데 필요한 심리적 기반이자 인생의 방향성을 형성하는 내적 나침반이라고 할 수 있다.

3) 철학 및 윤리학에서의 인성

철학에서는 인성을 '덕(德, virtue)'의 관점에서 접근한다. 고대 그리스 철학자 아리스토텔레스는 인성을 "좋은 삶을 영위하기 위해 필요한 덕목들의 총체"로 정의했다. 그는 인성이란 지적 덕과 도덕적 덕이 조화를 이루어 '중용(中庸)'을 실천하는 상태라고 설명했다. 즉, 인성은 균형 잡힌 마음가짐과 행위의 일관성을 통해 실현되는 '탁월한 인간됨'이다.

동양철학에서도 인성은 중요한 주제이다. 유교에서는 인성을 '인의예지(仁義禮智)', 즉 인간다움, 의로움, 예절, 지혜의 덕목들로 구성된 인간의 본성으로 간주한다. 맹자는 "인간은 본래 선하다"고 주장하며, 인성을 계발하는 교육과 수양을 강조했다. 이러한 관점은 인성을 타고난 본성과 후천적 수양의 결합으로 본다는 점에서 서양 철학과 맥을 같이 한다.

윤리학에서는 인성을 개인의 도덕적 정체성과 삶의 태도, 그리고 사회적 책임감과 연결하여 연구한다. 인성은 '어떻게 살아야 하는가.'라는 윤리적 질문에 대한 실천적 답변이며, '좋은 사람'이 되기 위한 도덕적 품성으로 이해된다.

4) 사회학에서의 인성

사회학에서는 인성을 개인과 사회의 상호작용 속에서 형성되는 사회적 산물로 본다. 이러한 관점에서 인성은 개인이 사회 내 타인과 관계를 맺고, 사회적 역할을 수행하며, 규범과 가치에 반응하는 과정 속에서 자연스럽게 형성되는 성향이다.

예를 들어, 가족, 학교, 또래 집단, 지역사회는 모두 개인의 인성 형성에 중요한 영향을 미치는 사회적 맥락이다. 유아기는 부모와의 관계 속에서, 청소년기는 또래와의 상호작용 속에서, 성인기는 사회적 역할 수행과 책임을 통해 인성이 성숙해진다. 이러한 맥락에서 인성은 특정 개인의 내면적 속성이 아니라, 사회 구조와 개인의 상호작용 속에서 지속적으로 형성되고 표현되는 행동 경향이다. 인성은 개인의 성향뿐 아니라 사회적 규범, 가치관, 제도와 문화의 영향을 받는다.

예컨대, 사회적 자본 이론은 신뢰와 협력, 공동체 의식과 같은 인성의 요소들이 사회 발전과 밀접하게 연결된다고 본다. 따라서 인성은 개인적 성품을 넘어 사회적 연결망과 공동체 건강성을 담보하는 중요한 기반이 된다.

사회학은 또한 인성이 문화적 산물이라는 점을 강조한다. 한 사회가 중요하게 여기는 가치관, 도덕적 기준, 제도적 규범, 종교, 교육 체계 등은 개인의 인성을 형성하는 데 강력한 영향을 준다. 예를 들어, 공동체 중심의 문화에서는 배려, 책임, 겸손과 같은 인성이 강조되며, 개인주의 문화에서는 자기 표현력, 자율성, 자기 결정능력이 중요한 인성 요소로 간주된다. 즉, 사회가 이상적으로 여기는 인간상(人間像)에 따라 '좋은 인성'의 기준도 달라진다. 이는 인성이 보편적이고 고정된 것이 아니라, 시대와 문화에 따라 상대적으로 구성되는 특성임을 보여 준다. 사회 구조의 변화, 예컨대 디지털 미디어의 확산, 다문화 사회의 등장, 기후 위기와 같은 글로벌 이슈는 새로운 인성 자질—디지털 시민성, 다양성 존중, 책임의식 등을 요구하고 있다.

사회학에서 인성과 깊은 관련이 있는 이론 중 하나가 바로 '사회적 자본(social capital)' 이론이다. 사회적 자본은 신뢰, 네트워크, 규범 등을 통해 공동체 내 협력이 원활히 이루어지게 하는 사회적 관계의 총합을 의미한다. 이 이론은 개인이 가진 인성과 사회 전체의 건강성 사이에 긴밀한 연결이 있음을 시사한다.

예를 들어, 타인을 신뢰하고 협력할 수 있는 태도, 공동체에 기여하려는 책임감, 규범을 존중하는 윤리성 등은 개인적 인성의 일부인 동시에, 사회적 자본을 풍부하게 만들어 공동체의 지속 가능성과 복지를 증진시킨다. 이처럼 인성은 단지 '좋은 사람'이 되기 위한 개인적 특성에 그치지 않고, 사회를 더 나은 방향으로 이끄는 핵심 사회 자원이기도 하다.

사회학은 인성을 '사회화(socialization)'의 산물로 본다. 이는 개인이 사회의 구성원으로 살아가기 위해 규범과 가치를 내면화하는 과정이며, 이 과정에서 인성은 서서히 자리를 잡는다. 사회학적 관점은 다음과 같은 시사점을 제시한다.

- 인성은 개인의 내면뿐 아니라 사회 구조와 문화적 맥락을 함께 고려해야 이해할 수 있다.

- 좋은 인성은 사회적 환경과 제도적 조건에 의해 뒷받침될 때 유지되고 확장될 수 있다.
- 교육, 복지, 법제도, 미디어 환경 등은 모두 인성 형성에 영향을 미치는 사회적 기제다.
- 인성 교육은 개인 중심이 아니라 사회적 맥락과 공동체성에 기반해야 한다.

결론적으로 사회학적 관점에서 인성은 사회와의 관계 속에서 형성되고, 사회적 자본을 증진시키며, 공동체의 유지와 발전에 기여하는 성향이다. 따라서 대학생의 인성을 이해하고 함양하는 데 있어, 단지 성품이나 도덕성의 문제로 접근하기보다, 그들이 살아가는 사회적 맥락, 문화적 환경, 제도적 조건 속에서 어떤 영향을 받고 있는지를 함께 살펴보는 것이 중요하다.

사회학은 우리에게 '좋은 사람'의 기준을 개인이 아니라 사회 전체의 건강성과 연결 지어 성찰할 수 있는 틀을 제공한다.

5) 종합적 관점과 현대적 정의

현재 인성에 관련된 연구를 종합적으로 통합하여 다음과 같이 정의할 수 있다

"인성은 개인이 사회 속에서 도덕적 판단과 행동을 일관되게 실천할 수 있는 내면의 도덕적 품성과 사회적 역량의 총체로, 지속적 성장과 학습을 통해 발전 가능한 전인적 인간됨의 상태이다."

이 정의는 인성을 고정된 성격이나 타고난 기질이 아닌, 배움과 실천을 통해 변화하는 역동적인 특성으로 이해한다는 점에서 의미가 크다. 또한 인성은 단순한 도덕성뿐 아니라, 자기 조절, 공감, 책임감, 소통 능력 등 다양한 사회 정서적 역량을 포함해 21세기 복잡한 사회 환경에 적합한 인간상을 제시한다.

3. 대학생들에게 필요한 7대 핵심 인성 덕목

인성이란 단순히 착하거나 예의 바른 태도를 말하는 것이 아니다. 인성은 한 사람이 지닌 성품 전체를 아우르며, 개인의 사고방식, 감정 조절 능력, 타인과의 관계 맺는 방식 등 삶의 모든 영역에 영향을 미치는 성격적, 도덕적, 사회적 특성을 말한다. 대학생 시기의 인성은 앞으로의 삶과 직결되며, 사회 구성원으로서 갖추어야 할 책임감과 도덕성을 키우는 중요한 시기이기도 하다.

인성은 단일한 개념이 아니라, 다양한 가치와 태도, 행동양식이 통합된 복합적인 특성이다. 심리학, 윤리학, 교육학 등 여러 분야에서는 인성을 구성하는 다양한 덕목을 제시해 왔다. 대표적인 덕목으로는 정직, 책임, 존중, 배려, 공감, 소통, 자기성찰 등이 있다.

이러한 덕목은 단지 '착하게 살기' 위한 요소가 아니라, 건강한 인간관계와 공동체 생활을 가능하게 하는 인간 내면의 힘이다. 특히 현대 사회에서 요구되는 인성은 단순한 도덕성을 넘어서, 자기 조절력과 타인에 대한 이해, 상황 판단력과 실천력을 포함하는 확장된 개념으로 이해될 필요가 있다.

대학생 시기는 자율성과 책임이 동시에 요구되는 시기로, 학문과 진로, 인간관계와 사회적 역할에 대한 균형 잡힌 성장을 필요로 한다. 이를 위해 특히 다음의 7가지 인성 덕목이 중요하다.

1) 정직(Honesty)

진실을 말하고 행동하며, 자신의 말과 선택에 책임지는 태도를 말한다. 즉, 정직은 인성의 출발점이며, 모든 관계와 신뢰의 바탕이 되는 핵심 가치이다.

대학생활에서는 리포트나 시험에서의 정직함은 물론, 친구나 교수, 팀원들과의 관계 속에서도 중요함으로, 거짓말을 하지 않는 것에 그치지 않고, 자신의 실수나 부족함도 솔직하게 인정할 수 있는 용기를 포함하는 것이다. 학업, 인간관계, 사회적 역할에서 기본이 되는 신뢰의 바탕이다.

예) 중간고사 시험 기간 중에 옆 친구가 컨닝하는 것을 보았을 때 나는 어떻게 해야 할까?

정직한 사람은 주변에 신뢰를 주며, 공동체 속에서 신뢰는 협력과 성장의 기반이 된다는 것을 잊지 말고 기억하자.

2) 책임감(Responsibility)

책임감은 맡은 일과 역할을 회피하지 않고 끝까지 수행하려는 자세를 말한다. 팀활동, 학업 수행, 진로 선택 과정에서 필수적인 태도라 말할 수 있다. 책임감은 맡은 일을 끝까지 해내려는 태도와 자세로써, 대학생에게는 과제, 시간 관리, 인간관계, 진로 선택 등 책임져야 할 일이 점점 많아지므로, 우리가 꼭 가져야 할 덕목 중에 하나이다.

책임감 있는 사람은 신뢰를 얻고, 어떤 상황에서도 의지할 수 있는 존재로 인식된다. 책임감은 성인으로서 독립성과 자율성을 실현하기 위한 핵심 덕목이며, 사회생활과 진로에 직접적인 영향을 미치게 된다.

예) 팀 프로젝트에서 내가 맡은 역할을 다하지 못했을 때 어떻게 하면 좋을까?

3) 존중(Respect)

존중은 타인의 존재와 생각, 권리를 인정하고 예의를 갖추는 태도를 말하며, 다양성과 다름을 이해하고 건강한 관계를 맺기 위한 기반이다.

대학생활은 다양한 배경과 가치관을 지닌 사람들과 함께하며, 서로를 존중하는 태도가 공동체의 건강함을 좌우한다.

존중은 단순히 예의를 지키는 것을 넘어, 타인의 의견, 감정, 공간, 경계를 지키는 태도를 포함하며, 갈등을 줄이고, 안전하고 배려 있는 소통 문화를 만들어 준다.

예) 의견이 다를 때 상대를 존중하는 방법은 무엇이 있을까?

4) 배려(Care)

배려는 타인의 입장에 공감하고 행동으로 도와주려는 마음을 뜻하며, 단체 생활, 갈등 상황, 소통 과정에서 협력을 이끌어 낸다. 즉, 배려는 타인의 입장을 미리 헤아리고, 작게라도 도움이 되는 행동을 하려는 마음에서 시작된다. 단순히 착한 사람이 되는 것이 아니라, 공동체 속에서 조화를 이루는 데 필수적인 덕목이다.

진정한 배려는 상대에게 '어떻게 하면 도움이 될까?'를 먼저 생각하는 태도에서 나오며, 이러한 태도는 관계 속 신뢰와 안정감을 높이고, 내가 속한 환경을 따뜻하게 변화 시킨다.

예) 친구가 가정사로 힘들어할 때 나는 어떻게 하면 좋을까?

5) 자기성찰(Self-reflection)

자신의 감정, 생각, 행동을 돌아보고 반성하며 성장하려는 습관, 즉 자신을 객관화하고 변화할 수 있는 내면의 힘을 뜻한다.

자기성찰은 자신의 감정, 생각, 행동을 되돌아보고, 더 나은 방향을 모색하려는 자세이며, 성찰을 통해 자신을 객관적으로 바라보고, 성장을 위한 발판을 마련할 수 있다.

'나는 왜 그렇게 반응했을까?' '앞으로 어떻게 하면 더 나을까?'라는 질문이 성장의 씨앗이다. 자기 성찰은 빠르게 변화하는 사회 속에서 자기 주도적으로 성장하고, 실수를 통해 배우기 위한 핵심 능력이다.

예) 대인관계에서 반복되는 갈등이 있을 때 어떻게 해야 할까?

6) 공감(Empathy)

공감은 왜 중요할까? 서로의 감정을 연결하고 관계의 깊이를 만들어 주는 힘이자, 진정한 소통의 시작점이기 때문이다.

공감은 타인의 입장에서 느끼고 이해하려는 마음의 능력이다. 단순히 상대의 말을 듣는 것을 넘어, '그럴 수도 있겠다.'라는 마음으로 받아들이는 자세이다.

공감 능력은 인간관계를 원활하게 만들며, 감정적 지지와 정서적 안정감을 제공하며, 자신의 생각을 잘 표현하고, 타인의 의견을 경청하는 기술과 태도로 오해 없이 관계를 유지하고 갈등을 예방하거나 해결하는 데 인성의 필수적 덕목 중에 하나다.

예) 친구가 실패를 경험했을 때 어떻게 공감해 주면 좋을까?

7) 소통 능력(Communication)

소통 능력은 생각을 명확하게 표현하고, 타인의 말을 경청하며, 갈등 상황을 건강하게 조율하는 힘이다. 대학생활에서는 팀 활동, 발표, 동아리, 인간관계 등 거의 모든 상황에서 소통 능력이 요구된다. 좋은 소통은 단순한 말솜씨보다 '듣는 태도'와 '진심 있는 표현'에서 비롯되며, 소통 능력은 사회적 협력, 갈등해결, 리더십과 밀접하게 연관되어 있는 핵심역량 요소이다.

예) 팀 프로젝트에서 내 생각을 정확하게 전달하면서, 상대에 의견에도 귀 기울일 수 있는 방법은 무엇이 있을까?

이 7가지 덕목은 별개의 항목처럼 보일 수 있지만, 실제로는 서로 밀접하게 연결되어 있다. 정직하고 책임감 있는 태도는 신뢰를 만들고, 존중과 배려는 건강한 관계를 만들며, 자기성찰과 공감, 소통은 더 깊은 사람됨을 이끌어 낸다.

지금 이 시기의 대학생들에게 이 덕목들은 '성공하는 사람'이 되기 위한 도구가 아니라, '좋은 사람'으로 성장하는 기반이 된다는 걸 꼭 명심하자.

Activity

핵심 인성 덕목 활동지(덕목 매칭 퀴즈)

아래의 정의와 설명을 읽고, 알맞은 인성 덕목(정직, 책임감, 존중, 배려, 자기성찰, 소통능력, 공감)을 빈칸에 써 보세요.

나의 실수를 인정하고 개선하려는 마음, 감정을 돌아보는 능력 → [ ]

타인의 감정, 생각, 경험을 자신의 것처럼 느끼고 이해하려는 능력 → [ ]

상대방의 입장을 이해하고 먼저 다가가는 태도 → [ ]

약속을 지키고, 맡은 바를 끝까지 해내려는 자세 → [ ]

자신의 생각을 명확히 전달하고, 타인의 말을 경청하는 태도 → [ ]

사실을 숨기거나 왜곡하지 않고 정직하게 말하는 태도 → [ ]

타인의 다름을 인정하고 기본적인 예의를 갖추는 자세 → [ ]

Activity

핵심 인성 7대 덕목 자기 점검표 진단

– 척도 방식: 1점(매우 아니다) ~ 5점(매우 그렇다)

문항	덕목	자가 진단 문항	점수(1~5)
1	정직	나는 거짓말을 하지 않고 진실을 말하려고 노력한다.	
2	책임감	나는 내 역할을 책임감 있게 해내고 약속을 지킨다.	
3	존중	나는 타인의 생각과 감정을 존중하려고 한다.	
4	배려	나는 도움이 필요한 친구에게 먼저 다가가려 한다.	
5	자기성찰	나는 하루를 돌아보며 내 감정과 행동을 점검한다.	
6	소통능력	나는 친구나 교수님과 열린 자세로 대화하려고 노력한다.	
7	공감	나는 타인의 감정, 생각, 경험을 자신의 것처럼 느끼고 이해하려고 한다.	
총 점(35점)			

30점 이상: 인성이 매우 잘 갖춰진 편입니다. 지속적으로 유지하세요.
20~29점: 전반적으로 양호하지만, 일부 덕목은 점검이 필요합니다.
19점 이하: 전반적 점검과 함께 특정 덕목에 집중해 개선해 보세요.

수업을 정리하며 Closing

1. 내가 생각했던 인성의 개념과 학습 후 다시 생각하게 된 인성의 개념에 대해 짝꿍과 이야기 나누어 봅시다.

2. 오늘 배운 7대 핵심 인성 덕목 중, 나에게 가장 자연스럽게 나타나는 덕목은 무엇인가요? 그 이유는 무엇이라고 생각하나요?
   반대로, 나에게 부족하거나 더 키워야 할 인성 덕목은 무엇인가요?
   – 어떤 상황에서 그 덕목이 더 필요한지 떠오르는 경험이 있나요?

3. 내가 지닌 인성 덕목을 실제 대학생활(수업, 팀 프로젝트, 동아리, 대인관계 등)에서 어떻게 더 잘 실천할 수 있을까요?

CHAPTER

02

인성의 태도

오늘 우리의 학습 목표

1. 태도의 구성 요소를 이해하고, 태도가 형성되는 요인을 설명할 수 있다.
2. 인성적 태도를 함양하기 위한 조건과 실천 방법을 탐색하고, 나의 현재 태도를 돌아보며 성장의 방향을 세운다.

수업을 시작하기 전 Warming-up

1. 나는 낯선 상황이나 처음 만나는 사람 앞에서 어떤 태도를 보이나요?
   (예: 긴장한다, 적극적으로 다가간다, 말이 줄어든다 등)

2. "태도가 좋은 사람' 하면 떠오르는 친구나 선배가 있나요? 그 사람의 어떤 점이 그렇게 느껴졌나요? 반대로 '태도가 불편했다'고 느낀 경험이 있다면, 그 이유는 무엇인가요?

3. 내 성격이나 태도는 누구의 영향을 가장 많이 받았다고 생각하나요?
   (부모님, 선생님, 친구, 미디어 등)
   지금 내 모습이 과거의 어떤 경험과 연결되어 있다고 느끼나요?

4. 학교에서 지켜야 하는 상황별 매너는 무엇이 있을까요?

1. 태도를 형성하는 요인

인성적 태도는 우연히 형성되는 것이 아니라, 지속적으로 특성 대상에 대해 나타나는 평가적 반응으로 복합적인 요소들의 상호작용 속에서 차츰 자리 잡는다. 태도는 단순한 일회성 반응이 아니라, 개인이 어떤 대상이나 상황에 대해 지속적이고 일관되게 보이는 경향성으로, 태도가 어떻게 형성되는지를 이해하려면, 인간이 외부 자극을 인지하고, 그것에 감정을 느끼고, 행동으로 옮기는 일련의 과정을 살펴봐야 한다.

1) 가정과 초기 양육 경험

가정은 개인이 처음으로 사회를 배우는 '1차 사회화'의 장이다. 부모의 양육 태도, 가족 내 대화 방식, 정서적 안정감, 역할 모델로서의 부모의 인성은 태도의 밑바탕이 된다. 예를 들어, 부모가 일관되게 정직과 배려를 실천하고, 자녀에게 존중하는 언어를 사용했다면, 자녀 역시 그러한 태도를 자연스럽게 내면화할 가능성이 높다. 예를 들어, 칭찬과 공감이 풍부한 환경에서 자란 사람은 자신감과 책임감이 발달하고, 과도한 통제, 무관심에게 자란 사람은 소극성과 회피적 태도가 형성된다.

2) 사회적 영향(학교, 친구, 대중문화 등)

사람은 관계 속에서 배우고 자란다. 학교 친구, 교사, 선배 등은 또 다른 사회적 모델이 되며, 소속 집단의 가치와 규범은 자연스럽게 개인의 태도에 영향을 준다.

청소년기와 대학시절은 또래 집단의 영향력이 특히 강하게 작용하는 시기이다. 예를 들어, 친구들과 함께 환경 보호에 적극적인 모임을 지속적으로 갖고 활동한다면, 나도 무심코 분리수거에 신경 쓰게 된다.

3) 인지적 경험과 교육

태도는 단순한 모방이 아닌, 생각과 판단의 결과로 형성되기도 한다. 다양한 지식 습득, 책 읽기, 강의, 토론, 자기 성찰은 개인의 가치관을 구성하며, 기존의 태도를 강화하거나 변화시킨다. 교육은 특히 '왜 그런 태도가 중요한가?'에 대한 이해와 의미 부여를 가능하게 한다.

예를 들어, 윤리 수업에서 '사회적 책임'에 대해 깊이 있는 토론을 하면 이타적 태도를 더 긍정적으로 보게 되며, 감동적인 실화나 자전적 에세이를 읽고, 배려나 용기에 대한 태도가 변화하게 된다.

4) 감정적 경험과 기억

태도는 이성적 판단뿐 아니라 감정적으로 강하게 인식된 경험을 통해 형성되기도 한다. 예를 들어, 따뜻한 배려를 받은 경험은 '배려는 좋은 것'이라는 긍정적 태도를 형성하게 한다. 반면, 무시당하거나 배척당한 경험은 특정 대상이나 상황에 대한 부정적인 태도로 이어질 수 있게 된다. 예를 들어, 발표 때 친구들에게 칭찬받고 자신감을 얻은 경험은 발표에 대해 긍정적 태도를 가지게 되며, 단체 활동에서 무시당한 경험을 가지고 있는 사람은 협동에 대한 거부감을 일으키게 된다.

5) 개인의 성격과 기질

어떤 사람은 타고난 기질상 외향적이고 사회적 상호작용을 즐기며, 어떤 사람은 내향적이고 조심스러운 경향을 보인다. 이러한 성향은 특정 태도가 형성되는 방식과 강도에 영향을 미친다. 물론 기질은 절대적인 것이 아니며, 환경과의 상호작용을 통해 변화가 가능하다. 예를 들어, 신중한 성격은 책임감이 높은 태도로 발전할 가성이 있다. 그러나 기질을 핑계로 태도 개선을 포기하지 않도록 주의해야 한다.

6) 반복되는 행동과 습관

태도는 '자주 하는 행동'이 쌓이며 고착된다. 이를 '행동의 인지화'라 하며, 반복적으로 특정 방식으로 행동하면서 이에 대해 점점 자기 정당화와 인식의 일관성을 갖게 된다. 따라서 좋은 태도를 형성하려면 올바른 행동을 작게나마 반복 실천하는 것이 매우 중요하다.

예를 들어, 매일 감사일기 쓰기를 써 보는 것, 이것은 긍정적 사고를 형성하고 습관의 힘을 기를 수 있다.

7) 문화적·사회적 맥락

태도는 특정한 문화적 가치관과 시대정신 속에서 형성되기도 한다. 개방성, 다양성, 평등, 경쟁, 협력 등 사회가 추구하는 가치는 개인의 태도에 직접적인 영향을 준다. 공동체 의식이 강조되는 사회에서는 협동적 태도가 쉽게 길러질 수 있다. 대학생 시기는 단지 학문을 배우는 시기를 넘어, 자아 정체성을 확립하고 사회인으로서의 기본 태도와 자세를 형성해 가는 전환점이라 볼 수 있다. 이러한 시기에 인성의 태도는 단순히 인간관계나 도덕적 소양을 넘어, 삶 전체를 설계하고 실천하는 데 필수적인 기반이 된다.

8) 태도의 3가지 요소

우리는 일상 속에서 수많은 관계와 선택을 마주하며 다양한 태도를 보이게 된다. 그런데 이 태도는 단순히 '기분'이나 '마음가짐'만을 의미하지 않는다. 인성적인 태도란, 개인의 내면에 자리 잡은 가치가 어떻게 생각되고, 어떻게 느껴지며, 어떻게 행동으로 나타나는지에 따라 결정된다. 심리학에서는 이를 태도의 세 가지 구성 요소, 즉 인지적 요소, 정서적 요소, 행동적 요소로 설명한다. 이 세 요소는 독립적으로 존재하는 것이 아니라 서로 연결되어 있으며, 균형 잡힌 인성적 태도를 형성하는 데 결정적인 역할을 한다.

(1) 인지적(cognitive) 요소: 어떻게 생각하는가

인지란 어떤 대상이나 상황에 대해 우리가 머릿속으로 어떻게 이해하고 판단하지를 말한다. 예를 들어, "정직은 중요하다"는 생각, "협동은 좋은 것이다"라는 신념, "시간 약속을 지키는 것이 예의다"라는 판단 등이 모두 인지적 요소에 해당한다. 이 요소는 개인의 가치관, 경험, 교육 등에 영향을 받아 형성되며, 우리의 행동 방향을 결정짓는 기준이 된다. 대학생들이 자신의 역할과 타인과의 관계를 이해하고 판단하는 데, 인지적 요소가 핵심적인 기준이 된다.

즉, 우리가 '모두에게 친절해야 한다.'는 신념을 갖고 있다면, 이 생각은 다양한 상황에서 내가 어떤 선택을 할지에 영향을 미친다.

(2) 정서적(affective) 요소: 어떻게 느끼는가

정서(affective)란 어떤 대상에 대해 우리가 느끼는 감정이나 기분을 의미한다.

같은 상황이라도 어떤 사람은 즐거움을 느끼고, 다른 사람은 불편함이나 무관심을 느낄 수 있다. 이러한 감정이 반복되면 그 대상에 대한 태도가 형성된다.

예를 들어, 어떤 대학생이 팀 프로젝트에서 협업의 즐거움을 느낀다면 '협동'에 대한 긍정적인 태도를 가지게 되고, 반대로 스트레스만 느낀다면 부정적인 태도가 형성될 수 있다. 이러한 정서적 요소는 태도에 정서적 인정감 또는 저항감을 더하며, 우리의 관계와 행동에 직접적인 영향을 미친다.

예를 들어, '봉사활동을 할 때 마음이 따뜻해진다.'는 감정은 봉사에 대한 태도를 지속적이고 긍정적으로 유지하는 힘이 된다.

(3) 행동적(behavioral) 요소: 어떻게 행동하는가

행동(behavioral)은 태도의 외적 표현이라고 할 수 있다. 인성과 관련된 태도는 결국 어떻게 말하고, 어떻게 행동하며, 어떤 선택을 하는지 드러난다. 이는 단지 보여 주기 위한 외형적 행동이 아니라, 앞서 말한 인지와 정서가 실천으로 연결된 결과다.

행동적 요소는 특히 타인이 가장 쉽게 인식할 수 있는 부분이며, 신뢰 형성이나 인간관계의 질에 큰 영향을 미친다. 대학생활에서는 강의 수강 태도, 팀 프로젝트 협업, 소통 방식, 갈등해결 방식 등이 모두 이 행동적 요소에 포함된다.

예를 들어, '시간 약속을 지키는 것이 중요하다.'는 생각(인지)과 '지각하면 미안한 감정이 든다.'는 느낌(정서)은 실제로 약속 시간에 맞춰 도착하는 행동(행동)으로 이어진다.

이 세 가지 요소는 서로 별개로 작용하는 것이 아니라, 서로 영향을 주고받으며 순환한다.

예를 들어, 어떤 상황에 대해 '이건 옳은 일이야'라고 생각하고, 그에 대해 긍정적인 감성을 느낄 때, 사람은 그 옳은 일을 실제로 행동으로 옮길 가능성이 커진다. 반대로 부정적인 감정은 올바른 판단이 있어도 행동을 주저하게 만든다.

이렇듯 인성적인 태도는 생각 → 느낌 → 행동의 흐름 속에서 통합적으로 형성된다. 따라서 단지 이론이나 감정의 교육만으로는 충분하지 않다. 세 가지 요소를 통합적으로 자각하고 조절하는 능력이 인성의 태도를 길러 주는 핵심이다.

대학생 시기는 다양한 가치와 관계를 접하면서 자신만의 인성적 태도를 형성해 가는 중요한 시기다. 이때 태도의 세 가지 요소를 자각하고 균형 있게 다듬어 갈 수 있다면, 단순한 '좋은 사람'이 아니라 성숙하고 신뢰받는 시민으로 성장할 수 있는 기틀을 다질 수 있다.

생각하고, 느끼고, 행동하는 모든 순간에 인성이 스며든 태도를 지닌 사람, 그것이 바로 오늘 우리가 지향해야 할 모습이다.

Activity

인성적 태도 점검

* 인성의 태도: 세 가지 구성의 요소 요약표 정리

구성요소	의미	예시	행동포인트
인지적 요소	어떤 대상이나 상황에 대해 '어떻게 생각하고 판단하는가'	"정직은 중요하다" / "시간 약속을 지키는 건 예의다"	가치 판단 능력 키우기
정서적 요소	그 대상에 대해 '어떤 감정과 느낌을 가지는가'	"봉사활동을 하면 따뜻한 마음이 든다"	긍정 감정 형성 훈련
행동적 요소	생각과 감정이 실제로 '어떻게 행동으로 나타나는가'	지각하지 않기 / 팀원과 협력하기 / 갈등 시 존중하기	태도 실천 중심의 습관화

Q. 자신의 경험을 떠올리며 기재하여 봅시다!

예) "내가 정직을 중요하게 생각했던 이유는?"
"그때 나는 어떤 감정을 느꼈나?"

인지적

정서적

행동적

Activity

인성적 태도 진단

다음 항목을 읽고 1~5점으로 체크하기 (1: 전혀 그렇지 않다 ~ 5: 매우 그렇다)

항 목	내 용	점 수
1	나는 약속을 잘 지키는 편이다.	□ 1 □ 2 □ 3 □ 4 □ 5
2	나는 나의 실수를 솔직하게 인정할 수 있다.	□ 1 □ 2 □ 3 □ 4 □ 5
3	나는 친구들의 의견을 존중하려 노력한다.	□ 1 □ 2 □ 3 □ 4 □ 5
4	나는 갈등 상황에서 감정을 조절하려 한다.	□ 1 □ 2 □ 3 □ 4 □ 5
5	나는 어려운 상황에서도 책임을 다하려 노력한다.	□ 1 □ 2 □ 3 □ 4 □ 5

총합 점수 해석:

22~25점: 훌륭한 태도 습관을 가지고 있어요.

16~21점: 전반적으로 좋지만 개선의 여지가 있어요.

15점 이하: 태도에 대한 성찰과 실천이 필요해요.

나의 인성적 태도 진단 후 느낀 점을 적어 봅시다.

Activity

태도 형성 요소

태도 형성 요소 분석 활동, 지금의 나를 만든 주요 영향 요인을 체크해 보기

각 항목에 대해 나에게 영향을 많이 준 정도를 O(크게 영향), △(조금 영향), X(거의 없음)으로 표시해 보세요.

태도 형성 요소	O/△/X	나에게 구체적으로 어떤 영향을 주었는가?
가정의 영향		
친구 또는 또래 집단 영향		
교수님(선생님)의 지도		
읽은 책, 강의 등 인지 경험		
특별한 감정적 경험		
나의 성격이나 기질		
사회적/문화적 가치관		

2. 인성적 태도

인성은 단순히 타고나는 성격이 아니라, 교육과 실천을 통해 길러질 수 있다. 특히 '인성적 태도'란 특정한 상황이나 인간관계 속에서 지속적이고 일관되게 나타나는 행동 경향성으로, 학습과 훈련을 통해 충분히 개발하고 강화할 수 있다. 그렇다면 이러한 인성적 태도를 키우기 위해 어떤 요소들이 필요할까? 인성적 태도를 함양하기 위해 고려해야 할 핵심 요소들을 구체적으로 살펴보자.

1) 자기 인식과 성찰(Self-awareness and Reflection)

인성적 태도를 기르는 첫걸음은 자기 자신을 아는 것이다.

나는 어떤 성향을 가지고 있는가?

나는 어떤 가치를 중요하게 여기는가?

나는 타인과의 관계에서 어떤 태도를 취하는가?

이러한 질문에 진지하게 답해 보는 것은 중요하다. 자기 인식은 단순히 자신을 관찰하는 것이 아니라, 자신의 감정, 동기, 행동의 원인을 성찰하고 그것이 타인에게 어떤 영향을 주는지 인지하는 것이기 때문이다.

예를 들어, "나는 팀 프로젝트에서 리더십을 발휘한다고 생각하지만, 구성원들은 내가 독단적이라 느끼는 건 아닐까?"와 같은 성찰을 통해 우리는 행동을 조정하고, 더 나은 방향으로 태도를 형성할 수 있다. 성찰을 위해 정기적인 일기 쓰기, 피드백 기록, 자기 평가 체크리스트는 자기 성찰을 도와주는 좋은 도구이다.

2) 가치 기반의 행동(Value-driven Practice)

모든 인성적 태도는 개인의 핵심 가치에 뿌리를 두고 있다. 어떤 사람이 정직하게 행동하는 이유는 그가 '진실성'을 중요하게 생각하기 때문이며 배려, 존중, 책임감, 공감 등은 단지 좋은 태도가 아니라, 내면화된 가치가 반복적으로 드러난 결과로 볼 수 있다. 따라서 인성적 태도를 기르기 위해서는 먼저 자신의 가치관을 점검해야 한다.

"나는 어떤 가치를 가장 중요하게 생각하는가?"
"그 가치는 나의 일상 속에서 구체적으로 어떻게 드러나고 있는가?"

예를 들어, "배려"를 중요하게 생각하지만, 평소 타인의 말을 잘 듣지 않는다면 그 가치가 행동으로 이어지고 있는지 점검할 필요가 있다.

3) 정서 조절 능력(Emotional Regulation)

인성적 태도는 감정과 밀접하게 연결되어 있다. 아무리 이성적으로 올바른 태도를 알고 있어도, 감정이 폭발하는 순간에는 평소의 인성적 태도를 지키기 어렵다. 따라서 감정을 인식하고, 조절할 수 있는 능력은 인성의 중요한 기반이다. 정서 조절은 단순히 화를 참는 것이 아니라, 감정을 건강하게 표현하고 상황에 맞게 다루는 기술이다.

"스트레스를 받았을 때 감정을 덜어 내는 나만의 방법은 무엇인가?"
"갈등 상황에서 감정에 휘둘리지 않고 침착함을 유지할 수 있는가?"

4) 타인에 대한 공감(Empathy)

공감은 인성적 태도의 중심에 있는 능력이다. 타인의 감정, 처지, 관점을 이해하려는 마음은 단순한 동정이 아니라, 존중과 배려의 태도로 이어지는 실천적 능력이다. 공감 능력은 협업, 소통, 갈등해결 등 모든 인간관계의 질을 좌우하며, 대학생 시기에는 다양한 배경과 성격을 지닌 사람들과 함께 생활하기 때문에 공감 능력은 서로의 다름을 이해하고 건강한 관계를 맺는 데 필수적인 자질임을 기억해야 한다.

공감을 기르기 위해서는 타인의 이야기를 중단 없이 경청하고, 말보다는 먼저 이해하려는 태도가 필요하며, 문학 작품이나 영화 등을 통해 타인의 감정 세계를 간접적으로 체험하는 것도 공감을 높이는 데 도움이 된다.

5) 책임감 있는 실천(Responsible Action)

태도는 말이나 생각에 머무르지 않고 행동으로 나타날 때 진정한 의미를 가진다. 아무리 정직함을 소중히 여겨도, 실수했을 때 회피하거나 거짓으로 덮는다면 인성적 태도라고 보기 어렵다. 인성은 지속적이고 실천적인 과정을 통해 자리를 잡으며, 맡은 역할을 끝까지 책임지는 태도, 나의 말과 행동에 대해 책임을 지는 자세, 공동체 내에서 타인의 입장을 고려하고 균형을 맞추려는 노력 등, 이러한 책임감 있는 실천은 인성의 태도를 '가치'에서 '습관'으로 바꾸는 핵심 과정이다.

6) 사회적 상호작용 경험(Social Interaction)

태도는 혼자 있는 시간보다, 타인과의 상호작용 속에서 더 분명히 드러난다. 팀 프로젝트, 동아리 활동, 봉사 경험, 아르바이트, 가족과의 관계 등 다양한 상황 속에서 우리는 실제로 태도를 시험받고 발전시키게 된다. 특히 '경청', '배려', '협력' 등의 인성적 태도는 실제 관계 속에서 연습되고 성장한다. 따라서 다양한 사회적 상황에 자신을 노출하고, 피드백을 받아들이며, 스스로를 조정해 나가는 과정이 인성적 태도 함양에 매우 중요하다.

7) 모범적 역할 모델(Role Modeling)

긍정적인 인성적 태도를 가진 인물을 가까이에서 관찰하고 따라 하는 것은 인성 함양에 매우 효과적이다. 부모, 교수님, 선배, 혹은 책이나 영화 속 인물들도 모두 훌륭한 역할 모델이 될 수 있다. 역할 모델은 그 사람의 말이나 행동뿐 아니라 위기 상황에서의 판단과 태도, 타인을 대하는 태도, 실패를 대하는 자세 등에서 깊은 영향을 준다. 좋은 인성은 말보다 행동으로 전해지며, 관찰을 통해 학습된다. 결론적으로 태도는 학습 가능한 자산, 인성적 태도는 결코 고정된 것이 아니며, 누구나 훈련을 통해 발전시킬 수 있는 자산이다.

자기 인식 → 가치 내면화 → 감정 조절 → 공감 → 실천 → 상호작용 → 모범 관찰의 일련의 과정은 인성적 태도가 자리 잡는 유기적인 흐름이다. 대학생 시기는 태도 형성에 가장 역동적인 시기이므로, 이 시기를 잘 활용하면, 단순한 스펙보다 더 강력한 경쟁력인 '좋은 인성적 태도'를 갖춘 성숙한 사회인으로 성장할 수 있다.

3. 인성적 태도(이미지/매너)

1) 인성과 이미지

"사람은 겉모습만 보고 판단하면 안 돼." 이 말은 분명 맞는 말이다. 그러나 동시에 우리는 종종 누군가의 첫인상, 표정, 말투, 태도에서 그 사람의 인성과 성품을 느끼기도 한다. 다시 말해, 인성은 단지 내면의 문제만이 아니라 외면과 태도를 통해 드러나는 전인적 특성이다.

이미지(image)란, 타인에게 보여지는 '나의 모습'이다. 단순히 외모나 옷차림만을 말하는 것이 아니라, 표정, 말투, 자세, 행동, 태도, 매너 등 전체적인 분위기를 포함한다. 그리고 이러한 이미지는 곧 나의 인성을 반영하는 외적 표현이 된다.

이미지를 연출한다는 것은 가식적으로 꾸민다는 뜻이 아니라, 자신의 정체성과 태도를 바람직한 방식으로 드러내고 관리한다는 의미이다. 대학생 시기에는 사회 진입을 앞두고 있기 때문에 이미지 관리가 더욱 중요하며, 이때 '인성적 태도'는 결정적인 요소가 된다.

좋은 이미지 연출의 요소

- **표정**: 밝고 자연스러운 미소는 신뢰와 호감을 준다.
- **눈빛**: 관심과 집중의 표현, 상대방에 대한 존중을 드러낸다.
- **자세**: 꼿꼿한 자세는 자신감과 성실함을 표현한다.
- **말투**: 정중하고 명료한 말투는 인격을 반영한다.
- **목소리 톤**: 안정된 톤은 침착함과 배려심을 전달한다.
- **경청 태도**: 눈을 맞추고 고개를 끄덕이며 듣는 자세는 존중의 표시이다.

이 모든 요소는 꾸며 낸 겉모습이 아니라, 내면의 태도가 밖으로 드러난 결과이다. 꾸준한 자기성찰과 태도 훈련을 통해 자연스럽게 형성될 수 있다.

왜 대학생에게 이미지메이킹이 중요할까? 사회 진입의 출발선에서 취업 면접, 대외활동, 인턴십, 인간관계 모두 첫인상에서 시작되며, 커뮤니케이션의 기반으로 말보다 먼저 전달되는 '비언어적 메시지'가 이미지 형성에 큰 영향을 주기 때문이다. 또한 호감도 향상 및 신뢰와 공감으로 연결된다. 이미지메이킹의 핵심 4대 영역은 다음과 같다.

① 외적 이미지

단정하고 상황에 맞는 복장

(면접 - 정장, 강의실 - 깔끔한 캐주얼, 발표 - 정돈된 외모)

청결한 신체 관리(손톱, 구강, 냄새 등)

표정: 밝은 미소, 눈맞춤, 자연스러운 인사

② 언어 이미지

말투: 부드럽고 정확한 발음, 존댓말 사용

내용: 긍정적, 비하·불평 없는 표현

속도: 너무 빠르거나 느리지 않게, 듣기 편한 말하기

③ 행동 이미지

바른 자세: 앉을 때, 걸을 때, 인사할 때의 자세

에티켓: 문 열어 주기, 먼저 양보하기, 예의 있게 행동하기

반응: 고개 끄덕이기, 간단한 피드백("네, 알겠습니다") 사용

④ 디지털 이미지

SNS/프로필 사진 등 온라인 공간의 자신 표현

메일, 메신저의 언어 표현 매너

온라인 회의·수업 태도(카메라 앞 모습, 배경 소음 등)

Activity

"나의 첫인상" 피드백 활동

– 자신이 생각하는 나의 이미지를 적어 본다.

– 조원 3명에게 자신의 첫인상을 한 문장으로 요청한다.

1)

2)

3)

– 친구들에게 받은 피드백을 기준으로 자신의 이미지 보완점을 써 보고 조별로 이야기 나눈다.

– 대학생으로서 수업시간에 올바르지 않은 용모복장에 대해 이야기 나눈다.

2) 인성과 매너

매너는 단순한 예절을 넘어서, 타인과의 관계 속에서 인성을 실천하는 구체적 방식이다. 말하자면, 매너는 인성이 외부로 드러나는 작은 실천의 언어다. 대학생에게 필요한 기본적인 매너를 살펴보자.

(1) 인사 매너

눈을 보고 밝게 먼저 인사를 해 보자. 이렇게 타인을 기억하고 먼저 인사하는 태도는 신뢰를 만든다. 인사는 '작은 행동' 같지만, 내가 상대방을 어떻게 생각하고 있는지를 보여 주는 거울이다. 무시하거나 건성으로 하는 인사는 상대방에게 기본적인 존중도 없는 사람이라는 인상을 준다. 반대로 기분 좋은 인사는 좋은 관계의 문을 여는 열쇠가 된다. 좋은 인사 한마디가 하루를 바꾸고, 좋은 인사를 이어 가는 습관이 그 사람의 인성을 말해 준다.

인사는 기술(skill)이 아니라 태도(attitude)이며, 좋은 인사 습관은 곧 좋은 인성의 첫걸음이다. 인사를 통해 얻는 것은 단순한 예의 이상의 것, 즉 신뢰 · 소통 · 존중의 관계 형성이다.

① 대한민국의 전통적인 인사법

▌ 절하기

절은 우리 전통의 인사법이다. 현재는 과거에 비해 절을 하는 경우가 줄어들었지만, 어른을 뵙고 예의를 갖춰 인사를 드릴 때나 관혼상제 등의 의식행사에서는 절이 빠질 수 없다. 특히 명절에는 절을 하고 어른께 덕담도 들으면서 몸에서 우러나오는 예를 느끼게 된다. 때와 장소에 따라 절하는 방법이 다르므로, 평소에 잘 익혀 두면 갑자기 절을 하게 되더라도 당황하지 않고 좋은 모습을 보일 수 있을 것이다.

▌ 절의 의미

절은 공경하는 마음을 나타내는 행동방식이다. 절하는 대상은 사람뿐 아니라 공경해야 할 어떤 상징에 대해서도 한다.

▌ 절의 종류와 대상

큰절: 자기가 절을 했을 때 답배(答拜)를 하지 않아도 되는 높은 어른에게 평상시 또는 의식행사에서 한다(자기와 배우자의 직계존속, 8촌 이내의 근친 연장존속, 특별한 의식행사에서 한다).

ⓐ **평절:** 자기가 절을 하면 반절로 답배를 해야 하는 어른, 또는 평절로 맞절을 해야 하는 대상에게 평상시 또는 의식행사에서 한다(선생님, 아버지의 친구, 친구의 아버지, 연장자, 상급자, 배우자, 형님, 누님, 형수, 시숙, 시누이, 올케, 제수, 친구 사이).

ⓑ **반절:** 반절에는 약식 반절과 한 팔만 짚어 주는 반절이 있다. 웃어른이 아랫사람의 절에 답배할 때 하는 절이다(성년인 아랫사람, 즉 제자, 친구의 자녀, 자녀의 친구, 10년 차 이내의 남녀 동생, 8촌 이내로 10년 차 이내의 연장비속, 친척이 아닌 16년 이상의 연하자).

▌ 절의 횟수(回數)

ⓐ 절의 횟수는 홑절과 겹절에 따라 차이가 있다. 홑절은 기본횟수로서 남자는 양(陽)이라 최소 양수(陽數)인 1번이고, 여자는 음(陰)이라 최소 음수(陰數)인 2번이다. 겹절은 남녀가 모두 기본 횟수의 배(倍)인 남자는 2번, 여자는 4번이다.

옛날에는 산 사람에게 절을 많이 할수록 좋게 여겼으나 현대는 기본횟수만 하고, 의식행사에서는 기본횟수의 배인 겹절을 한다. 절을 받는 어른이 시키는 대로 절의 격을 낮추기도 하고 횟수를 줄이기도 하며 절을 하지 않을 수도 있다.

절하는 요령

ⓐ **절하는 시기:** 절을 할 수 있는 장소에서 절할 대상을 만나면 지체 없이 절한다. 장소가 마땅치 못해 경례를 했더라도 절을 할 수 있는 장소에 옮기면 즉시 절을 한다. "앉으세요" "절 받으세요"라고 말하는 것은 절을 받으실 어른에게 수고를 시키거나 명령이 되어 실례이다.

ⓑ **맞절의 요령:** 아랫사람이 하석(下席)에서 먼저 시작해 늦게 일어나고, 웃어른은 상석(上席)에서 늦게 시작하고 먼저 일어난다.

- **답배의 요령:** 아무리 높은 어른이라도 친척이 아닌 성년인 아랫사람이 절을 하면 반드시 답배를 한다. 웃어른은 아랫사람이 무릎을 꿇는 것을 본 다음에 시작해 먼저 일어난다.
- **절하는 위치:** 혼인례를 제외하고는 공간이 허용하면 절하고 절을 받는 두 사람이 같은 장소에 상하석에 위치해서 절한다.
- **절하는 순서:** 같은 장소에 절 받으실 어른이 여럿이 계시면 먼저 직계존속 중의 제일 어른에게 절하고 다음에 방계존속의 제일 어른에게 절하고 끝으로 뒤로 물러나서 방 안의 모든 어른에게 한 번 절한다(아무리 절 받으실 어른이 많아도 3번의 절로 끝낸다).
- **절 받는 자세:** 절은 공경의 동작이므로 절을 받는 사람도 공경스러운 자세로 절을 받는다. 그러나 아랫사람이 웃어른의 바른 자세를 기다리지는 않는다.
- **절의 생략:** 절할 아랫사람의 건강, 복식, 상황 등이 불편하면 절의 격을 낮추거나 횟수를 줄이거나 절을 하지 말라고 명할 수도 있다.
- **절 받기를 사양하면 실례:** 꼭 절을 해야 하는 아랫사람에게 "절하지 말라"고 사양이 지나치면 실례이다. 절에 인색하면 예스러울 수가 없다.

출처: 우리 예절「우리 예절-한국의 실천예절-[절하는 법] 절의 총설.

공수

공수란 어른 앞이나 의식행사에 참석했을 때 공손하게 손을 맞잡는 태도이다. 평상시 공수(拱手)는 남자의 경우 왼손이 위로, 여자의 경우 오른손이 위로 가게 한다.

흉사(상례 등)일 때는 공수의 위치가 바뀌어 남자는 오른손이 위로, 여자는 왼손이 위로 가게 한다. 제사는 흉사가 아니고, 조상을 받드는 자손이 있어 길사로 본다. 따라서 제사 때의 공수 위치는 평상시와 같다.

남자와 여자의 평상시 공수 방법은 동일하다. 제사, 차례, 세배는 평상시와 같고 상례만 반대이다.

② 평상 시 인사

바쁜 현대사회에서는 상대방에 대해 깊이 알 수 있는 기회가 많지 않으므로 잠깐의 만남에서 인사만으로 상대의 됨됨이를 판단하는 경우가 많다. 인사(人事)는 사람인(人) 자와 섬길 사 혹은 일사(事) 자가 합쳐진 글자로 사람이 마땅히 해야 할 일 또는 안부를 묻거나 공경과 친애, 우정의 뜻을 표시하는 예의라고 할 수 있다. 따라서 타인에게 호감을 주고 긍정적인 인간관계를 형성하기 위해서는 먼저 인사하는 습관을 통해 상대방에 대한 존경과 친밀감을 표현해야 한다.

인사할 때에는 진심에서 우러나오는 마음으로 바른 자세를 갖추어 밝은 표정으로 해야 한다. 성의 없이 형식에 지나치게 치우친 인사는 물론 상대방에게 오히려 불쾌감을 주는 인사는 삼가야 한다.

※ 잘못된 인사 자세

- 망설이면서 하는 인사
- 고개만 까닥이며 인사말을 하지 않는 인사
- 무표정한 얼굴로 형식적인 인사
- 눈을 쳐다보지 않고 뛰어가면서 하는 인사
- 자세가 흐트러진 인사
- 상황에 맞지 않는 인사
- 주변 사람을 불편하게 크게 소리 내어 하는 인사

인사는 말로만 하는 것이 아니라 반드시 형식, 즉 태도를 갖추어 해야 한다. 양손을 배 위에 겹쳐 올려놓고(공수) 상체를 숙여 정중히 인사하는 것으로, 우리나라와 동양권인 중국이나 일본에서 평상시에 인사법으로 사용하고 있다.

ⓐ 가벼운 인사(목례, 약례, 반경례)

상체를 약 15도 정도 숙이면서 시선을 발끝에서 2m 정도 앞에 둔다. 일반적으로 윗사람이 아랫사람에게 하는 인사로 회사에서는 가까운 동료나 하급자에게 인사하는 경우에 적용된다.

- 엘리베이터, 계단, 복도, 화장실 등 협소한 장소에서
- 하루에 여러 번 마주쳤을 때
- 가볍게 감사를 표현할 때

ⓑ **보통 인사(보통례, 경례, 평상례)**

상체를 약 30 정도 숙이면서 시선은 발끝에서 1.5m 정도 앞에 둔다. 일상생활에서 가장 많이 하는 인사로 웃어른이나 상급자, 고객에게 인사하는 경우에 적용된다.

- 맞이하거나 배웅할 때
- 고객을 처음 만났을 때
- 지시를 받거나 보고 후에 인사할 때

ⓒ **정중한 인사(정중례, 최경례, 큰경례)**

상체를 약 45도 정도 숙이면서 시선은 발끝에서 1m 정도 앞에 둔다. 일반적으로 VIP, 사죄를 표현할 때, 집안 어른 등에게 인사하는 경우에 적용된다.

- 결혼식 등 관혼상제 행사 때
- 중요한 고객을 맞이하거나 배웅할 때
- 공식 석상에서 처음 인사할 때

한 사회의 예법에 관련된 문화를 제대로 알고 지키면, 자신의 마음과 느낌을 적절하게 타인에게 적절하게 표현할 수 있을 뿐 아니라 그것을 통해 그 사회에서의 성인으로 인정받을 수 있고, 타인과의 원활한 유대관계 및 사회적 관계를 유지하는 데도 도움이 된다. 이것은 올바른 예법을 지키는 것이 자신의 자존감을 표현하는 중요한 방법임을 의미한다.

③ 상황별 인사

ⓐ **강의실에서 교수님께**

수업 전: 문 앞에서 교수님을 마주치면 "교수님, 안녕하세요"라고 고개 숙여 인사

수업 후: “감사합니다”, “행복한 수업시간이었습니다” 등의 짧은 말로 수업 마무리 인사

엘리베이터, 복도, 식당에서 마주쳐도 꼭 인사하는 습관 갖기

ⓑ **학교 직원 및 행정실 선생님께**

서류 받거나 상담 시: 정중한 말투 + 눈을 맞추고 인사

마무리 시: “감사합니다. 좋은 하루 되세요” 등 인사를 더해 신뢰감 형성

ⓒ **선배, 동기, 후배와의 인사**

선배: 고개 숙이며 또렷하게 “안녕하세요”

동기: 웃으며 자연스럽게 눈 마주치며 인사

후배: 먼저 인사함으로써 친근감과 배려 표현

ⓓ **온라인 수업/회의 시**

줌(Zoom) 수업 시작 전: 채팅으로 “안녕하세요, OOO입니다”

발표 전·후: 카메라를 보고 고개 숙여 인사, 발표 끝나고 “감사합니다” 마무리

메일로 질문하거나 보고 시: 인사말로 시작해 마무리까지 정중하게 작성

ⓔ **대외활동/인턴십에서**

첫 만남: “안녕하십니까. ○○대학교 ○○학과 ○○○입니다”와 함께 명확한 자기소개 하기

회의, 외부 방문 시: 상대방의 지위를 고려해 격식을 갖춘 인사 사용

마지막 인사: “오늘 좋은 말씀 감사합니다”, “배려해 주셔서 감사했습니다” 등

좋은 인사의 5가지 조건

① **눈 맞춤**: 상대방의 눈을 자연스럽게 바라보기

② **밝은 표정**: 미소를 머금고 진심을 담은 얼굴

③ **또렷한 인사말**: “안녕하세요!”, “감사합니다!”를 분명하게 말하기

④ **적절한 몸짓**: 가볍게 고개 숙이기, 손 흔들기

⑤ **상황에 맞는 태도**: 격식 있는 자리, 일상 대화에 맞는 인사 구분하기

Activity

어울리는 인사 표현을 2가지씩 적어 보기

아침 등굣길 친구와 만났을 때

→ 예: ______________________________, ______________________________

수업을 마친 후 교수님을 캠퍼스에서 뵈었을 때

→ 예: ______________________________, ______________________________

선배와 우연히 마주쳤을 때

→ 예: ______________________________, ______________________________

(2) 시간 매너

지각하지 않고 약속을 지키는 것은 책임감과 배려심의 표현이다. 시간 매너란, 정해진 시간에 맞추어 행동하고, 나와 타인의 시간을 소중히 여기는 태도를 말한다. 이는 단순한 시간 지키기의 문제가 아니라, 약속, 책임감, 배려심, 자기관리가 포함된 종합적 인성의 실천이다. "시간을 지킨다는 것은 곧 신뢰를 지킨다는 것이다." 즉, 시간 매너는 단지 지각하지 않는 것이 아니라, 나를 관리하고, 타인을 존중하는 태도이다. 시간을 지키는 습관은 곧 내 삶의 질을 높이는 능력이다. 대학생활은 단순한 지식 축적이 아니라, 성숙한 태도를 훈련하는 장이다. 그 시작은 바로 시간인 것이다.

상황별 시간 매너

① 수업과 학업

강의 시작 5~10분 전까지 강의실 도착하기
출석 체크만 하지 말고, 준비된 상태로 수업에 임하기
수업 마감일, 과제 제출일은 미리 메모하고 늦지 않게 제출

② 팀 활동과 모임

회의 시간 5분 전 도착이 기본 매너
회의 시간 중 휴대폰 사용, 지각, 조기 퇴장 자제
불가피한 지각/결석은 미리 양해 구하고 대안 제시

③ 동아리 · 학생회 · 대외활동

정해진 시간보다 조금 여유 있게 도착하기
준비물과 발표자료 등 시간 내 완비
일정을 공유하고, 타인의 일정도 존중하는 태도 갖기

④ 일상 생활

약속 시간 5~10분 전 도착 습관화 하기

메시지나 전화 응답 시 늦지 않게 반응하기

공공장소(식당, 세미나실, 면접 등)에서는 정시 시작 존중

시간 매너를 기를 수 있는 구체적인 실천 팁

① 스케줄 관리 달력 앱, 플래너 활용: 수업, 과제, 모임 일정을 미리 기록하기

② 타이머 활용 습관: 25분 집중, 5분 휴식의 Pomodoro Technique기법 사용 → 시간 감각 향상

참고 "Pomodoro(뽀모도로)"는 이탈리아어로 '토마토'를 뜻한다.
이 기법의 이름은 창시자인 **프란체스코 시릴로(Francesco Cirillo)**가 대학 시절 사용한 토마토 모양의 주방 타이머에서 유래되었다.

③ 전날 준비 습관: 다음 날 강의나 약속 준비는 전날 밤에 끝내 두기

④ '10분 전' 습관: 늘 10분 일찍 출발, 10분 미리 행동 원칙 세우기

⑤ 디지털 미루기, 줄이기: SNS · 유튜브는 일정 이후로 미루고 보상으로 활용

(3) 대화 매너

대화 매너는 말할 때와 들을 때의 태도, 말의 방식, 상대방에 대한 존중을 포함한 인간 관계의 기본 예절이다. 이는 단순한 말투의 문제가 아니라, 상대의 감정과 입장을 고려하며 소통하는 능력이며, 대학생 인성의 핵심인 존중, 배려, 공감, 책임감과 직결된다.

대학생활에서 대화 매너

① 교수님과의 대화

질문 전 "교수님, 잠시 괜찮으신가요?"로 말문 열기

메일이나 카톡에서는 정중한 인사말 → "안녕하세요, ○○학과 ○○○입니다."

반말, 생략된 문장, 이모티콘 남용 금지

의견이 달라도 예의를 지켜 표현 → "제 생각은 조금 다르지만 이렇게 생각해 봤습니다."

② 친구/동기와의 대화

지나친 장난이나 비속어 사용 주의

감정 표현은 솔직하되 공격적이지 않게 → "나는 좀 서운했어"

대화 중 스마트폰만 보지 않기

타인의 사적인 이야기는 허락 없이 공유하지 않기

③ 팀 활동 · 모임에서의 대화

말 끊지 않고 끝까지 듣기

비판이 필요할 때는 구체적이고 배려 있게 → "이런 방향은 어떨까요?"

감사, 칭찬, 격려의 말 자주 사용

회의 중 독점 발언 자제, 말할 기회를 균형 있게 나누기

④ SNS · 단톡방에서의 대화

공적인 채팅방에서는 짧고 명확하게, 존댓말 사용

늦은 시간 DM, 단톡 메시지 삼가

감정 섞인 메시지는 시간 지나고 보내기

이미 말한 내용을 반복하거나 급하게 재촉하는 메시지 피하기

대화 매너 5대 원칙

① 경청, 말할 때보다 들을 때 태도가 더 중요

→ 눈을 보고 듣기, 고개 끄덕이기 맞장구치며 듣는다.

② 생각하고 말하기

→ 말은 한 번 내뱉으면 주워 담을 수 없다. 감정을 가라앉히고 표현한다.

③ 존중하는 언어 사용

→ '너 왜 그래?' 대신 '무슨 일이 있었어?'와 같이 부드러운 표현을 사용한다.

④ 태도와 표정도 언어

→ 무표정, 비꼬는 말투는 상대를 불편하게 한다.

⑤ 진심을 담기

→ 말보다 중요한 건 '진정성'. 공감과 배려가 담긴 대화는 신뢰를 만든다.

Activity

자가 점검 체크리스트

항 목	체크(✓)
상대의 말을 끊지 않고 끝까지 듣는다.	
말할 때 눈을 마주치고 이야기한다.	
말의 내용뿐 아니라 말투, 표정도 신경 쓴다.	
의견이 달라도 상대를 존중하며 표현한다.	
공감, 칭찬, 감사의 말을 자주 사용한다.	
단체 대화방에서 예의를 지킨다.	

(4) 온라인 매너

단톡방 예절, 메일 예의, 줌 수업에서의 태도 등 디지털 공간에서도 인성은 그대로 드러난다. 온라인 매너(Netiquette)는 '네트워크(Network)'과 '에티켓(Etiquette)'의 합성어로, 디지털 공간에서 타인과의 상호작용 시 지켜야 할 예절과 태도를 의미한다. 디지털 환경에서는 직접 얼굴을 보지 않기 때문에 더욱 신중한 말투, 표현, 시간 감각, 배려의 태도가 필요하다.

① 비대면 커뮤니케이션 일상화

→ 온라인 수업, 팀플, 메신저, 이메일 등 소통의 대부분이 비대면으로 이루어짐

② 표정 없이도 감정 전달됨

→ 무심한 말투나 이모티콘, 빠른 답장 압박 등이 오해로 이어질 수 있음

③ 기록에 남는 소통

→ 온라인의 모든 흔적은 저장되고, 공적 자료가 될 수 있음

④ 디지털 시민의 자질

→ 올바른 온라인 매너는 성숙한 시민성과도 연결됨

상황별 온라인 매너

① 수업 전 마이크 · 카메라 점검

강의 중 카메라는 가급적 켜고, 집중하는 모습 유지

발언 시 간결하고 명확하게, 교수님 · 학생 존중하는 말투

채팅 기능은 질문이나 공감에 적절히 사용(지나친 사담 금지)

지각, 퇴장 등 상황은 사전 메시지로 정중히 전달

② 온라인 회의/팀플 매너

회의 시작 전 시간 엄수, 배경 소음 없도록 정리

발언은 차례대로, 상대 말 끊지 않기

무반응 대신 짧은 피드백("좋아요", "동의합니다") 표현

정리된 의견은 문서나 채팅으로 공유

회의 중 멀티태스킹(게임, 유튜브 등) 금지

③ 이메일 · 메신저 매너

제목과 인사말 필수: "안녕하세요, ○○과 ○○○입니다."

메일 내용은 간결하게, 맞춤법 체크

이모티콘, 줄임말 사용 지양

너무 늦은 시간(밤 10시 이후) 연락 자제

교수님, 기관 등에는 반드시 존댓말, 서명 남기기

④ SNS/단톡방 매너

단체 채팅방에서는 공적인 언어 사용하기

사담, 유머는 분위기 고려해 최소화

답장을 재촉하거나 무응답 비판 금지

이미지 · 링크 공유 시 출처 표시

갈등은 공개 채팅방보다 개인 메시지로 조율

온라인 매너 실천법

- 온라인 수업/회의 시간 5분 전 접속, 지각 방지, 미리 집중 준비
- 이메일 양식 통일, 제목, 인사, 본문, 마무리, 서명 순으로 정리
- 메시지 보내기 전 한 번 더 읽기, 감정적 표현, 오해 소지 제거
- 개인과 단체 구분, 단체방에서는 공적 태도, 1:1방에서는 조심스러운 소통
- 피드백은 짧고 명확하게, "좋아요", "정리 감사합니다" 등의 표현 활용

Activity

자가 점검 체크리스트

항 목	체크(✓)
온라인 수업 시작 전에 마이크 · 카메라를 점검한다.	
메일 · 메신저에 인사말과 서명을 정확히 쓴다.	
회의 중 상대의 발언을 끊지 않고 끝까지 듣는다.	
카톡방에서 정중하고 공적인 말투를 사용한다.	
온라인에서도 상대방의 기분을 고려하며 말한다.	
늦은 시간에는 메시지를 자제하거나 예약 전송한다.	

(5) 공공장소 매너

공공장소 매너는 공동으로 사용하는 공간에서 타인과의 조화를 위해 지켜야 할 행동 규범과 태도이며, 인성의 실천이라 할 수 있다. 개인의 성숙함과 공동체 의식을 동시에 반영하는 것이다. "나는 괜찮다"는 태도보다 "다른 사람은 어떨까?"를 생각하는 태도가 중요하다. 공동체의 일원으로서 갖춰야 할 태도다. 매너는 상대를 위한 배려이자, 나 자신을 존중하는 방식이다.

① 공동체 배려의 기본

→ 공공 공간은 '함께' 사용하는 곳이므로, 서로 불편하지 않게 사용하는 태도 필요

② 성숙한 시민성의 표지

→ 공공 매너는 시민으로서의 자질을 드러내는 첫걸음

③ 갈등 예방

→ 작은 예절의 실천이 불필요한 다툼이나 오해를 예방

④ 대학생의 품격

→ 대학생은 지적 · 도덕적 모범이 되는 존재로, 생활 속 예절이 곧 신뢰와 존중의 기반

공간별 공공 장소 매너

① 도서관 · 열람실

휴대폰은 무음 또는 진동, 통화는 외부에서

속삭임도 주의, 이어폰 수리 새지 않도록 볼륨 낮게

자리 맡기용 물건 장시간 방치 금지

간단한 간식 외 식음료 섭취 자제

이용 후 의자 정리, 쓰레기 수거

② 강의실

수업 시작 전 정숙 유지, 휴대폰 진동 모드

수업 중 말하기, 노트북·휴대폰 사용 시 조심

자리 맡기 위해 가방만 두고 자리를 비우는 행동 지양

강의 끝나고 나갈 때도 조용히 퇴실

휴지, 음료컵 등 자취 정리

③ 학교 식당·카페

자리 맡고 긴 시간 대기 금지

식사 후 식기 반납, 테이블 닦기

자리 부족 시 혼자 넓게 차지하지 않기

시끄러운 대화·통화 삼가

대기 줄은 질서 있게, 새치기 금지

④ 대중교통(지하철, 버스 등)

가방은 앞으로, 이어폰 소리 최소화하기

좌석은 필요한 사람에게 양보(노약자, 임산부, 몸이 불편한 사람 등)

전화는 짧고 조용하게, 동영상 시청 시 이어폰 필수

내릴 사람 먼저 배려, 문 앞 막지 않기

⑤ 복도·공용 공간

큰 소리로 통화하거나 웃는 행동 자제하기

엘리베이터는 먼저 탄 사람부터 내리기

쓰레기 무단 투기 금지, 흡연구역 준수하기

동아리실, 회의실 등은 정리 후 퇴실하기

택배·분실물 등 공동 사용 구역 물건 관리 주의

Activity

학교 캠페인 포스터 제작 활동: "우리의 공간, 우리의 예절"

(a) 조별로 주제 정하기(ex. 도서관 매너, 식당 예절, 엘리베이터 사용법 등)

(b) 슬로건, 이미지, 정보 포함한 포스터 제작

(c) 전시 또는 투표로 '가장 인상 깊은 캠페인 포스터' 선정

(d) 교내 게시판 · SNS에 공유하면 실질적 캠페인 가능!

(e) 포스터 내용 예시
슬로건: "쉿! 이 공간에는 배려가 흐르고 있어요"
메시지: 행동 지침 + 공감 유도 질문
이미지: 잘못된 상황 → 바른 모습으로의 변화

– 우리의 활동 준비

수업을 정리하며 Closing

1. 내가 더 발전시키고 싶은 인성적 태도(예: 책임감, 배려심, 협력성 등)는 무엇이고, 그 이유는 무엇인가?

2. 태도가 단순한 마음가짐을 넘어서 '행동으로 이어지는 성향'이라는 점에서, 나는 어떤 점을 돌아봐야 할까?

3. 학교에서 상황별 매너를 잘 지키기 위한 나의 전략은 무엇인가?

CHAPTER

03

인성과 자기 긍정성

오늘 우리의 학습 목표

1. 자기 긍정성과 자기 존중의 개념을 이해하고, 자기 이해를 통해 자신을 있는 그대로 수용하는 마음가짐을 기른다.
2. 자신의 가치관과 강점을 탐색하며, 이를 바탕으로 자기 사랑의 태도를 기르고, 삶의 방향성과 자신감을 키운다.
3. 소속감과 공동체 의식의 중요성을 이해하고, 학교와 교우 관계 안에서 긍정적인 소속감을 형성하는 방법을 익힌다.

수업을 시작하기 전 Warming-up

1. 내가 어떤 점에서 특별하고 소중한 존재인지 생각하고 이야기해 보자.

2. 소속감이 무엇인지 생각해 보고, 소속감을 잘 느끼려면 어떤 마음가짐이나 태도가 필요할지 이야기해 보자.

1. 자기 긍정성과 자기 확신

1) 자기 긍정성의 개념과 중요성

인성에 관해 이야기할 때, 우리는 흔히 타인을 대하는 태도, 책임감, 공동체에 대한 기여 등과 같은 외부적으로 나타나는 특성을 먼저 떠올린다. 하지만 인성은 타인을 존중하는 태도뿐만 자기 자신을 깊이 존중하는 긍정적인 마음, 마음 자기 긍정성에서 시작된다.

자기 긍정성을 명확하게 이해하기 위해 종종 혼동되어 사용되는 자존감과 자신감이라는 단어에 대해 이해할 필요가 있다. 세 단어가 모두 자신에 대한 긍정이라는 공통점이 있지만, 그 의미와 뜻은 차이가 있다.

(1) 자신감(Confidence)

특정 상황에서 '내가 잘할 수 있다'라는 능력에 대한 믿음을 말한다. 경험이나 준비를 통해 생겨나며, 상황에 따라 달라질 수 있다.

(2) 자존감(Self-Esteem)

자신에 대한 전반적인 가치 평가를 나타낸다. '나는 소중한 사람'이라고 믿음을 말한다.

(3) 자기 긍정성(Self-Affirmation)

자기 긍정성(self-affirmation)은 자신을 있는 그대로 받아들이고, 자신에 대한 깊은 존중과 수용을 뜻한다. 이는 단순히 자신의 장점만을 내세우는 것이 아니라, 자신의 약점까지도 자신의 일부로 인식하고 포용하는 건강한 마음 상태라고 할 수 있다.

미국의 심리학자 클로드 스틸(Claude Steele,1988)은 자기 긍정성(Self-Affirmation)이 우리가 어려움을 겪을 때 중요한 심리적 안전망이 된다고 설명하였다.

우리의 삶은 수많은 좌절과 어려움을 겪는 경우가 많다. 이러한 상황에서 '나는 안 돼', '내가 뭘 할 수 있겠어', '나는 늘 이 모양이야'와 같이 자신을 비난할 경우 새로운 시도를 하는 것을 가로막고 무기력하게 만든다. 이러한 자기 부정이 학습될 때 조금만 어려운 상황이 생겨도 쉽게 포기하고 좌절하는 행동을 나타낼 수 있다.

하지만 자기 긍정성이 높은 사람들은 다르다. 어려운 상황에 직면하더라도 '괜찮아! 그럴 수 있어. 다시 해 보면 돼'라고 자신을 스스로 다독이고 자신의 핵심 가치나 강점을 통해 어려운 상황에서도 흔들리지 않고 다시 도전할 수 있도록 심리적 균형을 만들어 준다.

자기 긍정성의 효과를 과학적으로 입증하기 위해 클로드 스틸과 동료들은 '핵심 가치 글쓰기 실험'(Values Affirmation Intervention) 진행하였다.

연구팀은 참가자를 두 그룹으로 나누어 서로 다른 글쓰기 활동을 하도록 하였다. 아래는 각 그룹의 활동 내용을 비교한 표이다.

구분	A그룹(자기 긍정성 집단)	B그룹(통제 집단)
활동 내용	자신이 중요하게 여기는 가치에 대해 글을 작성하게 함 (예: 가족, 친구, 정직, 창의성 등)	자기 자신과 관련 없는 주제에 대해 글을 작성하게 함 (예: 오늘 먹은 점심, 복도 풍경 등)
활동 시간	5~10분 내외	5~10분 내외

핵심 가치에 대해 글을 쓴 자기 긍정성 집단(A그룹)은 부정적인 상황에서도 정서적으로 상대적으로 더 안정적이었고, 자신감을 잘 유지하였다. 시험을 망쳤다고 느껴도 '나는 여전히 소중한 사람이야', '나는 본질적으로 가치 있는 존재야'라는 생각이 회복의 버팀목이 되어 주었다. 이러한 자기 긍정 활동이 심리적 회복력을 높이고, 어려운 상황에서도 흔들리지 않게 하는 힘이 되었다.

반면, 자기와 무관한 사소한 주제로 글을 쓴 통제 집단(B그룹)은 부정적인 피드백이나 어려운 시험 상황에서 더 크게 불안해했고, 자신감도 크게 떨어지는 모습을 보였다. 이들은 시험 결과에 대한 스트레스와 자기 의심으로 인해 정서적으로 더 흔들리는 경향을 보였다.

자기 긍정성은 단순히 "나는 괜찮아"라고 자신을 다독이는 것을 넘어, 외부의 부정적인 시선과 편견이 우리 인성에 미치는 해로운 영향으로부터 자신을 보호하는 방패가 된다. 자신이 다른 측면에서 가치 있고 유능한 존재임을 상기함으로써, 외부 환경이 어떠하든 흔들리지 않는 내면의 평온과 안정의 토대가 된다.

2) 자기 사랑

『나는 누구인가: 세상이 묻고 인문학이 답하다』(김상근 외, 2014) 제7장 '나는 이미 기적이다'에서 정용석 교수는 우리 존재의 고유함과 소중함에 대해 다음과 같이 말한다.

> 많은 학생과 젊은이들이 때론 성적이 떨어져서, 좋은 대학에 못 가서, 취업에 실패해서, 연인과 헤어져서, 빚이 많아서 등의 이유로 식음으로 전폐하거나 죽을 생각하기도 한다.
>
> 그러나 그렇게 자신을 내팽개쳐 버리기에 우리는 더없이 고귀한 존재다. 10400분의 1의 초미세 확률에 해당할 만큼 우리의 정체성과 고유성의 유일무의하다. 그러니 어쩌 나 자신을 사랑하지 않을 수 있겠는가. 이 놀라운 고유함은 인간의 본질 자체가 민주주의라는 생각을 갖게 한다. 서로의 다름을 인정하고 수용하는 데에 그 기반을 두기 때문이다.

'천상천하 유아독존(天上天下 唯我獨尊)'이라는 말이 있다. 사람들은 보통 이 말의 의미를 두 가지로 해석한다. 하나는 방금 탄생한 부처께서 생명의 존귀함을 설파하는 의미로, 하늘과 땅 사이에 내가 얼마나 존귀하고 유일하며 완전하고 무결한 존재인지를 뜻한다.

이처럼 인간은 단순히 어떤 역할이나 성과로 규정되는 존재가 아니다. 존재 그 자체만으로도 충분히 고귀하며, 대체할 수 없는 하나뿐인 생명이다. 우리는 성적이나 외모, 사회적 지위 같은 외부의 조건들로 자신의 가치를 평가받는 시대에 살고 있지만, 그 무엇도 나의 본질적인 가치를 대신하거나 결정지을 수는 없다. 따라서 우리는 마땅히 나 자신을 아끼고 사랑해야 한다.

자기 긍정성과 자기 사랑은 단순한 감정적 위로를 넘어, 내면의 동기를 강화하고 삶을 주체적으로 살아가는 힘이 된다. 특히 자기 긍정성이 높을수록 사람은 외부 평가에 흔들리지 않고, 자신의 내면에 기반하여 행동할 수 있으며 내적 동기를 자극한다. 내적 동기는 외부 보상이 없어도 그 활동 자체에서 의미와 즐거움을 느끼는 동기이다.

자기결정이론(Self-Determination Theory, Deci & Ryan, 1985)에 따르면, 사람은 내적 동기를 높이기 위해 다음 세 가지 기본 심리 욕구가 충족되어야 한다.

(1) 자율성

자율성은 '내가 스스로 선택하고 결정한다'라는 느낌을 말한다. 내가 하는 일에 대해 주도권을 가지고 있다고 느낄 때, 사람은 책임감을 가지면서 더 깊이 몰입하게 된다. 이를 위해 선택권을 제공하고, 자신의 의견이 존중받는 경험이 중요하다. 스스로 목표를 세우고 계획하며, 자발적으로 행동할 수 있는 환경이 조성될 때 자율성은 더욱 강화된다.

(2) 유능감

유능감은 '내가 이 일을 잘 해내고 있다'라는 자신감과 성취감을 의미한다. 작은 성취도 스스로 인식하고 인정받는 경험이 중요하며, 실패를 성장의 계기로 받아들이는 자세도 필요하다. 구체적이고 긍정적인 피드백을 자주 받을 때, 사람은 자신이 유능하다고 느끼며 이는 동기의 지속성을 높여 준다. 유능감은 단순히 결과가 아닌 과정에서의 성장을 인식할 수 있을 때 더욱 깊어진다.

(3) 관계성

관계성은 '내가 다른 사람들과 의미 있게 연결되어 있다'는 감정이다. 사람은 누구나 사회적 존재이며, 타인과의 유대 속에서 정서적 안정과 존재의 의미를 느낀다. 긴강한 관계는 지지와 격려를 가능하게 하며, 이는 새로운 시도나 도전에 긍정적인 영향을 미친다. 관계성을 높이기 위해서는 협력과 소통의 기회를 늘리고, 타인의 이야기에 관심을 두고 존중하는 태도를 유지해야 한다. 소속감을 느끼는 경험이 많을수록 내적 동기도 강화된다.

Activity

1. 최근에 내가 스스로 선택해서 한 일은 무엇인가요?
   그 일을 하면서 나에 대해 어떤 긍정적인 느낌이나 생각이 들었나요?

2. 최근에 나 스스로 친절하거나 다정하게 대했던 순간은 언제였나요?
   그때 어떤 상황이었고, 어떤 마음이 들었는지 이야기해 보자.

2. 자기 이해와 긍정적 정체성

1) 자기 이해란

자기 이해는 자신을 아는 것에서 출발한다. 이 과정은 단순히 내가 어떤 사람인지 아는 데 그치지 않고, 내 감정과 생각, 행동은 물론 내면에 자리한 가치관과 신념까지 깊이 들여다보는 일이다.

'나는 어떤 사람인가?'라는 근본적인 질문에 답을 찾아가는 여정이자, 인간이 성장하고 성숙하는 데 꼭 필요한 능력이라고 할 수 있다.

자기 이해가 깊어질수록 타인의 기대나 사회적 압력에 흔들리지 않고, 자신의 목소리를 낼 수 있다. 또한 자신의 강점과 한계를 명확히 인식하게 되어, 무리한 도전보다는 현실적이고 지속 가능한 성장을 도모할 수 있다.

자기 이해는 단순히 '나는 이런 사람이야'라고 스스로를 정의하는 데 머무르지 않는다. 내가 어떤 상황에서 왜 특정 감정을 느끼는지, 어떤 행동이 반복되는지, 그것이 내 가치관과 어떻게 연결되어 있는지까지 깊이 성찰하는 과정을 포함한다.

이러한 통찰은 자기조절, 감정관리, 스트레스 대처, 대인관계 등 인생 전반에 걸쳐 큰 도움이 된다.

심리학에서 자기 이해를 설명하는 대표적인 모델로는 '조하리의 창(Johari Window)'이 있다. 이 모델은 미국의 심리학자 조셉 루프트와 해리 잉햄(Joseph Luft & Harry Ingham, 1955)이 개발한 것으로, 자기인식과 대인관계를 네 가지 영역으로 나눈다. 이 네 가지 영역은 자신과 타인이 서로에 대해 얼마나 알고 있는지를 명확히 보여 주며, 소통과 신뢰를 높이는 데 큰 도움이 된다.

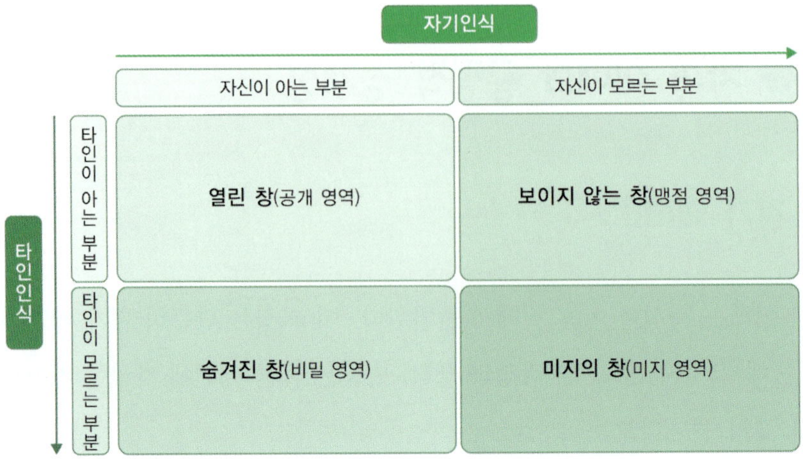

(1) '열린 창(공개 영역)'

열린 창은 자신과 타인 모두가 알고 있는 정보, 행동, 감정, 생각, 능력 등이 포함된다. 예를 들어, 내가 밝고 사교적이라고 생각하고, 주변 사람들도 그렇게 평가한다면 열린 창에 해당한다. 이 영역이 넓을수록 소통이 원활하고, 신뢰와 협력이 잘 이루어진다. 자기노출(자기개방)과 타인의 피드백을 통해 이 영역을 확대할 수 있다.

(2) '숨겨진 창(비밀 영역)'

숨겨진 창은 자신은 알고 있지만 타인에게는 드러내지 않은 정보, 감정, 생각, 희망, 두려움 등이 포함된다. 예를 들어, 내가 어떤 꿈이나 고민을 가지고 있지만, 아직 남에게 말하지 않은 경우가 이에 해당한다.

열린 창이 너무 크면 진정한 소통에 어려움이 생길 수 있다. 점차 자신을 드러내는 연습을 통해 이 영역을 줄이고, 열린 창을 넓힐 수 있다.

(3) '보이지 않는 창(맹점 영역)'

보이지 않는 창은 자신은 인식하지 못하지만 타인은 알고 있는 정보, 습관, 행동, 성격적 특징 등이 포함된다. 예를 들어, 내가 말할 때 자주 상대방을 방해하는 버릇이 있지만, 본인은 이를 모르는 경우가 이에 해당한다. 타인의 피드백을 통해 이 영역을 줄이고, 자기이해를 높일 수 있다.

(4) '미지의 창(미지 영역)'

미지의 창은 자신도 타인도 아직 알지 못하는 잠재력, 숨겨진 재능, 미래의 가능성 등이 포함된다. 예를 들어, 아직 경험해 보지 못한 상황에서 내가 어떤 반응을 보일지, 어떤 재능이 숨어 있는지 아무도 모르는 경우가 이에 해당한다. 새로운 경험과 도전, 자기탐색을 통해 미지의 창을 발견하고, 성장의 기회로 삼을 수 있다.

이처럼 조하리의 창을 활용하면, 자신이 알고 있는 부분과 타인이 알고 있는 부분, 그리고 아직 아무도 모르는 부분을 명확히 구분할 수 있다. 열린 영역의 부분을 넓히는 것으로, 자신의 대한 이해를 높이고 타인과의 관계에서 소통이 원활해지며 신뢰감을 향상시킬 수 있다.

2) 긍정적 정체성

정체성은 '나는 누구인가?'에 대한 답이며, 긍정적 정체성은 자신과 자신이 속한 집단, 역할을 긍정적으로 받아들이는 태도이다.

긍정적 정체성이 형성되면 자신감과 안정감을 갖고 변화와 도전에 잘 대응할 수 있다. 또한 타인과 건강한 관계를 유지하며 공동체 내에서 자신의 역할을 충실히 수행한다. 이는 심리적 안정과 사회적 적응에 도움을 주며, 학교생활에서도 책임감과 주도성을 갖게 한다. 자신의 가치관을 명확히 하고, 강점을 발견하여 개인의 정체성을 견고히 하는 것이 중요하다.

(1) 나의 가치 탐구

'가치'는 개인이 중요하게 여기는 삶의 기준이며, 선택과 행동의 방향을 결정짓는 핵심 요소다. 우리는 어떤 사람으로 살아가고 싶은지, 무엇을 중요하게 생각하는지에 대한 내면의 뿌리를 통해 삶의 방향을 잡는다.

가치를 탐색하는 과정은 '나는 누구인가'라는 질문에서 시작된다. 이 과정은 외부의 기대나 사회적 평가에 흔들리지 않고, 스스로의 중심을 세우는 자기이해의 첫걸음이 된다. 자신의 가치관을 명확히 알 때, 타인의 시선이나 환경 변화에도 흔들리지 않는 자아를 형성할 수 있다.

가치에 기반한 선택은 자율성과 동기를 높인다. 삶의 변화와 도전 속에서도 내면의 기준이 있다면 흔들리지 않고 자신의 길을 걸어갈 수 있다.이러한 기준은 개인의 성장과 자기 정체성 확립에 중요한 역할을 한다.

가치는 공동체 안에서 자신의 역할을 책임감 있게 수행하게 하는 힘이 된다. 사회와 타인에 대한 배려, 정직, 협력 등은 건강한 소통과 관계 형성에 필수적이다. 이런 가치들을 내면화하면 공동체 구성원으로서 긍정적인 변화를 이끌 수 있다.

자신의 가치를 탐구하는 일은 삶의 방향을 정하는 내면의 나침반이 된다. 내면에 굳건한 기준이 있으면 외부 환경이 변해도 자신의 길을 잃지 않는다. 이는 자기결정성과 자율성의 핵심이며, 만족스러운 삶의 토대가 된다.

Activity

가치 탐구 실습

가치 목록을 보고 자신에게 중요하다고 생각하는 가치 9개를 찾아 적으세요.

9개의 가치 중 가장 핵심적인 가치 6가지를 정해 주세요.

6개의 가치 중 가장 핵심적인 가치 3가지를 정해 주세요.

3개의 가치가 나에게 주는 의미를 조원들과 이야기 나눠 주세요.

가치 목록 리스트

가족	성공/성취	자아확장
감사	성관계	자연
감성	성장/진보	자유
개척/혁신	신뢰/충성	전문성/기술력
건강/활력/에너지	아름다움/미	전통
겸손	안락/편안함	정의/공평성
공동체	관계/연결감	조용함
권력	역사	열린 마음
기쁨/즐거움/재미	열정/열광	존경/존중
존재	존재론	기억/영향력
영성/수행	교육/학습/배움	낙관주의/긍정/희망
예술	지위	다양성/새로움/신미
외모	단순함	용기
우아/기품	독립/자율	독특성
우정	유머/웃음/쾌활함	유익/자발성
창조/창의력/독창성	친절/관대	리더십
마음의 평안/안정	명상/명쾌성	의리
컨트롤	명예/영광	명확성
타협성	모험	목적/사명
탐험/탐구	믿음/종교/숭배/신	팀워크/협동
부/재력/돈	평등/포용력	사랑
사회	자기계발/자아실현	생산성/효율성
자극/쾌락	자비/연민	인정
회복력	휴식	의사소통
의식/앎	이바지/남 돌봄	이성/논리
진정성/정직함	질서	평판/인정
지혜	헌신	환경

출처: Lungu(2021).

(2) 나의 강점 발견

아시아 축구의 새로운 역사를 쓰며 세계 최고 리그에서 두각을 나타내고 있는 선수는 바로 손흥민 선수다.

손흥민 선수는 유럽 무대에서 활동하는 수많은 공격수들에 비해 체격 조건이나 피지컬이 압도적이지는 않다. 하지만 그는 자신의 강점인 폭발적인 스피드와 정확한 양발 슈팅, 공간을 읽는 감각을 끊임없이 연마하고 활용해 세계 정상급 공격수로 자리 잡았다. 특히 손흥민은 빠르게 치고 들어가는 침투 플레이와 순간적인 판단력으로 상대 수비를 무너뜨리는 것에 능하며, 이러한 자신만의 무기를 살려 아시아 선수 최초로 프리미어리그 득점왕에 오르는 쾌거를 이루었다.

손흥민은 한 공식 인터뷰에서 "나는 스피드와 슈팅 정확도에서 자신 있다. 내 장점을 알고 거기에 집중하면 어떤 상대도 두렵지 않다"라고 밝히며, 강점 중심의 접근이 어떻게 성과로 이어지는지를 몸소 보여 주고 있다.

그는 자신의 약점을 감추기보다, 강점을 극대화하여 세계 최고의 무대에서 당당히 자신의 이름을 각인시킨 대표적인 사례다.

'강점'이란 개인이 가장 잘하는 능력과 재능을 의미하며, 긍정적 정체성 형성에 매우 중요한 역할을 한다. 자신의 강점을 인지하고 이를 개발·관리하는 태도는 자신감과 자기효능감을 높여, 변화와 도전에 더 효과적으로 대응할 수 있도록 돕는다. 강점 탐구는 '나는 무엇을 잘하는가?'라는 질문에 대한 답을 찾는 과정으로, 자신에 대한 깊은 이해와 긍정적 자아상을 확립하는 출발점이다. 강점을 명확히 알면, 약점에만 몰두하지 않고 강점 위주로 성장할 수 있어 자기주도적인 발전이 가능해진다.

강점 관리는 자신의 능력을 꾸준히 활용하고 발전시키는 과정이다. 이를 통해 개인은 고유한 역량을 극대화하고, 삶의 만족도와 심리적 안정을 높일 수 있다. 특히 대학생 시기의 자기 탐색은 진로 선택, 대인관계 형성, 자기주도적 태도 정립에 중요한 역할을 하며, 자신을 명확히 이해하고 사회에서 책임감 있게 역할을 수행하도록 돕는다. 따라서 자신의 강점을 발견하고 이를 적극적으로 실천하는 것이 무엇보다 중요하다.

Activity

강점진단 안내

VIA 강점검사(VIA Character Strengths Survey)는 긍정심리학의 창시자 중 한 명인 마틴 셀리그만(Martin Seligman, 2004)과 동료들이 개발한 성격 강점 측정 도구다. 이 검사는 인간의 긍정적인 자질과 미덕에 초점을 맞추어, 개인이 가진 24가지 성격 강점 중에서 자신에게 가장 두드러진 강점을 찾아 준다.

전 세계 수백만 명이 사용한 이 검사는 자신의 강점을 객관적으로 이해하고, 긍정적 정체성을 형성하는 데 큰 도움을 준다. 강점을 정확히 아는 것은 강점 개발과 관리의 출발점이 되며, 삶과 학업, 진로 선택에서 더 나은 방향 설정과 동기부여를 가능하게 한다.

VIA 강점검사는 온라인(www.viacharacter.org)에서 무료로 받을 수 있으며, 24가지의 강점들을 설명하고 묻는 문항에 스스로 매긴 점수를 써 놓으면 된다. 15~20분 정도 소요되며 일상생활과 생각에 대해 솔직하게 응답하면, 나에게 가장 강력한 상위 5가지 강점을 결과로 제공한다.

이 결과를 토대로 자신의 강점이 어떤 상황에서 빛나는지, 어떻게 더 활용하고 발전시킬 수 있을지 구체적으로 생각해 보자.

[강점탐구실습] 강점진단을 통해 발견된 강점 TOP5에 대해 알아보자.

3. 소속감과 심리적 안정감

신학기가 시작되고 캠퍼스에는 과잠을 입은 학생들이 많이 보인다. 대학생들의 교복이라 불리는 학과 점퍼 일명 과잠, 학생들에게 과잠은 어떤 의미일까?

낯설고도 복잡한 사회로의 첫걸음인 대학생활에서의 과잠(학교 점퍼)은 내가 어느 대학, 어느 학과의 일원이라고 표현하며 공통제의 일부임 느끼게 해 주어 심리적 안정에 도움을 준다.

심리학자 에이브러햄 매슬로(Abraham Harold Maslow, 1943)는 인간의 욕구가 단순히 생존을 위한 충동에서 비롯되는 것이 아니라, 보다 높은 차원의 성장과 자기 실현을 향해 나아간다고 주장하며 인간의 욕구를 다섯 가지로 정리하였다.

- 1단계 생리적 욕구

  음식, 물, 공기, 수면 등 생존에 필요한 가장 기초적인 욕구
- 2단계 안전 욕구

  물리적 위험이나 불안을 피하고자 하는 욕구
- 3단계 소속과 사랑의 욕구

  친구, 가족, 공동체 등 어딘가에 속하고자 하는 욕구
- 4단계 존중 욕구

  인정받고 존중받으며 자존감을 형성하려는 욕구
- 5단계 자아실현 욕구

  자신의 잠재력을 실현하고 삶의 의미를 찾으려는 욕구

대학생활은 새로운 환경에서 낯선 사람들과 어울리고 앞으로의 진로와 인간관계에 대한 고민도 커지는 시기이다. 이 때 소속감이 충족되면 우리는 그 공동체 안에서 심리적 안정감을 느낄 수 있다.

심리적 안정감은 마음이 편안하고 불안하지 않은 상태이다. 내가 속한 집단에서 존중받고 지지받는다고 느끼면, 삶의 긍정적인 태도를 유지할 수 있게 된다.

4. 애교심과 공동체 의식

학교는 학생들이 소속감을 경험하는 아주 중요한 공간이 된다. 학생들은 학교에서 다양한 사람들과 관계를 맺는다. 팀 프로젝트, 동아리 활동, 학과 활동 등 공동 목표를 위한 협력적 활동을 함께한다. 이 과정에서 내가 속한 학교에 애정을 가지고 긍정적으로 바로 보는 태도는 아주 중요하다.

한국교육심리학회(2021)에 따르면, 애교심이 높은 학생일수록 학교 만족도가 높고, 교우 관계에서도 긍정적인 태도를 보인다. 이는 결국 정서적 안정성과 자기효능감을 높이는 데 기여한다고 말하였다.

애교심은 자신이 속한 학교에 대해 애정과 자부심을 느끼는 마음이다. 단순히 학교를 좋아한다는 감정에 그치지 않고, 학교의 가치와 구성원에 대해 소속감을 느끼고, 그 일원으로서 긍정적인 정체성을 형성하고 학교생활에 더 책임감을 가지고 참여할 수 있다.

애교심은 단순히 학교를 좋아하는 감정에 머무르지 않는다. 학교가 내게 주는 경험의 가치를 인식하고, 그 안에서 나의 역할을 책임감 있게 수행하려는 태도까지 포함한다. 자신이 속한 조직을 신뢰하고, 그 안에서 소속감을 느끼는 사람은 공동체 활동에도 더 적극적으로 참여하게 되며, 자연스럽게 관계에서도 더 안정적이고 긍정적인 태도를 보이게 된다. 이러한 긍정적인 마음은 행동과 태도로 드러난다. 그중에서도 '말'과 '태도'는 공동체 안에서 가장 쉽게 표현되며 우리는 이를 근거로 상대방의 인성을 평가하기도 한다.

공동체 속에서 우리가 사용하는 언어는 단순한 정보 전달을 넘어 정서적 관계의 질을 바꾸기도 한다. 작은 말 한마디가 누군가에게는 큰 용기를 주기도 하고 반대로 작은 말 한마디가 오해를 불러일으켜 갈등을 유발하기도 한다. 그렇기에 공동체 안에서는 타인을 존중하고 배려하는 언어습관이 중요하다.

청소년의 언어 실태를 보면 문제가 되는 언어사용의 범위와 정도가 매우 심각하다. 문화체육관광부와 국립국어원의 청소년 언어사용실태조사(2010)에 따르면 중, 고등학생을 대상으로 비속어와 왜곡된 공격적 언어 사용 실태를 분석한 결과, 응답자의 95%가 비속어를 사용한 경험이 있고, 81%가 공격적인 표현을 사용한 경험이 있다고 응답하였다. 대표적으로 욕설, 비속어, 은어 등이 있으며 학년이 올라갈수록 더욱 강도 높은 표현을 사용하는 경향이 나타났다.

이러한 현상은 청소년들의 언어가 점차 자극적이고 공격적으로 변화하고 있음을 보여 준다.

- **욕설**: 남의 인격을 무시하거나 모욕적인 말 또는 남을 저주하는 말로 공격성을 지닌 언어
- **비속어**: 어떤 대상을 무시하는 태도를 가진 말이나 저속한 말로 반항적 심리가 작용하는 언어 표현
- **은어**: 특정 집단의 구성원끼리 통용되는 말로 일탈 욕구나 퇴폐적 풍조 등이 반영된 언어 표현
- **유행어**: 사회에서 사회심리적 요인에 의하여 일시적으로 유행하는 언어 표현
- **통신언어**: 인터넷 통신이나 소셜네트워크 등과 같은 온라인상에서 통용되는 특정한 언어 표현

청소년들이 사용하는 언어는 종종 무의식적인 습관에서 비롯된다. 친구들과의 대화에서 자연스럽게 튀어나오는 욕설, 인터넷에서 접한 은어, 유행어는 반복될수록 하나의 언어 습관으로 굳어진다. 처음에는 단순한 유희나 감정 표현의 수단이었을지 몰라도, 그 표현들이 점차 일상 언어를 대체하게 되면 상대방에게 상처를 주고, 관계를 단절시키는 위험 요소가 된다. 더 나아가, 자신의 사고 방식이나 자아 이미지에도 부정적인 영향을 줄 수 있다.

이러한 현실 속에서 우리가 주목해야 할 것은 바로 긍정적인 언어 사용의 중요

성이다. 언어는 단지 생각을 전달하는 수단이 아니라, 관계를 맺고 자신을 표현하며 세상을 인식하는 방식이다.

바르고 따뜻한 말을 쓰는 습관은 타인과의 소통을 원활하게 만들고, 자신에 대한 긍정적 인식에도 영향을 준다. “괜찮아”, “고마워”, “도와줄게”와 같은 짧은 말 한마디가 누군가에겐 하루를 버틸 힘이 되기도 한다.

따라서 언어 습관은 단지 표현의 문제가 아니라, 건강한 공동체를 이루는 출발점이 된다. 비속어와 공격적인 언어가 익숙해진 환경일수록, 의도적인 긍정적 언어 사용을 통해 스스로 자신과 타인을 존중하고 배려하는 문화를 만드는 것이 필요하다.

Activity

긍정적 언어습관을 위한 솔루션

1. 나의 언어 돌아보기

: 내가 사용하는 언어 중 부적절하거나 공격적인 표현을 스스로 돌아본다. 그리고 그 표현을 긍정적이고 바람직한 말로 바꾸어 적음으로써 언어 습관을 개선하는 데 도움을 준다.

예) 하기 싫다, 귀찮다 → 조금 번거롭지만 해 보면 뿌듯할 거야

왜 이렇게 못 해? → 이 부분은 다시 같이 해 보자

2. 비속어 변경하여 사용하기

: 욕설이나 비속어 사용 빈도를 스스로 점검하고, 긍정적인 표현으로 바꾸어 말해 본다. 이를 통해 부정적 언어 습관을 인식하고 개선할 수 있다.

예) 미쳤다 → 정말 대단하다 / 쩐다 → 인상 깊다.

3. 상대방 칭찬하기

: 상대방의 장점이나 노력을 구체적으로 발견하여 말로 표현한다. 긍정적인 칭찬은 자신감과 소속감을 높이고, 건강한 관계 형성에 도움을 준다.

예) 항상 밝은 인사로 분위기를 좋게 만들어 줘서 고마워

수업을 정리하며 Closing

1. 오늘 수업을 통해 새롭게 발견한 '나'에 대해 짝꿍과 이야기 나눠 주세요.

2. 학교생활에서 소속감을 느끼기 위해 무엇이 필요한지 이야기 나눠 봅시다.

   - 나의 학교에 대해 알아봅시나.
     (학교의 교육이념 / 학교 상징물 / 교내 학과 구성 등)

   - 학교에서 소속감을 높이기 위해 내가 직접 해 볼 수 있는 한 가지 행동은 무엇인가요?

CHAPTER 04

인성과 자기효능감

오늘 우리의 학습 목표

1. 성장 마인드셋의 개념을 이해하고, 일상 속 문제를 긍정적 도전으로 인식하는 태도를 기른다.
2. 자기효능감의 개념과 중요성을 이해하고, 자신감을 키우기 위한 구체적인 방법을 탐색한다.
3. 회복탄력성의 핵심 요소인 자기조절력, 대인관계 능력, 긍정성의 중요성을 이해하고, 이를 통해 자기효능감과 내면의 회복력을 높이는 필요성을 인식한다.

수업을 시작하기 전 Warming-up

1. 여러분은 '나는 할 수 있다'고 믿었던 순간이 있었나요?
   그 순간과 어떤 느낌이었는지 함께 이야기해 보자.

2. 회복탄력성이 무엇인지 조원들과 이야기 나누어 보자.

1. 문제 인식과 성장 마인드셋

우리 모두가 어려움과 실패를 만날 때, 그것을 어떻게 받아들이느냐가 중요하다. 성장 마인드셋을 가진 사람은 '능력은 노력과 학습을 통해 향상될 수 있다'고 믿으며, 실패를 배움의 과정으로 본다. 반면, 고정 마인드셋을 가진 사람은 '능력은 타고난 것'이라 생각해 실패를 좌절로 받아들이고 쉽게 포기한다.

심리학자 캐롤 드웩(Carol Dweck, 1988)은 사람들의 능력에 대한 믿음이 두 가지 유형으로 나뉜다고 주장하였다.

1) 고정 마인드셋(fixed mindset)

능력이 선천적이고 바뀌지 않는다고 믿는 태도이다. 이러한 사람들은 실패를 자신의 능력 부족으로 받아들이고, 도전 과정에서 어려움을 겪으면 쉽게 포기하거나 좌절한다. 실패가 자신을 규정한다고 생각하기 때문이다. 예를 들어, 시험에서 낮은 성적을 받은 학생이 "나는 원래 수학에 소질이 없어"라고 단정짓는 것은 고정 마인드셋의 전형적인 특징이다.

2) 성장 마인드셋(growth mindset.)

성장 마인드를 가진 사람들은 능력이 노력과 경험, 학습을 통해 발전할 수 있다고 믿는다. 이들은 실패를 단순한 좌절이나 한계가 아니라, 배우고 성장할 수 있는 기회로 받아들인다. 도전과 실패 속에서도 끈기 있게 노력하며, 지속적인 자기개발을 추구한다.

심리학자 캐롤 드웩은 이 개념을 다양한 실험을 통해 입증하였다. 대표적인 실험 중 하나는 초등학생을 대상으로 한 칭찬 실험이다.

캐롤 드웩은 아이들에게 문제를 푼 후 한 집단에는 "넌 정말 똑똑하구나"와 같이 능력 중심의 칭찬을, 다른 집단에는 "정말 열심히 했구나"와 같은 노력 중심의 칭찬을 주었다. 이후 더 어려운 문제를 제시했을 때, 똑똑하다는 칭찬을 들은 아이들은 도전을 회피하고 실패를 두려워했으며, 문제를 다시 시도하려는 의욕이 줄어들었다. 반면, 노력 칭찬을 받은 아이들은 실패에도 불구하고 도전을 이어 갔고, 더 나은 전략을 시도하려는 태도를 보였다.

이 실험은 간단한 피드백 방식이 아이들의 마인드셋과 학습 행동에 얼마나 큰 영향을 줄 수 있는지를 보여 준다.

최근의 신경과학 연구도 성장 마인드셋의 중요성을 뒷받침한다.

스탠퍼드 대학교 연구팀은 학습 과정에서 발생하는 실수에 대해 뇌가 어떻게 반응하는지를 관찰하였다. 그 결과, 성장 마인드셋을 가진 사람들은 실수를 인식했을 때 뇌의 오류 감지 신호(error-related negativity, 2011)가 더 크게 활성화되었다. 이는 단순히 실수를 무시하지 않고, 그것을 학습의 기회로 받아들이는 뇌의 적극적인 반응을 의미한다. 다시 말해, 성장 마인드셋은 뇌 차원에서도 학습에 적합한 태도를 형성하고 있었던 것이다.

성장 마인드셋은 단순히 '능력은 바뀔 수 있다'는 믿음에서 멈추지 않는다.

이 믿음은 우리가 실패 앞에서 다시 일어설 수 있는 용기와 도전을 지속할 수 있는 힘을 길러 준다.

성장 마인드를 가진 사람은 실패를 두려워하지 않고, 오히려 그것을 통해 더 나은 자신으로 나아갈 기회를 찾는다. 새로운 일을 시도할 때도, 결과보다 과정과 노력을 중시하며 스스로를 성장시키려는 의지를 잃지 않는다.

따라서 성장 마인드셋은 개인의 태도와 행동, 나아가 삶의 방향까지 바꿀 수 있는 심리적 자산이라 할 수 있다. 어려움을 마주할 때 그것을 극복할 수 있는 마음의 기반이 되어 주는 것이다.

2. 인성과 자기효능감

스티브 잡스(Steven Paul Jobs)는 애플을 창립하고 아이폰, 아이패드 같은 혁신적인 제품으로 전 세계 기술 산업을 바꾼 인물이다. 하지만 그의 성공은 순탄하지 않았다.

1985년, 자신이 세운 애플에서 이사회와의 갈등 끝에 해고당하는 큰 실패를 겪었다. 당시 잡스는 자존감이 많이 무너져 실리콘 밸리를 떠날까 고민하기도 하였다. 많은 사람에게는 인생의 큰 좌절로 보일 수 있었지만, 그는 이 실패를 자기효능감으로 극복하였다.

자신의 능력과 비전에 대한 믿음을 잃지 않았던 잡스는 넥스트(NeXT)와 픽사(Pixar)를 설립하며 다시 일어섰다. 넥스트에서는 보다 진보된 컴퓨터를 만들기 위해 노력했고, 픽사에서는 애니메이션 산업에 새바람을 일으켰다. 넥스트는 시장에서 큰 성공을 거두지 못했지만, 픽사는 디즈니와 협력해 '토이 스토리'를 제작하며 세계적인 애니메이션 회사로 성장하였다.

또한 잡스는 위기에 처한 애플에 복귀해 과거 실패를 두려워하지 않고 아이맥, 아이팟, 아이폰, 아이패드 같은 혁신적인 제품을 차례로 내놓았다. 그의 복귀는 애플을 세계 최고의 기업으로 성장시키는 결정적인 계기가 되었다.

스티븐 잡스의 이야기는 자기효능감이 실패와 시련 속에서도 다시 도전하게 만드는 강력한 힘임을 잘 보여 준다.

마이클 조던(Michael Jeffrey Jordan)은 고등학생 시절 농구부 선발에서 탈락하는 큰 좌절을 겪었다. 당시 그는 누구보다 농구를 사랑했지만, 그 실패로 인해 잠시 흔들리기도 하였다. 그러나 조던은 좌절에 머물지 않았다.

오히려 자신에게 물었다. '나는 반드시 다시 성공할 수 있을까?' 그는 강한 내적 확신, 즉 자기효능감을 바탕으로 다시 도전하였다. 매일같이 연습에 매진하며 기술을 연마했고, 신체적으로도 더욱 단련하였다. 주변의 격려와 코치, 팀원들과의 협력도 그에게 큰 힘이 되었다.

이처럼 자기효능감은 조던에게 실패를 두려워하지 않고, 오히려 그것을 자신의 한계를 넘는 동기부여로 전환시키는 원동력이 되었다.

끊임없는 노력과 믿음 덕분에 조던은 점차 뛰어난 기량을 갖추게 되었고, 결국 NBA 역사상 최고의 선수 중 한 명으로 성장하였다. 그는 여섯 번의 NBA 챔피언 우승, 다수의 MVP 수상 등 눈부신 성과를 거두며 스포츠의 전설로 자리매김하였다. 조던의 이야기는 자기효능감이 어떻게 실패를 딛고 일어나 위대한 성취를 이루게 만드는지를 분명하게 보여 준다.

스티브 잡스와 마이클 조던의 사례처럼 실패를 극복하고 성공으로 나아갈 수 있도록 한 것은 자기효능감이였다.

자기효능감(Self-efficacy)이란 특정한 과제나 상황에서 자신이 성공적으로 해낼 수 있다는 믿음이다. 단순한 자신감이나 낙관적인 태도와는 다르다. 자기효능감은 구체적이고 현실적인 자신에 대한 확신으로, 개인이 실제 행동을 시작하고 끝까지 지속하게 만드는 내적 동기이자 심리적 힘이다. 이 믿음이 강할수록 어려운 도전에도 두려움 없이 맞서고, 실패해도 쉽게 포기하지 않는 경향이 나타난다.

심리학자 알버트 반두라(Albert Bandura, 1977)는 자기효능감이 인간 행동의 중요한 동기 요소임을 강조하며, 이를 형성하는 네 가지 주요 경로를 제시한다.

1) 성공 경험(Mastery Experiences)

실제로 과제를 수행한 경험으로, 자기효능감을 키우는 가장 직접적인 방법이다.

2) 대리 경험(Vicarious Experiences)

자신과 비슷한 사람이 성공하는 모습을 보고 '나도 할 수 있다'고 느끼는 것이다.

3) 사회적 설득(Social Persuasion)

사람들의 격려와 긍정적인 피드백으로, '너라면 할 수 있어'라는 말이 행동을 자극한다.

4) 정서 및 신체 상태(Emotional and Physiological States)

불안이나 스트레스 같은 부정적 감정이 자기효능감을 낮출 수 있지만, 안정된 마음과 건강한 몸은 자신감을 높인다.

핀트론과 데이비스(Pintrich & De Groot, 1990)는 대학생들을 대상으로 자기효능감이 학습 동기와 학업 성취에 미치는 영향을 조사하였다. 그들은 학생들이 자신이 학업 과제를 성공적으로 수행할 수 있다는 믿음, 즉 자기효능감이 높을 때, 더 높은 학습 동기와 더 나은 학업 성과를 보인다는 것을 발견하였다.

연구 결과에 따르면, 자기효능감이 높은 학생들은 학습 목표를 더 명확하게 설정하고, 어려운 과제에도 더 적극적으로 도전하며, 실패했을 때도 좌절하기보다 문제 해결을 위해 노력하는 경향이 있었다. 또한, 이들은 학습 과정에서 전략적이고 계획적으로 공부하는 습관을 보였으며, 학업 스트레스 상황에서도 비교적 높은 자신감을 유지하였다.

반대로, 자기효능감이 낮은 학생들은 어려운 과제를 피하려 하고, 실패 경험에 더 크게 좌절하며, 학습 의욕과 집중력이 떨어지는 경향이 관찰되었다. 이로 인해 전반적인 학업 성취도 역시 낮았다.

자기효능감이 높다는 것은 단순히 '나는 할 수 있다'는 믿음뿐 아니라, 실제로 어려움에 맞서 도전하고 성장하려는 자세와 깊은 관련이 것을 확인하였다.

Activity

자기효능감 실습

1. 최근에 작지만 '내가 해냈다'고 느꼈던 경험이 있나요? 어떤 상황이었고, 어떤 노력을 했나요?

2. 그 성공 경험을 통해 스스로에 대해 어떤 긍정적인 생각이나 믿음이 생겼나요?

3. 어려운 상황이나 실패를 만났을 때, 이전 성공 경험이 어떻게 도움이 되었나요?

3. 회복탄력성을 통한 자기효능감 향상

회복탄력성은 심리학, 교육, 경영 등 다양한 분야에서 사용되는 심리적 개념으로, 시련과 실패를 겪은 후 다시 회복하거나 이전보다 더 나아지는 능력을 뜻한다. 단순히 '버티는 힘'을 넘어, 역경을 성장의 자양분으로 삼는 태도와 행동력을 포함한다.

이 용어는 라틴어 'resilire'(되돌아가다, 튀어오르다)에서 유래한 영어 단어 'resilience'에서 비롯되었으며, 이는 외부 충격에 흔들릴 수 있지만 다시 본래 상태로 회복하거나 오히려 더 강해지는 힘을 담고 있다.

심리학자 앤 매스턴(Ann Masten, 2014)은 회복탄력성을 '일상적인 마법(ordinary magic)'이라 부르며, 특별한 능력이 아니라 누구나 발달시킬 수 있는 보편적 심리 역량임을 강조한다.

회복탄력성 개념은 수십 년간 축적된 연구를 통해 정립되어 왔으며, 그중 가장 대표적이고 영향력 있는 실증 연구가 에미 워너와 루스 스미스(Emmy Werner & Ruth Smith, 1982)가 진행한 '카우아이 종단 연구(Kauai Longitudinal Study)'이다.

이 연구는 1955년 하와이 카우아이 섬에서 태어난 신생아 833명을 대상으로 시작되었으며, 무려 40년에 걸쳐 이들의 성장 과정을 추적 조사한 대규모 종단 연구이다.

연구는 처음에 '카우아이 위험 아동 연구(Kauai Risk Children Study)'라는 이름으로 아이들의 위험 요인과 문제점에 집중하여 연구를 진행을 하였으나 시간이 지나면서 연구 결과가 단순한 위험 분석을 넘어서, 역경을 극복하고 건강하게 성장하는 '회복탄력성'에 초점을 맞추게 되면서, 연구명도 '카우아이 종단 연구'로 바뀌게 되었다.

당시 카우아이 섬은 경제적, 사회적으로 매우 어려운 환경이었다. 많은 가정이 극심한 빈곤 상태였으며, 부모의 이혼, 알코올 중독, 정신건강 문제 같은 위험 요인이 높았다. 이러한 역경 속에서 아이들이 어떻게 성장하는지를 관찰하는 것이 연구의 주요 목적이었다.

연구진은 전체 대상자 중에서도 특히 환경적 위험 요인이 많은 고위험군 201명을 별도로 분류하여 집중적으로 관찰하였다. 이 고위험군 아이들은 어려운 가정환경과 사회적 문제에 노출되어 있었으나, 정기적인 평가를 통해 신체적·정신적 건강, 학업 성취, 사회적 관계 등의 발달 상태를 꾸준히 기록하였다.

그 결과, 놀랍게도 극심한 위험환경에 노출되었던 고위험군 201명 중 약 3분의 1에 해당하는 70여 명이 오히려 긍정적으로 성장했다는 사실이다. 이들은 학업 성취도 높았고, 사회적 관계에서도 안정적이며, 정서적 문제를 상대적으로 적게 겪었다.

연구진은 이 아이들의 공통된 특징을 면밀히 분석하였다. 그 결과, 다음과 같은 8가지 보호 요인이 회복탄력성에 영향을 주는 핵심 요소로 나타났다.

[회복탄력성이 높은 아이들의 공통점]

1) 신뢰할 수 있는 어른의 존재

이들에게는 언제나 자신을 믿고 지지해 주는 어른이 한 명 이상 있었다. 부모, 조부모, 교사, 종교인, 지역사회 인물 등 그 형태는 다양했지만, 중요한 것은 아이의 존재를 조건 없이 받아 주고 지지해 주는 정서적 안정감이었다.

2) 낙관성과 희망을 잃지 않는 태도

이들은 현재 상황이 아무리 힘들더라도 "언젠가 좋아질 것이다"라는 희망을 잃지 않았다. 자신이 처한 현실을 회피하거나 왜곡하지 않으면서도, 미래를 향한 긍정적인 기대감을 가지고 있었다.

3) 자기효능감과 주체성

이들은 어려움이 닥쳤을 때 "나는 해결할 수 있다"는 믿음을 가지고 주도적으로 행동하였다. 도움을 요청하거나, 스스로 해결책을 찾아보려는 적극적 문제 해결 태도를 보였다.

4) 문제 해결 능력

상황을 단순히 감정적으로 받아들이기보다는, 문제의 원인을 파악하고 합리적으로 접근하려는 경향이 있었다. 이러한 인지적 전략이 반복되며 자기 통제감과 회복력이 형성되었다.

5) 높은 자기조절 능력

감정의 기복이 심하거나 충동적으로 반응하지 않았다. 불안, 분노, 좌절감 등을 스스로 조절할 수 있는 능력을 점차 키워 갔다.

6) 사회적 기술과 또래 관계

건강한 또래 관계를 유지하며 사회적 지지망을 형성하였다. 친구와의 관계 속에서 감정을 나누고 갈등을 조절할 수 있는 능력이 있었다.

7) 작은 성취의 경험

공부, 스포츠, 공동체 활동 등에서 자신이 잘하는 것을 찾아내고, 그것을 반복하며 자존감과 자신감을 축적하였다. 이 성취 경험은 도전적인 상황에서도 스스로를 믿게 해 주는 기반이 되었다.

8) 유연한 사고와 학습 태도

실패를 단순히 좌절로 여기지 않고 "배움의 기회"로 해석하는 성장마인드 셋(growth mindset)을 가지고 있었다. 이로 인해 경험을 통해 자신을 끊임없이 개선하려는 태도를 보였다.

이처럼 회복탄력성이 높은 사람들은 역경 앞에서 무너지기보다는, 오히려 그것을 성장과 변화의 기회로 전환하는 심리적 유연성을 보여 준다.

앞서 살펴본 회복탄력성이 높은 사람들의 8가지 특징은, 단순한 성격 특성이 아니라 충분히 훈련을 통해 길러질 수 있는 능력이다.

그렇다면 회복탄력성이란 구체적으로 어떤 구조로 이루어져 있으며, 우리는 어떻게 이 능력을 키울 수 있을까?

회복탄력성에 대한 개념이 국내에서 본격적으로 주목받기 시작한 계기는 2011년 서울대학교 김주환 교수가 출간한 『회복탄력성』이라는 저서를 통해서였다.

이 책은 그동안 다소 생소했던 '회복탄력성'이라는 개념을 대중에게 널리 알린 중요한 전환점이 되었다. 김주환 교수는 회복탄력성을 "삶의 충격으로 인해 무너진 마음이 다시 일어서는 능력"이라고 정의한다.

이는 단순히 고통을 '참아 내는 힘'이나 '버티는 능력'을 의미하는 것이 아니다. 오히려 상처와 실패, 그리고 역경이라는 감정적 충격 이후에 스스로 다시 중심을 잡고 일어설 수 있는 심리적 자생력, 즉 '내면의 힘'을 뜻한다. 삶에서 맞닥뜨리는 다양한 어려움 속에서도 흔들리지 않고, 다시 자신을 회복하는 능력으로서, 단순한 낙관주의와는 확연히 구분된다.

특히 주목할 점은, 이 회복탄력성이 타고나는 성격이나 기질에 국한된 것이 아니라는 것이다. 김주환 교수는 회복탄력성을 후천적으로 훈련하고 계발할 수 있는 심리적 자산으로 보고 있다. 이는 누구나 노력과 경험을 통해 키울 수 있는 능력이며, 실제 삶에서 다양한 도전을 극복하는 과정 속에서 점차 성장할 수 있다고 강조한다.

그는 회복탄력성을 구성하는 심리적 요소를 세 가지 핵심 역량으로 나누어 설명한다. 바로 '자기조절력', '대인관계 능력', '긍정성'이다. 이 세 가지 요소는 다시 각각 세부 하위 항목으로 나뉘어 총 9가지 역량으로 구체화된다.

첫 번째 요소: 자기조절력

자기조절력은 자신의 감정과 충동을 통제하는 능력으로, 회복탄력성의 기본이다. 위기 상황에서 느끼는 불안, 분노, 두려움 등 강한 감정을 다루지 못하면 이성적인 판단과 문제 해결이 어려워진다. 자기조절력이 뛰어난 사람은 감정을 객관적으로 인식하고 차분하게 반응할 수 있다.

(1) 정서조절력

자신의 감정을 인식하고 과도한 감정 표현을 자제하는 능력이다. 감정에 휘둘리지 않고 상황을 냉철하게 바라본다.

(2) 충동조절력

감정이 격해질 때 즉각적인 반응 대신 잠시 멈추고 숙고하는 자제력이다. 불필요한 감정 폭발을 막아 더 나은 대처를 가능하게 한다.

(3) 원인분석력

위기 상황의 원인을 외부 탓으로 돌리지 않고 논리적으로 분석해 문제 해결책을 찾는 능력이다.

두 번째 요소: 대인관계 능력

회복탄력성은 혼자만의 힘으로 이루어지지 않는다. 인간은 사회적 존재이기에, 상처나 고난을 겪을 때 타인과 연결되는 능력이 회복의 중요한 원천이 된다. 대인관계 능력이 뛰어난 사람은 어려움을 겪을 때 도움을 요청할 줄 알고, 타인의 지지와 위로 속에서 다시 힘을 얻는다.

(1) 공감능력

타인의 감정을 이해하고 존중하며 배려하는 능력으로, 건강한 관계의 기반이 된다.

(2) 소통능력

자신의 감정을 정확하게 표현하고, 상대방의 말을 경청하는 상호작용의 기술이다.

(3) 사회적 자원 활용능력

위기의 순간에 주변 사람들과 감정적으로 연결되고, 도움을 요청하거나 받을 수 있는 능력이다. 관계 속에서 회복탄력성이 확장된다.

세 번째 요소: 긍정성

긍정성은 현실을 회피하거나 무조건 괜찮다고 말하는 억지 낙관이 아니라, 현실을 있는 그대로 받아들이면서도 삶의 의미를 재구성하고 희망의 가능성을 놓지 않는 태도를 뜻한다. 어려움을 겪고도 다시 일어설 수 있는 사람들은 시련 속에서 성장의 단서를 찾는 능력을 가지고 있다.

(1) 자아낙관성

'나는 다시 해낼 수 있다'는 자기 신뢰와 기본적인 낙관적 관점이다.

(2) 생활만족감

현재 삶을 있는 그대로 받아들이고, 그 안에서 기쁨과 의미를 발견하는 태도다.

(3) 감사능력

사소한 일상 속에서도 감사할 만한 것을 찾아 표현하며 살아가는 태도다. 이는 삶을 긍정적으로 유지하는 데 도움을 준다.

회복탄력성은 자신의 감정을 조절하고, 타인과 의미 있는 관계를 맺으며, 현실을 긍정적으로 받아들이는 심리적 능력이다. 김주환 교수는 이 능력이 타고나는 성격이 아니라 누구나 훈련하고 키울 수 있는 '심리적 자산'이라고 강조한다.

감정을 차분히 인식하고 다스리는 자기조절력, 어려운 속에서도 도움을 주고받을 수 있는 대인관계 능력, 그리고 현실의 어려움을 인정하면서도 희망과 의미를 발견하는 긍정성은 회복탄력성의 핵심 요소이다. 이 능력들은 꾸준한 연습과 경험을 통해 성장할 수 있다.

회복탄력성이 높은 사람은 실패와 좌절을 성장의 기회로 받아들이며, 내면의 중심을 잃지 않고 삶의 도전에 맞선다. 이 과정에서 자신과 주변 사람들 모두에게 긍정적인 영향력을 끼치며, 건강한 공동체를 만드는 데 기여한다.

무엇보다 회복탄력성은 완벽함을 의미하지 않는다. 누구나 흔들리고 어려움에 부딪히지만, 그때마다 다시 일어서는 태도가 진짜 회복탄력성이다. 그리고 이 힘은 개인의 내면뿐 아니라 사회적 지지와 신뢰 속에서 함께 길러진다. 따라서 회복탄력성을 키우는 일은 건강하고 의미 있는 삶을 위해 반드시 필요한 과정이다.

Activity

회복탄력성 검사

이 검사는 일상에서 어려움을 겪을 때 자신이 어떻게 대처하는지를 알아보기 위한 한국형 회복탄력성 지수검사(KRQ-53) 질문지이다.

각 문항을 읽고 문항마다 1점부터 5점까지 점수를 부여하는 방식이다.
1 = 전혀 그렇지 않다 / 2 = 그렇지 않다 / 3 = 보통이다
4 = 어느 정도 그렇다 / 5 = 매우 그렇다

**음영이 있는 곳은 문항에 6에서 자신의 해당 점수를 뺀 것을 계산하여 적는다.

번호	항목	점수	합계
1	나는 어려운 일이 닥쳤을 때 감정을 통제할 수 있다.		
2	내가 무슨 생각을 하면, 그 생각이 내 기분에 어떤 영향을 미칠지 잘 알아챈다.		
3	논쟁거리가 되는 문제를 가족이나 친구들과 토론할 때 내 감정을 잘 통제할 수 있다.		
4	집중해야 할 중요한 일이 생기면 신바람이 나기보다는 더 스트레스를 받는 편이다.	6-( )=( )	
5	나는 내 감정에 잘 휘말린다.	6-( )=( )	
6	때때로 내 감정적인 문제 때문에 학교나 직장에서 공부하거나 일할 때 집중하기 힘들다.	6-( )=( )	
7	당장 해야 할 일이 있으면 나는 어떠한 유혹이나 방해도 잘 이겨 내고 할 일을 한다.		
8	아무리 당황스럽고 어려운 상황이 닥쳐도, 나는 내가 어떤 생각을 하고 있는지 스스로 잘 안다.		
9	누군가가 나에게 화를 낼 경우 나는 우선 그 사람의 의견을 잘 듣는다.		
10	일이 생각대로 잘 안 풀리면 쉽게 포기하는 편이다.	6-( )=( )	
11	평소 경제적인 소비나 지출 규모에 대해 별 다른 계획 없이 지낸다.	6-( )=( )	

번호	항목	점수	합계
12	미리 계획을 세우기보다는 즉흥적으로 일을 처리하는 편이다.	6–(　　)=(　)	
13	문제가 생기면 여러 가지 가능한 해결 방안에 대해 먼저 생각한 후에 해결하려고 노력한다.		
14	어려운 일이 생기면 그 원인이 무엇인지 신중하게 생각한 후에 그 문제를 해결하려고 노력한다.		
15	나는 대부분의 상황에서 문제의 원인을 잘 알고 있다고 믿는다.		
16	나는 사건이나 상황을 잘 파악하지 못한다는 이야기를 종종 듣는다.	6–(　　)=(　)	
17	문제가 생기면 나는 성급하게 결론을 내린다는 이야기를 종종 듣는다.	6–(　　)=(　)	
18	어려운 일이 생기면 그 원인을 완전히 이해하지 못했다 하더라도 일단 빨리 해결하는 것이 좋다고 생각한다.	6–(　　)=(　)	
19	나는 분위기나 대화 상대에 따라 대화를 잘 이끌어 갈 수 있다.		
20	나는 재치 있는 농담을 잘한다.		
21	나는 내가 표현하고자 하는 바에 대한 적절한 문구나 단어를 잘 찾아낸다.		
22	나는 윗사람과 대화하는 것이 부담스럽다.	6–(　　)=(　)	
23	나는 대화 중에 다른 생각을 하느라 대화 내용을 놓칠 때가 종종 있다.	6–(　　)=(　)	
24	대화를 할 때 하고 싶은 말을 다 하지 못하고 주저할 때가 종종 있다.	6–(　　)=(　)	
25	사람들의 얼굴 표정을 보면 어떤 감정인지 알 수 있다.		
26	슬퍼하거나 화를 내거나 당황하는 사람을 보면 그들이 어떤 생각을 하는지 잘 알 수 있다.		
27	동료가 화를 낼 경우 나는 그 이유를 꽤 잘 아는 편이다.		
28	나는 사람들의 행동방식을 때로 이해하기 힘들다.	6–(　　)=(　)	
29	친한 친구나 애인 혹은 주변으로부터 “당신은 나를 이해 못해”라는 말을 종종 듣는다.	6–(　　)=(　)	
30	동료와 친구들은 내가 자기 말을 잘 듣지 않는다고 한다.	6–(　　)=(　)	
31	나는 내 주변 사람들로부터 사랑과 관심을 받고 있다.		
32	나는 내 친구들을 정말로 좋아한다.		

번호	항목	점수	합계
33	내 주변 사람들은 내 기분을 잘 이해한다.		
34	서로 도움을 주고받는 친구가 별로 없는 편이다.	6-( )=( )	
35	나는 정기적으로 만나는 사람들은 대부분 나를 싫어하게 된다.	6-( )=( )	
36	서로 마음을 터놓고 얘기할 수 있는 친구가 거의 없다.	6-( )=( )	
37	열심히 일하면 언제나 보답이 있으리라고 생각한다.		
38	맞든 아니든 "아무리 어려운 문제라도 나는 해결할 수 있다"고 일단 믿는 것이 좋다고 생각한다.		
39	어려운 상황이 닥쳐도 나는 모든 일이 다 잘 해결될 거라고 확신한다.		
40	내가 어떤 일을 마치고 나면, 주변 사람들이 부정적인 평가를 할까 봐 걱정한다.	6-( )=( )	
41	나에게 일어나는 대부분의 문제들은 나로서는 어쩔 수 없는 상황에 의해 발생한다고 믿는다.	6-( )=( )	
42	누가 나의 미래에 대해 물어보면 성공한 나의 모습을 상상하기 힘들다.	6-( )=( )	
43	내 삶은 내가 생각하는 이상적인 삶에 가깝다.		
44	내 인생의 여러 가지 조건들은 만족스럽다.		
45	나는 내 삶에 만족한다.		
46	나는 내 삶에서 중요하다고 생각한 것들은 다 갖고 있다.		
47	나는 다시 태어나도 나의 현재 삶을 다시 살고 싶다.		
48	나는 다양한 종류의 많은 사람들에게 고마움을 느낀다.		
49	내가 고맙게 여기는 것들을 모두 적는다면 아주 긴 목록이 될 것이다.		
50	나이가 들어갈수록 내 삶의 일부가 된 사람, 사건, 생활에 대해 감사하는 마음이 더 커져 간다.		
51	나는 감사해야 할 것이 별로 없다.	6-( )=( )	
52	세상을 둘러볼때, 내가 고마워 할 것은 별로 없다.	6-( )=( )	
53	사람이나 일에 대한 고마움을 한참 시간이 지난 후에야 겨우 느낀다.	6-( )=( )	

구분	세부항목		점수	합계
자기조절 능력	1~6	감정조절능력		
	7~12	충동통제력		
	13~18	원인분석력		
대인관계 능력	19~24	소통능력		
	25~30	공감능력		
	31~36	자아확장력		
긍정성	37~42	자아낙관성		
	43~47	생활만족도		
	48~53	감사		
총합계	(자기조절 능력 + 대인관계 능력 + 긍정성)			

출처: KRQ-53 TEST 김주환(2011)-회복탄력성.

수업을 정리하며 Closing

1. 성장 마인드셋을 바탕으로 새 학교 생활에서 맞닥뜨릴 도전이나 어려움을 어떻게 긍정적으로 받아들일 수 있을지 조원들과 이야기 나누어 보자.

2. 오늘 배운 회복탄력성의 세 가지 핵심 요소 중에서 앞으로 학교 생활에서 특히 개선하여 발전시키고 싶은 부분이 무엇인지 이야기 나누어 보자.

CHAPTER

05

회복탄력성과 자기조절력

오늘 우리의 학습 목표

1. 스트레스 상황에서도 마음의 평정을 유지하는 방법을 이해한다.
2. 자기조절 기법을 익히고, 실제 생활에 적용하는 능력을 기른다.
3. 자기공감을 통해 내면의 힘을 강화한다.

수업을 시작하기 전 Warming-up

1. 지금 내 마음을 한 장면의 풍경으로 표현한다면 어떤 모습일까요?
풍경을 간단히 그리고 그 이유를 나누어 보자.

2. 스트레스 받을 때 나만의 마음을 다스리는 방법은 무엇인가요?
함께 이야기 나누어 보자.

1. 마음의 근력 키우기

우리의 마음과 행동을 조절하는 힘, 즉 자기통제력은 무한하지 않다.

심리학자 바우마이스터(Roy F. Baumeister, 1998) 교수는 이를 '자아고갈 이론(Ego Depletion Theory)'으로 설명하였다. 그는 자기통제력이 마치 근육과 같아서, 사용하면 점점 지쳐 고갈된다고 말하였다.

바우마이스터 교수는 이 이론을 입증하기 위해 흥미로운 실험을 진행하였다.

실험실에는 갓 구운 초콜릿 쿠키 냄새가 가득하였다. 실험에 참가한 사람들은 두 그룹으로 나뉘었다.

한 그룹(A)은 맛있는 초콜릿 쿠키를 먹을 수 있도록 허락하였고 다른 그룹(B)은 쿠키 대신 무만 먹도록 지시하였다. 이후 두 그룹에게 풀 수 없는 어려운 퍼즐 문제를 풀도록 하였다.

초콜릿 쿠키를 먹은 그룹(A)는 평균 19분 동안 퍼즐을 풀기 위해 시도하였고, 무만 먹은 그룹(B)은 평균 8분 만에 퍼즐 풀기를 포기하였다.

초콜릿 쿠키 실험을 통해 자기통제력은 한정된 자원처럼 소모된다는 사실을 확인한다. 유혹을 참거나 어려운 결정을 반복할수록 자기통제력은 점점 고갈되고, 이후에는 자기조절이 점점 더 어려워진다.

이처럼 자기통제력은 무한하지 않기 때문에, 단순히 의지에만 의존해서는 좋은 습관을 지속하거나 목표를 달성하기 어렵다는 점을 알 수 있다.

이처럼 자기통제력은 '소모와 회복'을 반복하는 과정임을 인식하고, 고갈된 에너지를 주기적으로 보충하는 습관을 들이는 것이 중요하다.

몸의 근육처럼 마음도 훈련을 통해 단단해질 수 있다.

스트레스와 역경을 이겨 내는 내면의 힘, 즉 회복탄력성은 타고난 성격이라기보다 '반복적인 정서 훈련'으로 길러지는 것이다. 그 시작점은 생각의 방향을 긍정으로 전환하고, 지금 이 순간의 소중함을 자각하는 감사의 태도에서 비롯된다.

1) 긍정적 사고

긍정적 사고는 단순히 무조건 좋은 일만 기대하거나, 불편한 현실을 외면하는 태도가 아니다. 오히려 지금 당면한 어려움과 감정을 솔직하게 받아들이면서, 그 안에서 의미와 가능성을 찾아내는 태도이다. 이러한 긍정적 사고는 개인의 회복탄력성을 키우는 데 중요한 심리적 기반이 된다.

여기서 '낙천주의'와 '낙관주의'의 차이를 이해하는 것이 중요하다. 낙천주의는 뚜렷한 이유 없이 그냥 "다 잘 될 거야"라고 생각하는 태도다. 상황이 얼마나 어려운지와는 상관없이, 막연히 좋은 결과만 기대하는 편이다.

반면, 낙관주의는 지금 상황을 정확히 바라보면서도, "지금 내가 할 수 있는 일이 있다"라고 믿고 행동하려는 태도이다.

심리학 연구에 따르면, 이러한 낙관적인 태도는 스트레스를 받을 때 대처 능력을 높여 주고, 감정적으로 더 빨리 회복하는 데 도움이 된다. 특히 노벨 경제학상 수상자인 다니엘 카너먼(Daniel Kahneman, 1993) 교수의 콜드프레서실험(Cold-Pressor Experiment)은 우리가 어떤 경험을 어떻게 기억하느냐가 실제 경험 그 자체보다 더 큰 영향을 미친다는 사실을 잘 보여 준다.

카너먼 교수는 동료 연구자들과 함께 대장내시경 검사를 받는 환자들을 대상으로 실험을 진행했다. 검사 중 환자들은 1분 단위로 자신이 느끼는 고통의 정도를 기록하게 되었고, 검사 후에는 전체 검사를 얼마나 고통스럽게 기억하는지를 평가하도록 했다.

그 결과는 매우 흥미로웠다. 검사 시간이 짧더라도 마지막 순간의 고통이 컸던 사람들은 전체 경험을 더 힘들게 기억한 반면, 검사 시간이 길었더라도 마지막에 고통이 줄어든 사람들은 전체 경험을 덜 고통스럽게 기억한 것이다.

사람들은 어떤 경험을 떠올릴 때 전체 기간 동안의 고통 평균이나 총량보다는, 가장 고통스러웠던 순간(Peak)과 마지막 순간(End)을 더 크게 반영한다. 이것이 바로 '최고-마지막 법칙(Peak-End Rule)'이다.

이 실험은 우리가 겪은 실제 경험보다, 그 경험을 어떻게 기억하고 해석하느냐가 우리의 감정과 행동에 더 큰 영향을 미친다는 점을 명확히 보여 준다. 그리고 이는 어려운 상황 속에서도 긍정적인 해석과 관점을 유지하는 사고방식, 즉 낙관주의가 왜 중요한지를 설명해 주는 심리학적 근거가 된다.

고대 철학자 에픽테투스(Epictetus (c.125))도 비슷한 통찰을 전한 바 있다. 수행론(Enchiridion) 제5장에서 "우리에게 모욕을 가하는 것은 모욕을 준 사람이 아니라, 그것을 모욕으로 받아들이는 우리의 견해다"라고 말했다. 즉, 어떤 사건 자체보다도, 그것을 어떻게 받아들이고 해석하느냐가 우리의 감정과 삶에 더 큰 영향을 준다는 것이다.

이처럼 긍정적 사고는 현실을 외면하지 않으면서도, 자신의 경험을 긍정적으로 평가하고 해석할 수 있는 능력을 의미한다. 어려움 속에서도 의미와 희망을 찾아내고, 문제를 객관적으로 바라보며 미래를 설계하려는 태도는 마음의 근력을 키우는 중요한 밑바탕이 된다.

긍정적 사고는 단순히 무조건 좋은 일만 기대하거나 현실을 외면하는 것이 아니다. 오히려 지금 당면한 어려움과 감정을 솔직하게 받아들이면서, 그 안에서 의미와 가능성을 찾아내는 태도를 말한다. 이러한 긍정적 사고는 개인의 회복탄력성을 키우는 중요한 심리적 기반이 된다.

2) 감사하기

감사는 단순한 예절이나 덕목을 넘어 우리의 마음과 몸에 깊은 영향을 미친다. 심리학 연구에 따르면, 감사하는 마음은 개인의 행복감과 전반적인 건강을 증진시키는 강력한 힘이 있다.

에몬스와 데이빗 매컬로프(Emmons & McCullough, 2003)의 연구는 그 효과를 잘 보여 준다. 이 연구에서는 참가자들을 여러 집단으로 나누어, 한 집단에게는 매주 감사한 일을 기록하게 하고, 다른 집단에게는 불평하거나 일상적인 사건을 기록하도록 하였다. 그 결과, 감사일기를 쓴 사람들은 삶의 질과 미래에 대한 기대가 더 높았으며, 신체적 증상도 적게 보고하였다. 또한 운동 시간도 더 많아져 신체 건강에도 긍정적 영향을 받는다는 사실이 밝혀졌다.

이처럼 감사일기는 긍정적인 정서를 키우고 부정적인 감정을 완화하는 데 도움을 준다. 감사하는 마음은 스트레스를 줄이고, 심리적 회복탄력성을 높이는 데도 크게 기여한다. 또한 꾸준히 감사일기를 쓰는 습관은 어려운 상황에서도 긍정적인 면을 발견하는 능력을 길러, 마음의 근력을 키우는 구체적인 방법이 된다.

감사는 마음의 힘을 키우는 중요한 방법이다. 매일 조금씩이라도 감사하는 습관을 들이면, 어려운 상황에서도 긍정적인 시각을 잃지 않고 스트레스에 더 강해질 수 있다.

긍정심리학자 마틴 셀리그만(2011) 이 개발한 'Three Good Things(옵티머스 a.b.c 감사일기)'는 매일 세 가지 영역의 감사한 일은 적는 방법이다.

❑ A(About me): 나 자신에게 감사한 일

오늘 내가 해낸 일이나 내 성격, 내 성장에 대해 감사한 점을 적는다.
예를 들어, "오늘 힘든 일을 끝까지 해낸 나에게 고맙다."라고 쓴다.

❑ B(Because of others): 다른 사람 덕분에 감사한 일

가족이나 친구, 동료 덕분에 고마웠던 순간을 떠올려 적는다.
예를 들어, "바쁜데도 도와준 친구 덕분에 감사하다."라고 적는다.

❑ C(Circumstances): 주변 환경이나 상황에 감사한 일

좋은 날씨, 우연히 마주친 행운, 편안한 시간 같은 환경이나 상황에서 감사한 점을 찾아 적는다. 예를 들어, "오늘 날씨가 좋아서 산책할 수 있어 감사하다."라고 적는다.

하루를 마무리하면서 오늘 있었던 일을 천천히 떠올려 보고, A, B, C 각 영역에서 감사한 점을 한 가지씩 골라 구체적으로 적으면 된다.

이렇게 꾸준히 감사일기를 쓰면 긍정적인 마음 상태가 자연스럽게 만들어지고, 어떤 어려움이 와도 흔들리지 않는 힘, 즉 회복탄력성을 기르는 데 큰 도움을 준다.

Activity

감사일기 실습

하루를 돌아보며 나 자신(A), 다른 사람(B), 환경(C) 중 각 항목별로 감사한 일을 한 가지씩 적는다. 21일 이상 꾸준히 적으면 긍정적인 마음이 커지고 회복탄력성이 길러진다.

날짜	A 나 자신에게 감사한 일	B 다른 사람 덕분에 감사한 일	C 환경이나 상황에 감사한 일
3/2	어려운 과제를 무사히 끝낸 나에게 감사한다.	팀 프로젝트에 최선을 다한 팀원들에게 감사한다.	날씨가 좋아 산책을 즐겁게 할 수 있어 감사한다.

2. 감정인식과 조절

우리는 어떤 사건을 겪을 때, 그 사건 자체보다 그에 대한 '생각'이 감정을 만들어 내며, 그 감정이 우리의 행동에 큰 영향을 준다.

자신의 감정을 인식하는 능력은 회복탄력성과 자기 조절력을 높이는 출발점이다.

감정은 단순한 기분이나 순간적인 반응이 아니라, 우리의 생각과 행동, 나아가 신체 반응에도 깊은 영향을 미치는 중요한 신호이다. 하지만 우리는 생각보다 자주 자신의 감정을 정확히 알지 못한 채 반응하곤 한다. 그래서 감정을 들여다보는 노력이 필요하다.

하루 중 자신이 어떤 감정을 느꼈는지, 왜 그런 감정을 느꼈는지 가볍게라도 떠올려 보는 습관이 큰 도움이 된다. 이러한 방법의 하나로, 예일대학교의 감정 교육 프로그램인 RULER에서는 '감정 보드판(Mood Meter, 2019)' 활용을 권장한다. 이 보드판은 감정을 에너지 강도와 기분의 긍정성 두 가지 기준으로 나누어, 네 가지 색상 영역으로 분류한다.

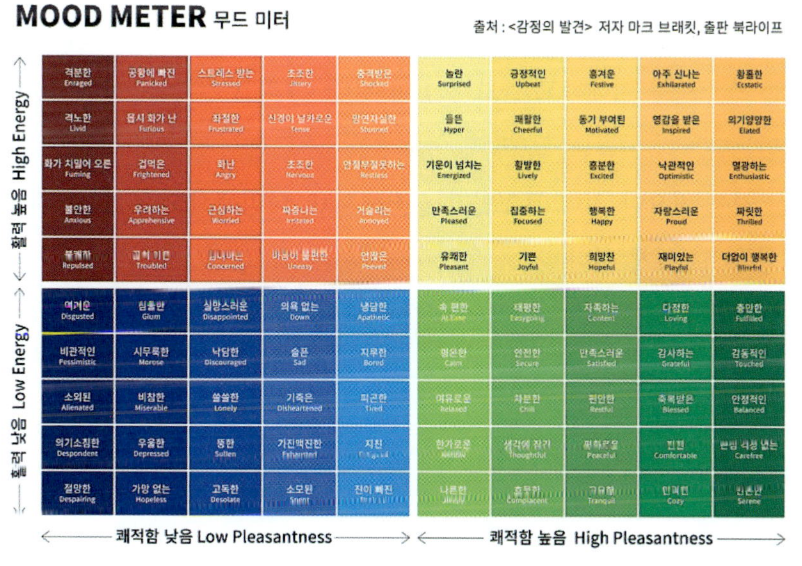

- **빨강**: 에너지는 높고 기분은 나쁨(예: 분노, 초조)
- **파랑**: 에너지는 낮고 기분도 나쁨(예: 슬픔, 실망)
- **노랑**: 에너지는 높고 기분도 좋음(예: 신남, 자신감)
- **초록**: 에너지는 낮지만 기분은 좋음(예: 평온함, 만족)

감정을 단순히 "좋다" "나쁘다"라고만 표현하는 데 그치지 않고, 더 구체적인 단어로 말하는 연습은 자기이해의 시작이다. 예를 들어, "오늘 기분이 별로였어" 대신 "오늘 좀 초조했고, 실망스러웠어"라고 표현할 수 있다면, 이미 내 감정을 인식하는 데 한 걸음 다가선 것이다.

감정은 단순한 반응이 아니라, 내면의 욕구에서 비롯된다. 그리고 그 욕구가 충족되느냐에 따라 감정과 행동이 달라진다. 예를 들어, 외로움을 느꼈다면 '연결되고 싶다'는 욕구가 있었던 것이고, 그 욕구가 충족되지 않았다면 슬픔이나 고립감을 느끼게 된다. 반면, 친구와 진솔한 대화를 나누며 그 욕구가 충족되면 만족감이나 기쁨 같은 긍정적인 감정을 경험하게 된다.

또 짜증이 났다면 '존중받고 싶다'는 욕구가 채워지지 않았던 것이고, 그 욕구가 충족되면 인정받았다는 느낌과 함께 안도감이나 감사함을 느낄 수 있다.

감정을 억누르거나 무시하지 않고, 있는 그대로 받아들이며 내 마음을 들여다보는 태도는 스스로를 이해하고 돌보는 힘이 된다. 그리고 그 힘은 나를 점점 더 단단하게 만든다.

때로는 진짜 필요한 것이 무엇인지 솔직해지고, 타인에게도 조심스럽지만 분명하게 표현할 수 있게 한다.

감정을 인식하고 받아들이는 작은 연습이 모여, 결국 어려움 속에서도 흔들리지 않는 나를 만들어 준다.

Activity

감정과 욕구 확인하기

최근에 강하게 느낀 감정(긍정 또는 부정)과 그 상황에 대해 적어 봅니다.
(예: 화남, 슬픔, 초조함, 기쁨 등 구체적으로 적기)

그 감정은 어떤 욕구와 연결되어 있는가?
(예: 인정받고 싶다, 이해받고 싶다 등)

이 욕구가 충족되었는지, 그렇지 않다면 어떻게 다룰 수 있을까?
(예: 내가 원하는 걸 스스로 인정해 주기, 타인에게 도움 요청하기 등)

**** 느낌 목록**

욕구가 충족되었을 때	욕구가 충족되지 않았을 때
감동받은, 뭉클한, 감격스런, 벅찬, 환희에 찬, 황홀한, 충만한, 고마운, 감사한, 즐거운, 유쾌한, 통쾌한, 흐뭇한, 기쁜, 행복한, 반가운, 따뜻한, 감미로운, 포근한, 푸근한, 사랑하는, 정을 느끼는, 친근한, 훈훈한, 정겨운, 뿌듯한, 산뜻한, 만족스런, 상쾌한, 흡족한, 개운한, 후련한, 든든한, 홀가분한, 편안한, 느긋한, 담담한, 친밀한, 친근한, 긴장이 풀리는, 안심이 되는, 차분한, 가벼운, 평화로운, 누그러지는, 고요한, 여유로운, 진정되는, 잠잠해진, 평온한, 흥미로운, 매혹된, 재미있는, 끌리는, 활기찬, 짜릿한, 신나는, 용기 나는, 기력이 넘치는, 기운이 나는, 당당한, 살아 있는, 생기가 도는, 원기가 왕성한, 자신감 있는, 힘이 솟는, 흥분된, 두근거리는, 기대에 부푼, 들뜬, 희망에 찬	걱정되는, 까마득한, 암담한, 염려되는, 근심하는, 신경 쓰이는, 뒤숭숭한, 무서운, 섬뜩한, 오싹한, 주눅 든, 겁나는, 두려운, 간담이 서늘해지는, 진땀 나는, 안달한, 조바심 나는, 긴장한, 떨리는, 안절부절못한, 조마조마한, 초조한, 불편한, 거북한, 겸연쩍은, 곤혹스러운, 떨떠름한, 언짢은, 괴로운, 난처한, 멋쩍은, 쑥스러운, 답답한, 갑갑한, 서먹한, 숨막히는, 어색한, 찜찜한, 슬픈, 가슴이 찢어지는, 구슬픈, 그리운, 눈물겨운, 목이 메는, 서글픈, 서러운, 쓰라린, 애끊는, 울적한, 참담한, 처참한, 안타까운, 한스러운, 마음이 아픈, 비참한, 처연한, 서운한, 김빠진, 애석한, 냉담한, 섭섭한, 야속한, 낙담한, 외로운, 고독한, 공허한, 적적한, 허전한, 허탈한, 막막한, 쓸쓸한, 허한, 우울한, 무력한, 무기력한, 침울한, 꿀꿀한, 피곤한, 고단한, 노곤한, 따분한, 맥 빠진, 맥 풀린, 지긋지긋한, 귀찮은, 무감각한, 지겨운, 지루한, 지친, 절망스러운, 좌절한, 힘든, 무모한, 성가신, 심심한, 혐오스런, 밥맛 떨어지는, 질린, 정떨어지는, 혼란스러운, 멍한, 창피한, 놀란, 민망한, 당혹스런, 무안한, 부끄러운, 화가 나는, 끓어오르는, 속상한, 약 오르는, 분한, 울화가 치미는, 핏대 서는, 격노한, 분개한, 억울한, 치밀어 오르는

욕구 목록

자율성
자신의 꿈, 목표, 가치를 선택할 수 있는 자유 자신의 꿈, 목표, 가치를 이루기 위한 방법을 선택할 자유
신체적/생존
공기, 음식, 물, 주거, 휴식, 수면, 안전, 따뜻함 신체적 접촉(스킨십), 성적 표현, 부드러움, 편안함, 돌봄을 받음, 보호받음 애착형성, 의존(생존과 안전), 자유로운 움직임(이동), 운동
사회적/정서적/상호의존
주는 것, 봉사, 친밀한 관계, 유대, 소통, 연결, 배려, 존중, 상호성, 공감, 이해, 수용, 지지, 협력, 도움, 감사, 인정, 사랑, 애정, 관심, 호감, 우정, 가까움, 나눔, 소속감, 공동체, 위안, 신뢰, 확신, 정서적 안전, 자기 보호, 일관성, 안정성, 정직, 진실, 예측 가능성
놀이/재미
쾌락, 풍부, 즐거움, 재미, 유머
삶의 의미
기여, 능력, 도전, 명료함, 발견, 회복, 깨달음, 자극, 효능감 인생예찬(축하, 애도), 기념, 중요성, 참여, 희망, 주관을 가짐(자신만의 견해나 사상)
진실성
진실, 성실성, 존재감, 일치, 개성, 자기존중, 비전, 꿈
아름다움/평화
아름다움, 평온함, 홀가분함, 여유, 평등, 조화, 질서, 평화, 영적 교감, 영성
자기 구현
성취, 배움, 생산, 성장, 창조성, 치유, 숙달, 전문성, 목표, 가르침, 자각, 자기표현

3. 감정조절과 마음챙김

감정조절은 감정을 억누르거나 무시하는 것이 아니라, 자신이 느끼는 감정을 정확히 인식하고 그에 맞는 건강한 반응을 선택하는 능력이다. 스트레스와 어려운 상황 속에서도 감정에 휘둘리지 않고 마음의 균형을 유지하는 것은 매우 중요하다.

특히 감정은 뇌와 신경계, 그리고 신체 생리와 긴밀하게 연결되어 있기 때문에, 심리적 조절뿐 아니라 생리적 안정도 함께 고려해야 한다. 이를 위해 신체적 · 심리적 안정감을 돕는 다양한 감정 조절 기법과, 내면을 있는 그대로 관찰하고 받아들이는 마음챙김 훈련을 꾸준히 실천하는 것이 필요하다.

1) 감정조절을 위한 신체적 기법

감정은 단순히 마음속에서만 일어나는 심리적 현상이 아니라, 뇌와 신경계, 그리고 신체 생리와 긴밀하게 연결되어 있다. 뇌 속의 신경전달물질인 세로토닌, 도파민, 노르에피네프린 등이 균형을 이루어야 감정이 안정되고 건강하게 조절될 수 있다. 이들 신경전달물질은 기분, 동기, 스트레스 반응 등에 영향을 미치며, 생물학적 균형이 깨지면 불안, 우울, 과민 반응 등이 나타날 수 있다. 따라서 감정을 효과적으로 조절하기 위해서는 신체의 긴장을 완화하고 생리적 안정을 유지하는 것이 매우 중요하다. 신경계와 호르몬의 조화로운 기능을 돕는 다양한 생물학적 조절기법을 통해 신체 상태를 건강하게 관리하면, 심리적 안정감도 자연스럽게 증진된다. 이는 곧 감정을 보다 안정적으로 다루고, 스트레스 상황에서도 흔들리지 않는 힘을 키우는 데 큰 도움이 된다.

다음은 감정 조절에 도움을 주는 대표적인 생물학적 조절기법들이다.

(1) 복식호흡 운동(Diaphragmatic Breathing)

복식호흡은 깊고 느린 호흡으로 부교감신경을 활성화하여 신체의 긴장을 완화하고 마음을 차분하게 만드는 효과가 있다. 부교감신경은 '휴식과 회복' 상태를 유도해 심박수와 혈압을 낮추고, 불안이나 초조함을 완화한다.

- 편안한 자세로 앉거나 누워 배에 손을 올린다.
- 코로 깊게 숨을 들이마시며 배가 부풀어 오르는 것을 느낀다.
- 입으로 천천히 숨을 내쉬며 배가 들어가는 것을 느끼면서 긴장을 푼다.
- 5분 정도 반복하면 심박수와 혈압이 낮아지고 불안이나 초조함이 감소한다.

꾸준한 복식호흡 훈련은 불안 완화뿐 아니라, 감정의 과잉 반응을 줄이고 차분한 마음 상태를 유지하는 데 효과적이다.

(2) 걷기 및 간단한 신체 활동

걷기와 같은 유산소 운동은 스트레스 호르몬인 코티솔 수치를 낮추고, 기분을 좋게 만드는 엔도르핀 분비를 촉진한다. 이는 자연스러운 신체 반응으로, 규칙적인 운동은 정서적 안정을 돕고 우울감과 불안을 경감하는 데 도움을 준다.

- 하루 20~30분 정도 편안한 속도로 걷는다.
- 걷는 동안 호흡과 발걸음, 주변 환경에 집중한다.
- 실내에서는 가벼운 스트레칭이나 요가를 병행해도 좋다.

운동은 단순한 신체 활동을 넘어, 마음과 몸의 균형을 맞추는 중요한 습관이다.

(3) 간단한 신체 이완법

근육 긴장을 해소하여 신체적, 정신적 스트레스를 완화하고, 수면의 질을 향상하는 데 효과적이다. 신체 이완은 긴장된 부위를 의식적으로 느끼고 풀어 줌으로써, 스트레스 반응을 줄이고 몸과 마음의 긴밀한 연결을 회복한다.

- 어깨, 목, 얼굴, 손과 발 등 긴장이 느껴지는 부위를 부드럽게 스트레칭하거나 흔든다.
- 깊은 호흡과 함께 이완감에 집중한다.

정기적으로 신체 이완법을 실천하면 스트레스가 축적되는 것을 방지하고, 심리적 안정에 큰 도움이 된다.

(4) 규칙적인 수면

충분하고 규칙적인 수면은 뇌의 감정 처리와 회복을 돕고 스트레스 저항력을 높이는 데 필수적이다. 수면 부족은 감정 조절 기능을 약화시키고, 불안과 우울을 악화시킬 수 있다.

- 일정한 시간에 잠자리에 들고 일어나는 습관을 유지한다.
- 잠들기 전 스마트폰 사용과 카페인 섭취를 피한다.
- 조명과 소음을 차단해 편안한 수면 환경을 만든다.

좋은 수면 습관은 감정적 균형뿐 아니라 전반적인 건강에도 긍정적인 영향을 미친다.

(5) 차분한 음악 듣기

잔잔한 음악은 자율신경계를 안정시켜 신체 긴장을 풀고 심리적 안정을 돕는다. 음악의 리듬과 멜로디에 집중하는 것은 마음을 차분하게 만드는 데 효과적이다.

- 편안한 공간에서 자신이 좋아하는 잔잔한 음악을 듣는다.
- 음악의 리듬과 멜로디에 집중하며 마음을 차분하게 한다.
- 스트레스가 느껴질 때 짧게 들어도 효과가 있다.

음악은 심리적 스트레스를 해소하는 데 있어 누구나 쉽게 활용할 수 있는 유용한 도구이다.

감정은 단순히 마음속에서만 일어나는 현상이 아니라, 신체와 깊게 연결되어 있음을 잊지 말아야 한다. 몸의 변화를 인식하고 이를 조절하는 능력은 감정을 선상하게 관리하는 데 매우 중요하다.

복식호흡, 걷기, 신체 이완법과 같은 활동들은 몸의 긴장을 풀어 주고 스트레스 호르몬을 줄이며, 부교감신경을 활성화시킨다. 이로 인해 마음이 편안해지고, 뇌에서는 기분을 좋게 하는 신경전달물질이 분비되어 감정 조절 능력이 향상된다. 따라서 이러한 생물학적 조절 기법을 꾸준히 실천하면 심신의 균형을 회복하고, 마음의 안정과 건강한 정서생활을 유지할 수 있다.

2) 자기공감

오프라 윈프리(Oprah Winfrey)는 오늘날 전 세계에서 가장 영향력 있는 미디어 인물 중 하나로, 그녀의 삶은 많은 사람들에게 깊은 영감을 준다.

하지만 어린 시절, 가난과 가족 문제, 그리고 어린 나이에 학대 등 많은 어려움과 상처를 겪었다. 그녀의 인생 초반은 결코 순탄하지 않았다.

그럼에도 오프라는 자신의 과거를 숨기지 않고 공개적으로 이야기하며 '자기공감'의 중요성을 널리 알렸다. 그녀는 자신의 상처와 감정을 부정하거나 비난하지 않고, 있는 그대로 인정하고 받아들이는 태도를 길러 냈다. 이러한 자기공감은 내면의 아픔을 치유하고, 삶의 도전을 극복하는 데 큰 힘이 되었다.

특히 오프라는 명상과 자기반성의 시간을 통해 자기 자신과 깊이 대화하며 '나는 괜찮다', '나는 가치 있는 사람이다'라는 따뜻한 메시지를 반복해서 전하였다. 이런 작은 자기위로와 인정이 쌓여, 역경 속에서도 중심을 잃지 않고 성장할 수 있는 원동력이 되었다.

또한, 오프라는 자기공감이 단순한 위로나 안심에 머무르는 것이 아니라, 자신의 감정과 욕구를 진심으로 이해하고 돌보는 행동으로 이어져야 한다고 강조한다. 그녀는 "진정한 변화는 내면의 고통을 외면하지 않고, 그 감정을 있는 그대로 인정하는 데서 시작된다"고 말한다.

자기공감이란, 힘들고 아플 때 내 감정을 부정하거나 비난하지 않고, 있는 그대로 받아들이며 스스로를 다독이는 따뜻하고 이해심 어린 태도를 뜻한다. 오프라는 이러한 자기공감의 태도를 꾸준히 실천하며 내면의 상처를 치유하고, 여러 도전과 역경을 극복하는 밑거름으로 삼았다.

오프라 윈프리의 삶은 자기공감이 어떻게 내면의 치유와 성장, 그리고 어려움을 극복하는 강력한 힘이 되는지 보여 준다. 그녀의 이야기를 통해 우리는 자기 자신을 이해하고 사랑하는 것이 진짜 변화와 성장의 시작임을 배울 수 있다.

심리학자 크리스틴 네프(Kristin Neff, 2003)는 자기공감을 세 가지 중요한 요소로 정의하였다.

(1) 자기친절

힘들거나 실수했을 때 자신을 비난하거나 몰아붙이지 않고, 따뜻하고 부드럽게 대하는 마음가짐을 의미한다.

(2) 공통된 인간성

고통과 실패가 나만 겪는 특별한 일이 아니라, 누구나 겪는 보편적인 경험임을 인식하는 것이다. 따라서 자신이 혼자가 아님을 이해하는 태도이다.

(3) 마음챙김

내면에 올라오는 힘든 감정이나 생각을 억누르거나 판단하지 않고 있는 그대로 받아들이는 것이다. 다만 그 감정에 휩쓸리지 않고 균형을 유지하는 것이 중요하다.

이 세 가지 요소가 함께 어우러져 자기공감을 이루며, 이를 통해 스스로를 더 잘 돌보고 이해할 수 있게 한다.

사람은 누구나 살아가면서 힘들고 고통스러운 순간을 겪는다. 때로는 몸과 마음이 지쳐 무너지는 느낌을 받기도 한다. 이런 경험은 특별한 일이 아니라 누구나 겪는 보편적인 과정이다.

지침과 좌절, 불안과 슬픔 같은 감정은 만성적인 감정 자각으로 시간이 지나도 반복해서 찾아올 수 있다. 이런 감정을 있는 그대로 인식하고 인정하는 것이 마음 건강을 돌보는 첫걸음이다.

힘들고 무너지는 순간을 겪는 것은 자연스러운 일이며, 이를 통해 자신과 타인의 고통을 이해하고 공감하는 능력도 함께 자란다.

이러한 자기공감은 제주 해녀들의 '숨비소리'와도 닮아 있다.

숨비소리는 차가운 바다로 들어가기 전 내쉬는 깊고 강한 숨소리로, 긴장과 두려움을 다스리고 마음을 가다듬는 의식이다. 마치 자기 자신에게 보내는 "괜찮아, 너는 준비되어 있어"라는 다짐과 같아, 용기와 믿음을 북돋운다.

우리 역시 힘들고 불안한 순간에 자신에게 "너 잘하고 있어", "그럴 수도 있어" 같은 따뜻한 말을 건네야 한다. 자기공감은 삶의 무게에 지칠 때 가장 큰 위로와 힘이 된다.

결국 자신의 삶을 가장 잘 이해하고 책임질 수 있는 사람은 자기 자신이다. 실패나 실수가 있어도 최선을 다한 자신을 인정하고 격려하는 것이 매우 중요하다.

자기공감은 회복탄력성을 키우고 앞으로 나아가게 하는 심리적 근육과 같다.

앞서 이야기한 오프라 윈프리의 삶은 자기공감이 단순한 위로를 넘어 내면의 치유와 성장을 가능하게 하는 힘임을 보여 준다. 그녀처럼 우리도 스스로에게 따뜻한 마음을 꾸준히 보내면, 어떠한 어려움 앞에서도 흔들리지 않는 단단한 내면을 만들 수 있다.

자기공감은 우리 각자가 자신의 삶을 온전히 살아가고, 고통 속에서도 성장하도록 돕는 진정한 힘이다.

자존감은 나를 비로소 사랑하는 마음

여기 당신이 세상에서 가장 사랑하는 사람이 있다.
그 사람의 모습이 충분히 아름답고 빛났으며 사랑스러웠다.
당신은 사랑하는 그 사람과 평생 함께할 것을 약속했다.
그 사람의 모든 것에 관심을 갖고 그 사람이 원하는,
기뻐하는 일이라면 무엇이든 들어주리라 마음먹었다.

그런데
그게 쉽지 않았다.

일에 치이고 주변 사람들을 신경 쓰다 보니
정작 그 사람에게는 소홀해졌다.
당신은 그 사람의 고민과 사랑을 애타게 기다렸지만
당신은 그 사람이 원하는 일도 기뻐하는 일도 해 주지 못했다.

그 사람은 날이 갈수록 이전과는 다른 모습으로 변해 갔다.
어느 날 문득 마주친 그 사람은
너무나 초라하고 낯선 모습으로 서 있었다.

그 사람은
바로 당신이 그동안 제대로 마주하지 않았던
당신이 진정 사랑해 주지 못했던
당신 자신이었다.

Activity

감정조절과 자기공감 실습

1. 복식호흡으로 마음과 몸의 변화를 경험하고, 그 느낌을 표현하며 감정 조절을 체험한다. (3~5분간 반복 진행)

2. 스스로에게 힘이 되는 자기 공감 메시지(나만의 숨비소리)를 작성한 후 조원들끼리 돌아가며 서로 메시지를 전달해 준다.

4. 회복을 위한 관계적 지지

삶의 어려움을 마주할 때, 혼자서 모든 것을 감당하기에는 무거운 짐이 너무 크다.

이럴 때 가장 큰 힘이 되는 것은 바로 '관계적 지지'다. 관계적 지지는 단순한 도움이나 조언을 넘어서, 나를 진심으로 이해하고 받아 주는 정서적 연결을 의미한다. 누구나 혼자서는 견디기 어려운 순간이 생긴다. 이때 진실된 관계를 통한 지지를 받는다면 마음의 부담을 덜어 줄 뿐 아니라, 고난 속에서도 다시 일어설 수 있는 힘과 용기를 준다.

구글은 혁신적인 조직문화를 연구하면서 '심리적 안전감(Psychological Safety)'이 뛰어난 팀이 성과를 만드는 핵심 요소임을 밝혀냈다. 심리적 안전감이란 실수나 실패, 의견 차이를 두려워하지 않고 솔직하게 표현할 수 있는 환경을 의미한다. 이는 단순한 친근한 분위기를 넘어 서로를 존중하고 지지하며, 실패를 배움과 성장의 기회로 받아들이는 문화를 뜻한다. 심리적 안전감이 보장되면, 사람들은 자신을 온전히 드러내고 자유롭게 의견을 나눌 수 있으며, 이는 창의성과 협업의 질을 높인다.

대학생 시기에도 심리적 안전감은 매우 중요하다. 이 시기는 정체성을 형성하고 자아를 탐색하는 시기이기 때문에, 안전한 관계 속에서 자신을 솔직하게 표현하는 경험이 필요하다. 실패나 좌절을 부끄러워하거나 숨기지 않고, 오히려 이를 받아들이고 학습하는 용기를 얻게 된다. 이런 지지와 이해는 마음의 상처를 치유하고, 새로운 도전 앞에서도 두려움 없이 나아갈 힘을 준다.

심리적 안전감을 높이기 위해서는 단순한 친절을 넘어서, 상대방의 이야기를 비판 없이 경청하고 서로의 감정과 의견을 존중하는 태도가 필요하다. 다양한 관점을 열린 마음으로 받아들이고, 실패나 실수를 숨기지 않고 공유하는 문화가 형성될 때, 신뢰와 지지가 쌓인다. 이는 개인의 불안과 긴장을 줄이고 자신감을 회복하는 데 큰 도움이 된다.

이렇게 대학 시기에 형성된 건강한 관계망은 대학생활을 넘어 앞으로의 사회생활에서도 중요한 자산이 된다. 다양한 배경과 생각을 가진 사람들과 협력하고 서로의 실패와 성공을 존중하는 공동체 의식은 개인의 내면을 더욱 강하게 만든다. 관계적 지지와 심리적 안전감은 좌절과 실패 속에서도 다시 일어설 수 있게 하는 가장 강력한 토대다.

많은 심리학 연구들은 정서적 지지가 스트레스에 대한 생리적 반응을 완화하고 부정적 감정에서 빠르게 회복하도록 돕는다는 사실을 보여 준다.

미국 심리학자 셸리 테일러(Shelley E. Taylor, 2011)는 사회적 지지 이론(Social Support Theory)에서 "정서적 지지는 스트레스 상황에서 개인의 생리적 각성을 낮추고 심리적 회복을 촉진한다"고 강조했다. 테일러의 연구에 따르면, 가까운 사람의 지지는 코르티솔과 같은 스트레스 호르몬 분비를 줄여 심리적 안성을 돕는다고 하였다.

사회학자 존 하우스(John House, 1981) 역시 정서적 지지가 단순한 위로를 넘어 자아존중감과 자기효능감 회복에 기여한다고 보았다. 그는 '사회적 지지 모델'을 통해 위기나 좌절을 겪을 때 감정적 지지와 이해를 경험하면 내면의 안정감이 높아지고, 삶을 긍정적으로 바라보는 힘이 회복된다고 주장하였다.

이처럼 타인의 따뜻한 말, 공감 어린 경청, 무조건적인 수용은 겉보기엔 사소해 보여도 내면의 불안을 달래 주고 자신을 다시 믿게 하는 강력한 회복 자원이 된다. 정서적 지지는 외로움을 줄이고, 마음의 고통을 이해하게 하며, 다시 삶을 향해 나아갈 수 있도록 돕는 심리적 버팀목이 된다.

진정한 관계적 지지는 서로에 대한 존중과 이해에서 시작한다. 서로의 이야기에 귀 기울이고, 있는 그대로 받아들일 때 비로소 안전한 공간이 만들어진다. 그 공간에서 우리는 마음을 열고 어려움을 마주하는 힘을 얻게 된다.

수업을 정리하며 Closing

1. 오늘 배운 ‘자기조절’ 방법 중에 하나를 실생활에 실천한다면 어떤 것을 하고 싶은지 이야기 나눠 보자.

2. 지금 내가 응원, 지지해 주고 싶은 사람 한 명을 떠올려 보자. 상대방에게 그 마음을 전달해 보자(메시지 전달).

PART 2

과연 AI 시대에 시민의식을 어떻게 갖추어야 하는가

우리는 지금 AI가 우리 삶 구석구석에 들어와 있는 시대를 살고 있습니다. 스마트폰, SNS, 챗봇, 데이터 알고리즘까지 우리를 둘러싼 기술은 편리함을 넘어 때로는 선택과 판단까지 대신해 줍니다. 하지만 기술이 대신할 수 없는 한 가지가 있습니다. 그것은 바로 책임 있는 시민으로서 '생각하고 행동하는 주체'가 되는 일입니다. AI가 정보를 걸러 주고 추천해 주지만, 그 선택과 판단의 최종 주체는 바로 '나'입니다. 그렇기에 우리는 AI 시대에 더욱 깨어 있는 시민의식을 갖추고, 공동체 안에서 자신의 역할을 스스로 고민해야 합니다.

시민의식은 단순히 법을 지키고 선거에 참여하는 것을 넘어서, 자신이 속한 사회에서 책임 있는 구성원으로 행동하는 것입니다. AI 시대에 접어들면서, 우리는 오프라인뿐 아니라 온라인 공간에서도 시민으로서 역할을 해야 합니다. 디지털 시민성은 바로 이 점을 의미합니다. SNS에 올리는 글 한 줄, 공유하는 뉴스 하나도 공동체에 영향을 미치는 '행동'입니다. 우리는 기술 뒤에 숨지 말고, 스스로를 '생각하는 시민'으로 세우며, 그 행동의 결과를 책임지는 태도를 갖춰야 합니다.

CHAPTER 06

인성과 세계시민

오늘 우리의 학습 목표

1. 세계시민의 핵심 개념을 이해할 수 있다.
2. 세계시민이 갖추어야 할 자질과 인성적 태도를 학습하고 구체적 실천 방안을 알아볼 수 있다.

수업을 시작하기 전 Warming-up

1. "세계시민"이라는 단어를 처음 들었을 때 어떤 이미지가 떠오르나요?

2. 세계 여러 나라 사람들이 함께 지켜야 할 공통된 가치가 있다면 무엇이라고 생각하나요?

1. 세계시민의 의미

1) 세계시민의 정의 및 이해

세계시민이란 국가, 인종, 종교, 문화의 경계를 넘어 인류 공동체의 일원으로서 책임의식과 연대감을 가지고 살아가는 사람을 의미한다. 이들은 공감, 존중, 책임과 같은 인성의 핵심 가치를 실천하며, 인류와 지구의 지속 가능한 미래를 위해 행동하는 인격적 주체이다.

21세기 세계는 빠르게 진전된 세계화와 디지털 기술로 인해 국경의 의미가 섬차 약화되고 있다. 다양한 국가와 문화, 종교, 인종이 실시간으로 연결된 '초연결사회'가 형성되었으며, 기후 위기, 전염병, 난민, 빈곤, 디지털 격차 등 국가를 초월한 문제들이 인류 전체의 과제로 부상하였다.

이러한 시대적 흐름 속에서 세계시민은 글로벌 이슈를 이해하고 공감하며, 정의롭고 지속가능한 세계를 실현하기 위해 실천적으로 참여하는 인간상을 의미한다. 이는 단순한 국제적 감각이 아니라, 도덕성과 책임감, 실천성을 갖춘 윤리적 정체성을 기반으로 한다.

2) 세계시민 역량 키우기

UNESCO는 세계시민교육(Global Citizenship Education, GCED)을 통해 학습자가 다음과 같은 태도와 역량을 갖추도록 강조한다.

- **인지적 역량**: 세계의 이슈를 비판적으로 바라보고, 다양한 시각에서 문제를 이해하고 분석할 수 있는 능력을 말한다.

예) 기후위기, 인권문제, 빈곤 문제에 대한 지식과 통찰

- **정서적 역량**: 공감, 존중, 책임감을 바탕으로 다양한 사람들과 관계를 맺는 능력을 말한다.
  예) 문화 간 갈등 상황에서 배려를 실천하는 자세

- **행동적 역량**: 자신이 속한 공동체와 더 넓은 세계에 긍정적 변화를 이끄는 실천력을 말한다.
  예) 봉사, 캠페인, 윤리적 소비 등 참여활동

세계시민은 곧 인성의 확장된 형태라고 할 수 있다. 공감은 문화의 다름을 이해하게 하며, 존중은 타인의 권리를 인정하게 하고, 책임은 세계의 문제에 스스로 참여하게 만든다.

철학자 마사 누스바움(Martha Nussbaum, 1947~)은 "우리는 국가의 시민이기 이전에 인간성의 시민"이라고 강조하며, 비판적 사고, 감정적 상상력, 윤리적 감수성을 세계시민의 핵심 역량으로 제시하였다. 이러한 관점에서 세계시민은 곧 인간다움을 실천하는 사람이라 할 수 있다.

세계시민 역량은 단번에 완성되는 것이 아니라, 일상 속에서 지속적으로 연습하고 체화해 나가야 하는 삶의 태도이자 실천이다. 정보의 바닷속에서 비판적으로 사고하고, 타인의 입장을 공감하며, 함께 살아갈 방법을 고민하는 것이다. 이것이 대학생이 길러야 할 진정한 세계시민의 힘이다.

2. 세계시민이 갖추어야 할 태도

1) 관계적 존중

관계적 존중(Relational Respect)은 현대 사회에서 중요한 요소이다.

관계적 존중은 타인을 예의 바르게 대하는 것을 넘어서 한 사람의 고유한 존재와 차이를 인정하고 존엄을 수용하는 자세를 말하고 있다. 더불어 인간의 사회적 존재로서 타인과 맺는 모든 관계의 중심에 놓이는 핵심적인 윤리적 태도를 말한다.

인간은 독립된 개체가 아니라 관계 속에서 자아를 형성하는 존재이며 이러한 존재론적 관점에서 보면 타인을 존중한다는 것은 곧 나의 정체성을 더욱 풍성하게 만드는 과정일 수 있다.

철학자 마르틴 부버(Martin Buber, 1923)는 저서 『나와 너』를 통해 '나-너' 관계 이론을 말한다. 부버는 타인을 도구화하거나 수단으로 대하는 '나-그것'의 관계가 아니라 인격적인 만남을 통해 서로의 존재를 인정하는 '나-너'의 관계가 진정한 인간관계를 이룬다고 하였다.

사회적 관점에서도 관계적 존중은 공동체를 지탱하는 신뢰의 기반이 된다. 사회학자 로버트 퍼트넘(Robert Putnam)은 사회적 자본(Social Capital)을 정의하면서 개인 간의 신뢰, 상호작용, 네트워크가 공동체의 협력과 효율성에 긍정적인 영향을 미친다고 보았다. 이러한 요소는 대학교에서도 그대로 적용된다. 다양한 배경과 경험을 가진 학생들이 함께 학습하고 협업하는 과정 속에서 서로에 대한 존중이 없다면 건강한 공동체 문화를 만들어 가기 어렵다.

이처럼 관계적 존중은 단지 도덕적 덕목이 아니라 대학생들에게 실질적으로 필요한 미래사회 핵심 역량이다. 급변하는 사회에서 다양한 배경을 가진 사람들과 협력하며 살아가기 위해서는 타인에 대한 개방성과 수용력, 그리고 존중의 자세가 필수적이다.

2) 책임 있는 실천

책임 있는 실천이란 개인이 자신에게 주어진 역할과 선택에 대해 윤리적으로 성찰하고, 타인과 공동체에 대한 영향까지 고려하며 행동하는 태도를 의미한다. 이는 단순히 규칙을 지키는 수준을 넘어, 사회적 존재로서 자신의 행위가 타인과 공동체에 미치는 영향을 자각하고 보다 나은 결과를 위해 능동적으로 참여해야 하는 자세를 말한다.

교육 철학자 존 듀이(John Dewey)는 민주주의와 교육(Democracy and Education)에서 "책임감 있는 시민은 지식만으로 충분하지 않으며, 사회적 경험을 통해 공동체 속에서 배우고 실천하는 과정이 필수적"이라고 강조하였다. 이는 이론의 습득을 넘어서 실제로 이어질 수 있는 행동의 중요성을 말한다.

또한 '책임 있는 실천'은 도덕성의 발현이라는 측면에서도 이해할 수 있다. 로렌스 콜버그(Lawrence Kohlberg, 1927~1987)의 도덕성 발달 이론에 따르면 높은 단계의 도덕 발달 수준에 있는 사람은 규범의 이유를 이해하고 보편적 윤리 원칙에 따라 행동하며 책임을 지는 태도를 보인다.

디지털 시대는 책임 있는 실천에 대한 새로운 영역을 열었다. 정보의 소비자이자 생산자인 대학생이 디지털공간에서 자신의 표현과 행동이 공동체에 영향을 준다는 점을 인식해야 한다. 최근 '디지털 시민성' 개념이 강조되는 이유도 여기에 있다. 개인의 자유뿐만 아니라 그 결과에 책임지려는 태도가 중요하다는 것이다. 이처럼 책임 있는 실천은 결과적으로 자기인식, 도덕적 판단, 타인배려, 공동체 참여라는 세계시민의 필수 구성요소와 연결된다.

3) 비판적 성찰

비판적 성찰은 자신의 사고, 신념, 행동을 돌아보고 사회 구조나 권력관계 속에서 그것들이 어떤 영향을 받고 있는지를 자각하는 능력을 말한다. 이는 단순한 자기 반성 수준을 넘어, 기존의 가치나 제도, 문화에 대해 비판적으로 검토하고, 불합리한 구조를 인식하며 사회 변화를 위한 적극적 개입 가능성을 탐색하는 사고방식이다.

비판적 성찰은 잭 메지로우(Jack Mezirow) "전환 학습 이론(Transformative Learning Theory, 1991)"에서도 강조된다. 메지로우는 성인 학습자가 기존의 관점이나 사고틀을 재검토하고 더 포괄적이고 성숙한 시각으로 세계를 인식하게 되는 과정을 학습의 핵심으로 보았다. 즉, 학생들의 기존 신념이나 고정관념을 성찰하고 재구성하는 과정이야말로 진정한 배움이라는 것이다.

이러한 비판적 성찰 능력은 오늘날 대학생들이 직면한 복합적인 사회문제 속에서 더욱 중요한 역량으로 대두된다. 성별, 인종, 장애, 경제적 불평등 디지털 정보 격차 등의 이슈를 단순히 뉴스나 강의로 듣는 것에 그치지 않고, 자신이 그 안에서 어떤 위치에 있으며 어떤 편견을 가지고 있는지를 인식할 수 있어야 한다. 예를 들어, '나는 정말로 공정한 관점을 갖고 있는가?' 같은 질문을 스스로 던질 수 있어야 한다.

오늘날 디지털 환경에서는 정보의 양이 많을 뿐 아니라 편향되거나 조작된 콘텐츠도 쉽게 유통되므로, 이를 구분하고 맥락을 파악하며 자신의 관점을 비판적으로 검토하는 능력은 필수적인 디지털 시민 역량이 된다. 즉, SNS상에서 특정 이슈에 대한 감정적인 반응 이전에 그 맥락과 근거를 따져 보는 성찰적 자세가 필요하다.

결국 비판적 성찰은 자신과 사회를 새롭게 바라보는 관점의 전환이며, 이를 통해 우리가 조금 더 깊이 있는 윤리적 행동과 공동체적 책임을 실천할 수 있게 된다. 이는 곧 세계시민으로서 자기 정체성을 구성하고, 복잡한 사회문제를 능동적으로 해결해 나가는 데 중요한 기반이 될 수 있다.

세계는 더 이상 먼 곳에 있는 누군가의 이야기가 아니다. 지금 이 순간에도 우리는 다양한 문화, 가치, 갈등, 연대 속에서 연결되어 살아가고 있다.

세계시민이란 특별한 사람들의 역할이 아니라, 삶을 성찰하고 책임을 선택하는 모든 이들의 정체성이다. 타인의 고통에 귀 기울이고, 나와 다른 이의 삶을 이해하려는 그 순간부터, 우리는 이미 세계시민으로 살아가기 시작한 것이다.

Activity

나의 세계시민성 실천 다짐 카드

세계시민으로서 일상에서 실천할 수 있는 태도와 행동을 스스로 다짐하고 기록해 보는 활동이다. 공감, 존중, 책임을 바탕으로 나만의 실천 목표를 세워 보고, 일주일 동안 실천하며 점검해 보세요.

Step 1. 오늘의 나의 세계시민 실천 다짐

(예: 다름을 비난하기보다, 그 이유를 먼저 들어보겠습니다.)

☐ 공감 ☐ 존중 ☐ 책임 → 해당 항목에 체크하세요.

나의 실천 다짐:

Step 2. 내가 이렇게 실천하려는 이유

(예: 내가 듣는 것부터 바뀌어야 대화가 바뀐다고 생각하기 때문이다.)

Step 3. 실천 계획 세우기(언제, 어디서, 어떻게)

(예: 이번 주 수요일 조별 모임 시간에 다름을 수용하는 대화 3가지를 실천하겠습니다.)

Step 4. 일주일 실천 체크표

날짜	실천 여부	느낀 점 또는 메모
월요일	☐ YES ☐ NO	
화요일	☐ YES ☐ NO	
수요일	☐ YES ☐ NO	
목요일	☐ YES ☐ NO	
금요일	☐ YES ☐ NO	
토/일	☐ YES ☐ NO	

Step 5. 일주일 실천 후 돌아보기

– 잘 실천한 점

– 어려웠던 점

수업을 정리하며 Closing

1. 세계시민으로 살아가기 위해 왜 인성이 중요한지 생각해 봅시다.

2. 내가 생각하는 "세계시민으로 갖추어야 할 태도"에 대해 조원들과 이야기 나누어 보자.

CHAPTER 07

인성과 도덕성

오늘 우리의 학습 목표

1. 인성과 도덕성의 개념 및 구성 요소를 명확히 이해한다.
2. 도덕성 발달 이론의 주요 내용을 학습하고 이를 공동체 안에서 도덕적 책임과 사회적 역할을 필요로 하는 곳에 적용할 수 있다.
3. 자기 성찰을 통해 자신의 도덕적 성향과 행동을 점검하고 개선 방향을 모색한다.

수업을 시작하기 전 Warming-up

1. 나는 어떤 사람인가요? 도덕적으로 옳은 행동을 한 경험이 있나요?

2. '이것만큼은 꼭 지켜야 한다.'고 믿는 나만의 기준이 있나요?

3. 어떤 상황에서 '선한 행동'을 하기 어렵다고 느꼈나요?

1. 도덕성의 정의

사람은 다양한 상황 속에서 살아가며, 바르고 도덕적인 삶을 살기 위해 여러 갈림길에서 선택을 해야 한다. 이런 윤리적인 생각과 행동은 개인의 삶뿐만 아니라, 함께 살아가는 사람들과의 관계, 그리고 사회 전체에 긍정적인 영향을 줄 수 있다.

보통 도덕은 자신의 양심이나 마음에서 우러나오는 옳고 그름에 대한 기준을 말한다. 사회 안에서 바람직하다고 여겨지는 행동들을 따르지 않으면 주변 사람들로부터 좋지 않은 시선을 받을 수 있지만, 법적인 처벌을 받지는 않는다. 예를 들어, 선배에게 인사를 하거나 어른에게 예의를 지키는 것은 도덕적인 행동이지만, 하지 않는다고 해서 법으로 처벌받지는 않는다.

반면 윤리는 도덕과 비슷하지만, 사회에서 살아가기 위해 서로 지켜야 할 약속이나 기준이라고 할 수 있다. 윤리는 법처럼 명확하게 정해진 규칙은 아니지만, 사람들 사이에서 당연히 지켜야 한다고 여겨지는 행동 규칙이다. 이런 규칙을 어기면 다른 사람들에게 신뢰를 잃거나, 상황에 따라 학교나 조직에서의 제재를 받을 수도 있다. 예를 들어, 생명 있는 존재를 함부로 대하지 않거나, 마음으로는 귀찮아도 남을 도와주려는 태도는 윤리적인 행동이다.

이처럼 도덕은 우리가 바르게 살아가기 위해 스스로 지켜야 할 마음가짐이고, 윤리는 그 마음가짐을 실제로 행동으로 옮길 수 있도록 도와주는 사회적인 기준이다. 그래서 우리는 공동체 안에서 다른 사람에게 피해를 주지 않기 위해 자신의 욕심을 조절하고, 함께 살아가기 위한 바람직한 태도를 지니는 것이 중요하다.

이번 챕터에서는 도덕성이란 무엇인지 자세히 알아보고, 윤리적인 생각이 왜 필요한지, 그리고 도덕적인 판단이 실제 삶에서 어떤 역할을 하는지를 살펴보겠다.

1) 도덕성이란 무엇인가

도덕성은 라틴어의 'mores'에서 유래된 것으로, 태도나 관심의 의미를 가지며 인간이 살아가는 생활양식으로 관점에 따라 다양하게 정의될 수 있다. 일반적으로 도덕성은 인간이 성장하면서 사회생활을 영위해 나가면서 요구되는 사회적 규범이라 할 수 있다.

도덕성은 우리가 사회 안에서 살아갈 때, 어떤 행동이 옳고 그른지, 또는 공정한지 불공정한지를 판단하고, 그에 따라 행동하려는 마음과 능력을 말한다. 쉽게 말하면, 도덕성은 내 마음속에 있는 올바름의 기준이며, 이를 바탕으로 다른 사람들과 함께 살아갈 때 책임 있게 행동하거나, 타인의 입장을 이해하고 배려할 수 있는 능력이다.

영국의 옥스퍼드 영어사전(ODE: Oxford English Dictionary)은 도덕성을 "사람의 행동이 옳은지 또는 잘못되었는지를 판단하는 기준이나 원칙"이라고 정의한다. 이 정의는 도덕성이 단순한 감정이나 기분이 아니라, 일관된 판단 기준에 따라 행동하려는 태도임을 말한다.

인성교육의 이해와 실천(정창우, 2015)에서 '자기성찰적 도덕 판단력'과 '공동체적 책임감의 함양'을 설명하고 있다. 이 말은 도덕성이 단지 생각이나 느낌에 그치지 않고, 실제 행동으로 이어지는 능력이라는 점을 강조한 것이다.

예를 들어, 누군가가 어려움에 처했을 때 "법이나 규칙이 정해져 있지 않더라도 나는 도와야 한다고 생각해"라는 내면의 기준에 따라 행동할 수 있다면, 그것이 바로 도덕성이 작용한 것이라 할 수 있다. 도덕성은 외부의 강제 없이도 스스로 옳다고 믿는 가치를 실천하게 하는 내면의 나침반과 같은 역할을 한다.

2) 도덕성과 윤리, 법의 차이

도덕성은 흔히 '윤리'나 '법'과 혼동되어 사용되어진다. 그러나 이 세 가지는 다음과 같이 구분할 수 있다.

(1) 도덕성(Morality): 내면적 양심과 선악 판단의 기준

도덕성은 인간이 '무엇이 옳고 그른가, 또는 어떻게 살아야 하는가'에 대해 갖는 내면적 신념과 가치체계를 말한다. 도덕성은 일반적으로 어린 시절부터 가족, 사회, 교육을 통해 형성되며, 개인이 자발적으로 판단하고 실천하는 양심의 소리에 기반한다.

(2) 윤리(Ethics): 도덕의 체계적이고 합리적인 성찰

윤리는 도덕성과 유사하지만, 보다 체계적이고 분석적인 수준에서 다뤄지는 개념이다. 즉, 윤리는 개인이나 사회가 공유하는 도덕적 가치와 규범을 철학적으로 검토하고 정당화하는 과정이다.

예를 들어, 의료윤리, 생명윤리, 직업윤리 등은 특정 분야에서 요구되는 도덕적 책임과 갈등 상황을 공정하게 조율하기 위한 기준으로 발전되었다. 아리스토텔레스의 '덕 윤리'는 인간이 공동체에서 행복한 삶을 영위하기 위해 필요한 품성의 개발을 강조했으며, 칸트의 '의무론'은 인간이 이성에 따라 보편적 도덕법칙에 따라 행동해야 함을 역설했다.

윤리는 도덕보다 공론화되고 합리적으로 검토 가능한 영역이며, 다양한 상황 속에서 '왜 그것이 옳은가'를 논리적으로 설명할 수 있는 틀을 제공한다.

(3) 법(Law): 강제력을 가진 사회 규범 체계

법은 국가나 제도권이 공식적으로 제정한 강제력을 가진 규범으로, 위반 시 제재를 수반한다. 법은 사회 질서를 유지하고, 구성원 간의 권리와 의무를 명확히 하며, 공동체의 안정성을 보장하기 위해 존재한다.

법은 도덕적 원칙에 근거할 수 있지만, 도덕이나 윤리와는 다른 차원의 강제성과 형식성을 지닌다. 예컨대, '거짓말을 하면 안 된다'는 것은 도덕적 규범이지만, 모든 거짓말이 법적으로 처벌받지는 않는다. 그러나 '허위로 명예를 훼손하는 행위'는 법적 제재의 대상이 된다.

구분	도덕성	윤리	법
기준	개인의 양심, 내면기준	사회가 정한 규범과 원칙	국가가 제정한 공식 규범
적용	자발적	직장, 단체 등 공동체 중심	강제성 있음
예시	친구를 도우려는 마음	기업의 지속가능성을 고려한 환경 보호	교통법규, 형법 등

3) 도덕성의 핵심 요소

미국 미네소타대학의 심리학자 제임스 레스트(James Rest)는 도덕적 행동이 나타나기 위해서는 네 가지 심리적 요소가 순차적으로 작동해야 한다고 설명했다. 그는 이를 도덕성 4요소 이론(Four Component Model of Morality, 1986)이라 정의하였다. 이 이론은 도덕적 행동을 단순한 의지나 감정의 결과로 보지 않고, 인지와 판단, 동기, 실행까지의 통합된 과정으로 본다.

(1) 도덕적 민감성(Moral Sensitivity)

도덕적 민감성은 어떤 상황이 도덕적인 문제를 포함하고 있는지 인식하고, 타인의 감정이나 입장을 이해하는 능력을 말한다.

예) 친구가 괴롭힘을 당하고 있을 때, 그 상황이 옳지 않다고 인식하는 것

(2) 도덕적 판단(Moral Judgment)

도덕적 판단은 무엇이 옳고 그른지를 논리적이고 윤리적인 기준에 따라 판단하는 능력이다. 공정성, 권리, 책임감 등의 도덕 원리를 바탕으로 올바른 행동을 결정한다.

예) 모두에게 공평한 기회를 주기 위해 규칙을 따르는 것

(3) 도덕적 동기(Moral Motivation)

도덕적 동기는 도덕적 가치와 신념을 실천하고자 하는 내적 의지와 우선순위이다. 이 요소는 개인이 이기적인 욕구나 외부 보상보다 도덕적 기준을 우선시할 수 있도록 만든다.

예) 나의 이익을 포기하고 정의로운 행동을 선택하는 태도

(4) 도덕적 성품(Moral Character)

도덕적 행동은 도덕적 판단을 실제 행동으로 옮기는 실행 능력이다. 용기, 자기통제력, 행동 계획 등의 요소가 함께 작용한다.

예) 불의를 목격했을 때 침묵하지 않고 개입하여 도움을 주는 것

이처럼 도덕적 행동은 단일 요소로 설명되지 않으며, 민감성 → 판단 → 동기 → (실행으로 옮길 수 있는) 성품의 일련의 흐름이 모두 충족될 때 완성된다.

Activity

자신의 삶에서 도덕적으로 존경하는 인물을 떠올려 봅니다.
(가족, 선생님, 유명인, 문학/영화 속 인물 등)

– 이 인물이 어떤 도덕적 선택을 했는가?

– 나는 그 선택에서 무엇을 배웠는가?

– 그런 상황에서 나는 어떻게 행동할 것인가?

2. 도덕성의 가치 및 자기성찰

1) 도덕성의 가치

도덕성은 개인이 사회 구성원으로서 조화롭게 살아가기 위해 반드시 갖추어야 하는 핵심적인 자질이다. 단순히 '착한 행동'을 뜻하는 것이 아니라, 사회 속에서 옳고 그름을 바르게 판단하고, 타인과의 관계에서 신뢰를 형성하며, 공동체의 규범과 질서를 유지하는 데 중요한 역할을 하는 능력이다. 도덕성은 사회적 상호작용의 기반이자, 개인과 공동체가 함께 성장하고 발전하기 위한 필수적인 요소로 이해된다.

현대 사회는 다양한 가치관과 문화가 공존하는 다원적 사회이기 때문에, 도덕성은 절대적이고 고정된 기준이라기보다 상황과 맥락에 맞게 끊임없이 판단하고 조정하며 책임지는 과정으로 이해해야 한다. 도덕적 능력이 단순한 윤리 지식의 습득에 머무르지 않고, 일상생활에서의 지속적인 실천과 자기 성찰을 통해 성장하는 도덕적 인격의 일부라고 설명한다. 즉, 도덕성은 반복적인 경험과 반성을 통해 내면화되고 삶 속에서 구현되는 과정적 특성을 지닌다.

더불어 도덕성은 개인의 인격 성숙을 넘어, 사회 구성원으로서 서로를 존중하고 배려하는 공동체 생활의 기본 조건이다. 도덕적 자기성찰은 단순한 반성에서 그치지 않고, 자신의 행동을 지속적으로 돌아보고 개선해 나가는 능력이다. 이러한 자기성찰을 통해 도덕적 행동은 습관화되고 내면화되어, 결국 개인과 사회 모두의 지속 가능한 발전을 가능하게 한다.

결론적으로, 도덕성은 개인의 옳고 그름에 대한 판단 능력과 책임 있는 행동을 포함하며, 이를 통해 사회적 신뢰와 조화를 이루는 데 핵심적인 역할을 한다. 또한, 도덕성은 다양한 가치가 공존하는 현대 사회에서 자기성찰과 실천을 통한 지속적인 성장과 조정의 과정으로 이해되어야 한다.

2) 자기성찰

도덕성은 단순한 지식이나 감정으로 설명할 수 없으며, 자신의 생각과 행동을 되돌아보는 성찰 과정을 통해 점진적으로 성장하는 능력이다. 이는 개인이 스스로 자신의 가치관과 행동의 이유를 점검하고, 더 나은 방향으로 변화하려는 적극적인 노력을 포함한다. 이러한 자기성찰은 도덕성 발달의 핵심 동력으로 작용하며, 도덕적 판단과 행동의 질을 높이는 데 중요한 역할을 한다.

김정희 교수(도덕성과 자기성찰, 2013)는 자기성찰(self-reflection)을 "자신의 행동과 그 동기에 대해 깊이 있게 되돌아보고, 이를 통해 도덕적 판단과 행동을 개선하려는 노력"으로 정의하였다. 자기성찰은 단순한 반성 이상의 의미를 지니며, 도덕적 자아 형성과 행동의 일관성을 유지하는 기반이 된다.

도덕적 자기성찰의 주요 기능은 다음과 같다.

- **행동의 동기 분석**: 자신이 어떤 이유로 특정 행동을 선택했는지 깊이 되돌아본다.
- **가치와 신념 재점검**: 자신의 판단 기준이 무엇인지, 그리고 그 판단이 타인과 공동체에 어떤 영향을 미쳤는지를 살펴본다.
- **책임의식 강화**: 행동의 결과에 대해 스스로 책임지려는 태도와 자세를 기른다.

또 다른 학자는 도덕적 자기성찰을 "도덕적 자아 형성의 중심"으로 보았으며, 개인의 내면 자아와 도덕적 가치가 일치할 때 도덕적 행동이 지속될 수 있다고 강조하였다. 이처럼 자기성찰은 도덕적 행동의 지속성과 진정성을 담보하는 중요한 과정이다.

더 나아가, 도덕성과 자기성찰은 개인의 인격 성숙뿐 아니라, 공동체 안에서 책임감 있는 시민으로 성장하기 위한 필수적인 과정이다. 이를 통해 개인은 자신의 도덕적 신념에 기반하여 주체적으로 판단하고 행동할 수 있으며, 이는 사회적 신뢰와 조화를 이루는 밑거름이 된다. 결론적으로, 도덕성은 자기성찰을 통해 내면화되고 성장하며, 개인과 사회 모두의 지속 가능한 발전을 가능하게 하는 핵심 역량이다.

3) 도덕성 자기성찰의 적용

도덕성 교육은 단순히 도덕적 지식을 전달하는 데 그치지 않고, 배운 내용을 자신의 실제 삶에 적용하며 스스로 성찰할 수 있도록 돕는 데 그 목적이 있다. 즉, '왜 그런 행동을 했는가?', '무엇이 옳은가?'와 같은 근본적인 질문을 스스로 던지고 답을 찾아가는 과정에 집중한다. 이러한 교육은 도덕성을 단순한 규칙이나 명령으로 이해하는 것이 아니라, 삶의 다양한 경험 속에서 점진적으로 성장하는 내적 능력으로 인식하게 만든다.

도덕성은 태어날 때부터 완성된 것이 아니라, 다양한 경험과 사회적 상호작용을 통해 옳고 그름을 구분하고, 타인의 입장을 공감하며, 책임감 있는 선택을 해 나가는 과정에서 발전한다. 따라서 도덕 교육은 정답을 가르치는 데 초점을 맞추기보다는, 스스로 질문하고 탐색할 수 있는 환경을 제공하는 것이 중요하다. 구체적인 사례와 문제 상황을 통해 스스로 능동적으로 도덕적 판단과 행동에 대해 고민하고 실천할 수 있도록 하는 방식이 효과적이다.

도덕적 판단은 한 번에 완성되는 것이 아니라, 지속적인 성찰을 통해 점차 진화하는 과정이다. 도덕성은 고정된 규칙이 아니라, 삶 속에서 계속 성장하는 역동적인 능력이다.

이는 도덕성이 단순히 지식으로만 이해되는 것이 아니라, 자신의 내면에서 변화와 성찰이 이루어져야 하고, 실천적 태도가 함께 형성되어야 함을 의미한다.

또한 도덕성 교육은 학생 각자가 자신만의 도덕적 신념과 가치 체계를 만들어

가도록 돕는 과정이다. 이런 신념과 가치는 공동체와 사회에 긍정적인 영향을 미치는 성숙한 시민으로 성장하는 데 중요한 역할을 한다.

도덕성을 잘 키우기 위해서는 다음 세 가지가 매우 중요하다.

첫째, 비판적으로 생각하는 힘을 기르는 것이다. 사회나 주변에서 말하는 도덕 규칙이나 관습을 그냥 받아들이기만 하지 말고, 스스로 생각해 보고 의문을 품는 연습이 필요하다. 내 경험과 생각을 바탕으로 '왜 이런 규칙이 있을까?' '이게 정말 옳은 걸까?' 하고 질문하고, 논리적으로 판단하는 능력을 키워야 한다.

둘째, 다른 사람의 마음을 이해하는 공감 능력을 높이는 것이다. 다른 사람이 느끼는 감정이나 생각을 이해하고 존중하는 태도를 가지면, 서로 다름을 인정하며 조화롭게 지낼 수 있다. 이런 태도는 친구나 가족, 사회 속에서 협력하고 평화롭게 살아가는 데 큰 도움이 된다.

셋째, 책임감 있게 행동하는 힘을 갖추는 것이다. 도덕적으로 옳은 판단을 하는 것에서 멈추지 말고, 실제로 그 판단에 따라 행동하는 것이 중요하다. 스스로 책임감을 가지고 실천하려는 마음가짐이 필요하다.

이런 도덕성을 키우는 과정에서 실제 문제를 고민해 보는 것이 큰 도움이 된다. 예를 들어, 환경 보호나 인권, 공정성 같은 현실에서 마주치는 어려운 문제들을 통해 나의 생각과 가치를 점검하고 바꿔 나가는 경험을 하게 된다.

도덕성은 한 번에 완성되는 것이 아니라, 꾸준히 생각하고 행동하며 성장하는 과정이다. 앞으로 여러분이 살아가면서 겪는 여러 변화와 갈등 속에서 도덕적 판단력도 점점 깊어지고, 스스로 세운 도덕적 신념을 따라 행동할 수 있게 될 것이다.

결과적으로 도덕성에 대해 관심과 학습이 필요한 이유는 한 개인이 도덕적 주체로서 자신과 타인, 더 나아가 사회와 세계를 책임감 있게 바라보고 행동할 수 있도록 지원하는 전인적 성장의 과정이기 때문이며, 이는 평화롭고 지속 가능한 사회 구현의 기초가 된다. 현대사회가 요구하는 다문화 이해, 글로벌 시민의식, 환경 윤리 등 복합적인 도덕적 역량을 키우는 데에도 중심적인 역할을 담당한다.

Activity

'도덕적 딜레마 상황' 나는 어떤 선택을 하겠는가?

다음 상황 중 하나를 선택하여 조원들과 서로의 입장을 토론해 보세요.

[상황 1.]

친한 친구의 남자친구가 다른 여자 친구를 만나는 것을 목격하였다.
단순한 친구가 아닌 양다리 연애를 하고 있는 상황
– 이 상황을 친구도 알 권리가 있기에 솔직하게 말할 것인가?
– 내가 개입할 문제가 아니라 판단하여 말하지 않을 것인가?

[상황 2.]

말기 암 판정을 받은 환자에게 가족 모두가 병명을 숨기기로 했다.
당사자는 나에게 자신이 무슨 병인지를 묻는다.
– 진실을 말해서 환자에게 알려 줄 것인가?
– 상대의 마음을 배려하고 고통을 줄이기 위해 거짓말을 할 것인가?

[상황 3.]

아이와 놀이공원에 가기로 약속을 했다.
같은 시간에 갑작스럽게 쓰러질 듯한 노인에게 도움이 필요한 상황이나.
– 아이와 약속이라는 신의와 책임감을 지킬 것인가?
– 노약자을 돕고자 하는 이타성을 우선할 것인가?

[상황 4.]

물건을 사고 계산한 후 가게를 나와 친구와의 약속장소로 가던 중 점원이 실수로 5천 원을 더 거슬러 준 것을 알게 되었다.
돌아가자니 시간이 소요되고 이미 기다리고 있는 친구에게 미안한 상황이다.

– 정직함을 우선시해서 가게로 돌아가 돈을 돌려줄 것인가?
– 나의 실수가 아니기에 이미 오래 기다리고 있는 친구에게 갈 것인가?

[상황 5.]

시험 도중 앞자리 친구가 컨닝하는 것을 목격했다. 교수님은 알아차리지 못한 상황이다. 시험 전 교수님은 "부정행위는 반드시 신고해 주세요"라고 말한 바 있다.

– 정직과 정의를 지켜야 하기에 교수님에게 알릴 것인가?
– 우정과 관계를 고려해 모른 척할 것인가?

3. 도덕성의 발달과정

1) 도덕성 발달의 개념 및 과정

도덕성 발달이란 사람이 태어나서 죽을 때까지 '옳고 그름'을 구분하고, 그에 맞는 행동을 선택하는 능력이 점차 자라나는 과정을 말한다. 이 과정은 나이가 들면서 자연스럽게 이루어지는 성숙이 아니라, 다양한 사회 경험과 교육, 그리고 자신의 행동을 되돌아보는 자기성찰을 통해 서서히 만들어진다.

장 피아제(jean piaget)의 저서 『아동의 도덕적 판단(The Moral Judgment of the Child, 1932)』에서는 도덕적 발달과정을 개념화 했다.

피아제는 옳고 그름을 구분할 수 없는 전도덕기는 누구에게나 있음을 말한다.

그 이후 점차적으로 타인의 통제하에 있다는 것을 의미하는 타율적 도덕성 시기로 접어들게 된다. 규식이나 상황을 학습을 통해 배우고 숙지할 수 있는 과정을 말한다.

마지막 단계로 자율적 도덕성을 이야기한다. 이는 인지가 발달하고 사람들 속에서 상호작용 하며 학습하는 과정이다. 이 과정 속에서 도덕적 옳고 그름을 판단하는 능력이 키워질 수 있다. 더불어 자신과 다른 사람을 이해하는 능력이나 도덕적 기준이 구체화될 수도 있다. 즉, 피아제는 인지발달과 사회적 경험 모두 도덕성 발달에 중요한 영향을 미친다고 보았다.

요약하면, 도덕성 발달은 사람이 사회 속에서 여러 경험을 쌓고, 교육을 받으며, 자신을 되돌아보는 과정을 통해 '옳고 그름'을 판단하고 책임감 있게 행동하는 힘을 길러 가는 복합적이고 점진적인 성장 과정이다.

도덕성은 인간이 태어난 이후 삶의 여러 경험을 통해 점차 발달하는 특성을 지닌다. 이는 단순히 나이가 들면서 자연스럽게 얻어지는 것이 아니라, 사회적 상호작용, 교육적 경험, 자기성찰 등의 과정을 거치며 발달하게 된다. 도덕성 발달은 일반적으로 다음과 같은 단계로 구분할 수 있다.

(1) 유아기(약 2세~6세)

유아기는 도덕 판단이 보상과 처벌에 따라 결정된다. 이 시기 아동은 도덕적 규칙을 내면화하지 않고, 외부 결과(칭찬, 벌)에 따라 행동한다. 부모와 교사의 지시를 그대로 따르는 경향이 있으며, 도덕성은 아직 자율성이 결여된 상태이다.

예) "혼나니까 안 해", "칭찬받아서 좋아"

(2) 아동기(약 7세~12세)

아동기에는 타인의 기대와 사회 규범을 인식하며 규칙을 지키는 도덕성이 발달한다. 초등학생 시기의 아동은 규칙이 사회적 질서를 유지하기 위한 약속이라는 인식을 갖기 시작하며, 또래와의 관계 속에서 '공정함'과 '협동'의 가치를 배운다.

예) "다른 사람들이 나를 어떻게 볼까?", "약속은 지켜야 해"

(3) 청소년기(약 13세~18세)

청소년기는 스스로 판단하고자 하며, 보편적인 정의·공정성·인권 등에 관심을 갖는다. 청소년은 자신만의 도덕 기준을 세우려는 노력을 하며, 다양한 관점과 가치를 비교·분석하는 능력을 기른다. 도덕적 딜레마에 대해 고민하고, 사회적 책임과 윤리에 관심을 갖기 시작한다.

예) "왜 그래야 해?", "정의가 더 중요해"

(4) 성인기(약 19세 이후)

성인기에는 자신의 가치 체계와 윤리 기준을 설정하고, 상황에 따라 유연하게 판단한다. 성인은 사회적 역할을 인식하고, 스스로의 철학에 따라 판단과 행동을 수행한다. 도덕성은 외적 기준에서 벗어나 내적 신념과 책임의식 중심으로 전환된다.

예) "내 신념에 따라 결정해", "책임은 내가 져야 해"

(5) 노년기(약 65세 이후)

노년기에는 인생의 의미를 되돌아보며 통합적인 가치와 지혜를 갖춘 도덕성을 형성한다. 노년기의 도덕성은 타인과 공동체, 다음 세대를 위한 성찰로 이어진다. 도덕적 판단은 단순한 규범 준수에서 벗어나 삶 전체의 의미와 유산을 고려한 깊이 있는 판단으로 발전한다.

예) "내가 남길 수 있는 건 무엇일까?", "모두의 행복을 생각해"

2) 주요 도덕발달 이론과 적용

(1) 소크라테스(Socrates, 기원전 470~399년)와 도덕적 성찰

소크라테스는 도덕성의 근본을 '자신을 아는 것'과 '성찰적 질문'에서 찾았다. 그는 도덕적 삶을 위해서는 끊임없이 자신과 자신의 행동에 대해 질문하며, 올바른 지식을 탐구하는 것이 중요하다고 보았다. 그의 '산파술(Maieutics)'은 도덕적 진리를 스스로 깨닫도록 돕는 대화법이다.

- 도덕적 성찰의 중요성을 강조하였다.
- 자기 인식과 윤리적 질문을 통해 도덕적 판단을 개선한다.
- 현대 도덕교육에서 자기성찰의 기초가 된다.

(2) 아리스토텔레스(기원전 384~322년)와 덕윤리

아리스토텔레스는 도덕성을 '덕(Virtue)'의 실천으로 보았다. 그는 인간의 행복(eudaimonia)이 덕 있는 삶을 통해 이루어진다고 주장했다. 도덕성은 단순한 지식이 아니라 '좋은 습관'을 통해 길러지는 것이며, 중용(중간의 덕)을 지키는 것이 중요하다.

- 도덕적 덕은 반복적인 실천을 통해 형성된다.

- 도덕성은 행동의 질과 관련되며, 개인의 성품을 의미한다.
- 사회 공동체 안에서 조화와 행복을 추구하는 삶을 강조한다.

(3) 장 자크 루소(Jean-Jacques Rousseau, 1712~1778)와 자연주의적 도덕 발달

루소는 인간이 본래 '선한 본성'을 가지고 태어나지만, 사회의 부패가 도덕적 문제를 일으킨다고 보았다. 그는 도덕성 발달에서 '자연스러운 성장'과 '자기주도적 도덕 교육'의 중요성을 강조한다.

- 도덕성은 내면의 자연스러운 감정과 공감에서 시작된다.
- 교육은 강제보다는 자유와 경험을 통한 도덕적 성장 지원이 필요하다.
- 도덕 교육은 아동의 자연적 발달 단계에 맞춰 진행되어야 한다.

(4) 현대 적용: 로렌스 콜버그(1927~1987)

콜버그는 도덕성이 개인의 인지 발달 수준에 따라 단계적으로 성장한다고 보았다. 그는 피아제(1896~1980)의 인지 발달 이론을 확장하여, 도덕적 판단 능력 또한 논리적 사고력의 발달과 함께 질적으로 변화한다고 주장하였다. 도덕성은 단순히 외부의 규칙을 따르는 데서 출발하여, 점차 사회 규범을 이해하고, 나아가 보편적 도덕 원칙에 따라 스스로 판단하고 책임 있게 행동하는 능력으로 발전해 간다고 주장한다.

그는 도덕성 발달을 세 가지 수준으로 구분하였다. 초기 단계에서는 처벌을 피하거나 개인적 이익을 얻기 위해 행동하지만, 중간 단계에서는 타인의 기대나 사회 질서를 중시하며 도덕적 판단을 내린다. 마지막 단계에서는 법을 넘어서 인간의 존엄성, 정의, 평등 같은 보편적 원칙에 기반해 스스로 판단하고 실천할 수 있는 도덕적 자율성에 도달하게 된다고 설명한다.

콜버그는 교육이 도덕성 발달에 매우 중요한 역할을 하며, 도덕적 딜레마에 대한 토론과 같은 경험을 통해 학생들의 도덕 판단 능력이 발달할 수 있다고 강조한다.

(5) 현대 적용: 캐롤 길리건(Carol Gilligan, 1936~)

길리건은 콜버그의 이론이 정의(justice) 중심으로 구성되어 있으며, 남성적 사고방식에 편향되어 있다고 비판하였다. 그녀는 여성의 도덕 판단이 단순히 공정성과 권리 중심의 원칙에서 이루어지지 않으며, 상호관계와 배려를 중시하는 방향으로 이루어진다고 주장하였다.

길리건은 도덕성이 타인과의 관계 속에서 형성되며, 도덕적 행동은 책임감과 감정이입, 그리고 상호 배려의 태도에서 비롯된다고 보았다. 그녀는 도덕성 발달을 자기중심적 사고에서 출발하여, 타인의 요구를 인식하고, 최종적으로는 자신과 타인의 요구를 균형 있게 고려하며 책임을 나누는 성숙한 배려의 단계로 발전한다고 하였다. 길리건은 특히 여성의 도덕 발달 경로를 설명하면서, 도덕적 판단은 객관적 원칙만이 아니라 삶의 맥락, 감정, 관계에 대한 깊은 이해를 통해 이루어져야 한다고 강조하였다. 이 이론은 이후 도덕교육에 있어 정서적 공감과 돌봄의 중요성을 조명하는 데 기여했다.

고대 철학자들은 도덕성을 '자기성찰', '덕의 실천', '자연적 감정'으로 설명하며 도덕 교육의 기초를 마련하였다. 이는 근현대 학자들이 도덕 판단의 발달 과정과 성별에 따른 도덕성 차이를 모색하는 다양한 이론의 기반이 되었다.

Activity

"나의 삶을 이끄는 도덕적 덕목" 한 줄 다짐 만들기

1. 자신이 중요하게 여기는 인성과 도덕적 덕목 3가지를 선정하여 체크하기

정직	책임	성실	자율	근면
인내	성찰	배려	존중	경청
공감	용서	친절	신뢰	겸손
정중함	협력	정의	참여	협동
봉사	책임	용기	양심	이타심
자비	이해	공손	희생	끈기
관용	감사	공정	솔직함	정의감
충성	격려	협상	긍정	자율성

2. 그중 한 가지 덕목을 선택하여 나만의 한 줄 다짐 만들기

예) 이타성: "친구를 돕고 싶은 마음에서 시작한 이타적인 마음! 조건 없이 순수하게 실천하기!"

양 심: "항상 내 마음의 소리 양심에 귀 기울여서 선택한다면 후회 없이 살 수 있다."

3. 친구들과 공유 후 가장 인상 깊은 한 줄 다짐 추천하기

4. 세계시민과 도덕성

도덕성은 개인이 옳고 그름을 판단하고, 자신의 행동에 책임을 지는 능력을 의미한다. 세계시민의 도덕성은 이러한 개인적 차원을 넘어 국경을 초월한 지구 공동체의 일원으로서 도덕적 책임과 실천을 인식하고 수행하는 역량을 포함한다. 즉, 세계시민 도덕성은 글로벌 사회에서 다양한 문화와 가치관을 존중하고, 인류와 자연에 대한 책임 있는 태도를 기르는 것을 목표로 한다.

이는 단순히 도덕적 지식을 습득하는 데 그치지 않고, 자신의 행동이 전 지구적 맥락에서 어떤 영향을 미치는지를 성찰하고 이에 따라 행동하는 능력까지 포함한다. 세계시민 도덕성은 특히 문화적 다양성을 인정하고, 상호 이해와 존중을 바탕으로 평화로운 공존을 도모하는 데 필수적이다.

세계화가 가속화되면서 국가 간 상호 의존성이 강화되고, 기후 변화, 빈곤, 인권 문제 등 지구적 차원의 도전들이 증대함에 따라 세계시민의 도덕성은 더욱 중요한 가치로 부상하고 있다. 이에 따라 도덕적 판단력과 책임감은 개인 차원을 넘어 사회와 국제 공동체 차원에서도 요구된다. 예를 들어, 환경 보호를 위해 에너지 절약이나 재활용을 실천하는 것, 인권 침해에 대해 목소리를 내고 연대하는 행동 등이 세계시민으로서 갖춰야 할 도덕적 실천이다.

UNESCO(2015)는 세계시민교육을 통해 학생들이 도덕적 판단력과 책임감을 키우도록 권장한다. 이 교육은 평화롭고 지속 가능한 사회를 만드는 데 기여하는 것을 목표로 하며, 공정성과 정의, 인권 존중, 다문화 이해 등 핵심 가치를 강조한다. 또한, 세계시민교육은 학생들이 복잡한 글로벌 문제를 인식하고, 다각적인 시각으로 해결책을 모색하는 능력을 기르는 것에 초점을 맞춘다. 결국, 세계시민으로서의 도덕성은 다문화와 복잡한 지구적 문제 속에서 옳고 그름을 분별하고, 책임 있게 행동하는 핵심적이고 필수적인 도덕적 역량이다. 이는 개인의 도덕적 성장뿐만 아니라, 전 인류가 함께 지속 가능한 미래를 만들어 가기 위한 사회적 기초이자 실천적 가치이다.

Activity

대학생을 위한 도덕성 자가진단 테스트

1. 각 문항에 대해 1점(전혀 그렇지 않다) ——— 5점(매우 그렇다) 중 하나를 선택해 주세요.

구분	문항 내용	점수
도덕적 민감성	나는 타인의 감정과 입장을 이해하려고 노력한다.	□ 1 □ 2 □ 3 □ 4 □ 5
	나는 주변에서 일어나는 부당한 일에 쉽게 주의를 기울인다.	□ 1 □ 2 □ 3 □ 4 □ 5
	나는 타인에게 상처를 줄 수 있는 말이나 행동을 사전에 인식한다.	□ 1 □ 2 □ 3 □ 4 □ 5
	나는 윤리적 문제 상황에서 어떤 가치가 관련되어 있는지 생각해 본다.	□ 1 □ 2 □ 3 □ 4 □ 5
도덕적 판단	나는 도덕적 딜레마 상황에서 여러 입장을 비교하고 판단한다.	□ 1 □ 2 □ 3 □ 4 □ 5
	나는 법과 규칙만이 아니라 양심에 따라 옳고 그름을 판단한다.	□ 1 □ 2 □ 3 □ 4 □ 5
	나는 결정하기 전 그 결과가 누구에게 어떤 영향을 미칠지 고민한다.	□ 1 □ 2 □ 3 □ 4 □ 5
	나는 윤리적으로 올바른 행동을 선택하려 노력한다.	□ 1 □ 2 □ 3 □ 4 □ 5
도덕적 동기화	나는 개인의 이익보다 도덕적 가치를 더 중요하게 여긴다.	□ 1 □ 2 □ 3 □ 4 □ 5
	나는 유혹이 있어도 양심에 어긋나는 행동은 하지 않는다.	□ 1 □ 2 □ 3 □ 4 □ 5
	나는 도덕적인 삶을 사는 것이 내 삶의 중요한 목표 중 하나다.	□ 1 □ 2 □ 3 □ 4 □ 5
	나는 옳다고 믿는 일은 불리하더라도 실천하려고 한다.	□ 1 □ 2 □ 3 □ 4 □ 5
도덕적 행동화	나는 생각한 도덕적 행동을 실제로 실천에 옮긴다.	□ 1 □ 2 □ 3 □ 4 □ 5
	나는 꾸준히 올바른 습관을 실천하려고 한다.	□ 1 □ 2 □ 3 □ 4 □ 5
	나는 어려운 상황에서도 도덕적 기준을 지키려 한다.	□ 1 □ 2 □ 3 □ 4 □ 5
	나는 도덕적 신념과 행동이 일치하도록 노력한다.	□ 1 □ 2 □ 3 □ 4 □ 5

*참조: 이인재 · 김남준(2011). 청소년 인성교육 프로그램의 개발 및 효과 분석.
Rest, J. R. (1986). Moral Development: Advances in Research and Theory. Praeger.

2. 각 요소별 점수 범위:
 - 민감성, 판단, 동기, 행동화 각각 4문항 × 5점 만점 = 최대 20점
 - 총점: 16문항 × 5점 = 80점 만점
 - 총점 범위 수준 해석
   - 70~80점 매우 높은 도덕성: 판단과 행동의 일치 수준이 높음
   - 55~69점 평균 이상의 도덕성: 도덕적 가치에 대한 인식과 실천이 적절함
   - 40~54점 평균 수준 도덕성: 민감성은 있으나 실천력 부족 가능성
   - 39점 이하 도덕성 개발 필요: 민감성 · 판단력 또는 실천력이 낮음

도덕성은 옳고 그름을 분별하는 능력에 머물지 않는다. 그것은 다른 존재의 고통에 공감하고, 행동을 선택하는 용기로 이어질 때 비로소 살아 있는 가치가 된다.

오늘날 세계는 연결되어 있으면서도, 동시에 깊은 분열과 불평등 속에 놓여 있다. 이런 시대일수록 우리에게 필요한 것은 지식보다 지혜, 논쟁보다 이해, 무관심한 태도보다 책임이다.

세계시민의 도덕성은 나 자신뿐만 아니라 타인을 나의 문제처럼 여기는 감수성과, 일상 속에서 정의롭고 지속가능한 선택을 실천하려는 태도에서 시작된다.

각자의 자리에서 타인을 존중하고, 공동체를 생각하며, 인간다운 결정을 내리는 그 작은 실천들이 이 시대를 변화시킬 수 있다.

수업을 정리하며 Closing

1. 다음 내용을 읽고 나만의 한 줄 요약을 완성합니다.
   - "나에게 도덕성이란 ____________________이다"
   - "앞으로 나는 __________________________을/를 통해 도덕적 행동을 실천하고자 한다."

2. 내가 속한 공동체 안에서 실천할 수 있는 작은 도덕적 행동은 무엇이 있는지 토론해 봅시다.

3. 도덕적 판단을 내려야 할 때, 나는 어떤 기준이나 가치를 가장 중요하게 생각하는가?

CHAPTER 08

인성과 윤리지능

오늘 우리의 학습 목표

1. 윤리지능의 개념과 핵심 요소를 이해하고 윤리적 문제 상황에서 비판적 사고와 도덕적 추론 능력을 발휘할 수 있다.
2. AI 시대와 디지털 환경에서 요구되는 윤리지능의 역할에 대해 생각해 볼 수 있다.
3. 세계시민으로서 윤리지능을 바탕으로 실천 가능한 삶의 태도를 개발한다.

수업을 시작하기 전 Warming-up

1. 누군가의 말이나 행동을 보며 "윤리적이다." 혹은 "비윤리적이다."라고 느낀 경험이 있나요?

2. 인공지능(AI)이 인간보다 더 윤리적일 수 있을까요?

3. 앞으로 살아갈 사회에서 꼭 필요한 "윤리적 기준"은 무엇일까요?

1. 윤리지능의 정의

윤리지능(ethical intelligence)은 상황에 따라 옳고 그름을 판단하고, 타인과 공동체를 고려한 바람직한 행동을 선택할 수 있는 능력을 의미한다. 이는 단순히 규칙을 지키는 수준을 넘어, 내면의 도덕적 가치와 기준에 따라 행동하려는 자율적 태도를 포함한다. 다시 말해, 윤리지능이 높은 사람은 '무엇이 옳은가'를 따지는 데 그치지 않고, 실제로 옳다고 믿는 바를 실천하려는 의지와 책임감을 함께 지닌다.

윤리지능은 감성지능(EQ)처럼 타고나는 부분도 있을 수 있지만, 교육과 훈련, 자기성찰을 통해 충분히 발달시킬 수 있는 특성이다. 심리학자 더글라스 레닉(Douglas Lennick)과 프레드 키엘(Fred Kiel)은 저서 『Moral Intelligence(2005)』을 통해 윤리지능을 "자신의 도덕적 신념과 가치에 따라 일관된 결정을 내릴 수 있는 능력"이라고 정의하며, 이는 개인의 인성과 사회적 신뢰의 핵심이 된다고 강조하였다.

예를 들어, 시험 중 옆 친구가 컨닝을 하고 있는 것을 봤을 때, 그냥 넘어갈 수도 있지만 양심에 따라 선생님께 알리는 선택을 한다면 이는 윤리지능이 작동한 결과라 볼 수 있다. 또, 팀 프로젝트에서 책임을 회피하지 않고 맡은 역할을 성실히 수행하는 것도 윤리적 사고에 기반한 행동이다.

윤리지능은 다음과 같은 질문에 대해 스스로 고민하고 행동으로 옮기는 능력과 연결된다.

- 내가 하려는 행동은 정당한가?
- 이 결정이 다른 사람에게 어떤 영향을 줄까?
- 나의 행동이 사회 전체에 미치는 파장은 어떤가?
- 내 가치관에 부합하는 선택인가?

이런 질문을 하는 습관은 단순한 도덕 교과서의 내용을 따르는 것이 아니라, 현실 속 문제 상황에서 스스로 기준을 세우고 결정할 수 있는 힘을 길러 준다.

현대 사회는 다양한 가치가 함께 존재하고, 기술과 정보가 빠르게 변화하면서 옳고 그름의 기준도 복잡해지고 있다. 이럴수록 개인의 윤리지능은 더욱 중요해진다. 공정함, 책임감, 배려, 용기, 자기조절 같은 인성의 요소들이 윤리지능과 함께 작동해야 건강한 판단을 내릴 수 있다.

또한 윤리지능은 단지 개인의 도덕성에 그치지 않고, 우리가 살아가는 조직과 사회의 윤리적 수준을 결정짓는 핵심 기준이 된다. 대학 안에서의 학업이나 인간관계는 물론이고, 나중에 사회에 나가서도 윤리적 판단은 끊임없이 요구된다. 특히, 다양성과 공존이 강조되는 오늘날의 세계시민 사회에서 윤리지능은 더 이상 선택이 아니라 '필수'인 능력이다.

윤리지능은 위기를 만났을 때 더 잘 드러난다. 책임을 회피하고 싶은 상황, 정직하게 말하면 불이익을 받을 수 있는 순간, 모두가 외면할 때 내가 먼저 나서야 하는 순간에 윤리지능은 진가를 발휘한다. 그리고 이런 경험을 반복하면서 윤리적 사고는 더욱 단단해진다.

따라서 대학생 시기부터 윤리지능을 이해하고, 일상 속에서 작은 실천을 통해 그것을 훈련하는 것이 중요하다. 토론, 글쓰기, 역할극, 윤리적 갈등 상황을 다룬 시뮬레이션 활동 등을 통해 다양한 선택지를 고민하고 자신의 판단 기준을 세워 보는 경험이 필요하다. 윤리지능은 타고나는 것이 아니라 '길러지는' 능력이라는 점에서, 지금부터 스스로의 윤리적 감각을 키워 보는 연습을 해 보자.

Activity

상황

조별과제에서 한 조원이 아무런 작업을 하지 않고 발표 당일에도 늦게 옵니다. 그런데 그 학생은 성적이 절실하다고 호소하며, "내 이름은 빼지 말아 줘"라고 부탁합니다.

당신은 조장을 맡고 있으며, 조 전체 역할을 조정할 권한이 있다고 한다면, 당신은 어떻게 하겠습니까?

Q. 이 상황에서 당신이 조장이라면 어떻게 행동할 것인가?

1. 그 조원의 이름을 명단에서 제외한다.
2. 조원 전체의 노력과 조화가 중요하므로 이름을 포함시킨다.
3. 조원과 따로 대화하여 부분 점수만 반영되도록 요청한다.
4. 다른 선택:

– 내가 한 선택과 그 이유는 무엇인가요?

– 내가 한 선택은 어떤 윤리적 가치를 반영하고 있나요?

– 이 결정은 조 전체의 신뢰와 분위기에 어떤 영향을 줄 수 있을까요?

2. 윤리지능의 핵심요소

윤리지능(Moral Intelligence)은 도덕적 가치에 기반하여 판단하고 행동할 수 있는 능력을 의미한다. 이는 단순히 올바른 것을 아는 수준을 넘어, 실제 상황에서 도덕적으로 옳은 결정을 내리고, 그러한 결정을 실천할 수 있는 용기와 태도까지 포함한다. 윤리지능은 인지적 지능(IQ)이나 감성지능(EQ)과는 구별되는 개념으로, 인간이 사회적 존재로서 책임 있는 삶을 살아가는 데 필수적인 능력으로 여겨진다.

더글라스 레닉과 프레드 키엘은 윤리지능을 구성하는 네 가지 핵심 요소로 진실성(integrity), 책임감(responsibility), 연민(compassion), 용서(forgiveness)를 제시하였다. 이 요소들은 독립적이면서도 상호작용하며, 윤리적 판단과 행동을 형성하는 기반이 된다고 말한다.

1) 진실성(Integrity)

정직성은 자신의 가치관, 신념, 말, 행동이 일치하는 상태를 의미한다. 즉, 내면의 도덕적 기준이 외적인 행동으로 나타나는 것을 말한다. 이는 단지 거짓말을 하지 않는 것만을 뜻하지 않는다. 상황에 따라 이익을 얻기 위해 자신이 믿는 바를 외면하거나 타협하지 않고, 언제나 일관성 있게 진실을 따르려는 태도가 중요하다.

예를 들어, 친구가 과제를 대신 해 달라고 요청했을 때, 인간적으로 도와주고 싶은 마음이 들더라도 그것이 부정행위라는 것을 안다면 정직성을 발휘하여 거절할 수 있어야 한다. 이는 단기적으로 관계에 영향을 줄 수 있으나, 장기적으로 신뢰를 형성하는 기반이 된다. 정직성은 개인의 도덕적 자존감을 형성하며, 사회에서 신뢰받는 시민으로 성장하는 데 있어 핵심적인 역할을 한다.

2) 책임감(Responsibility)

책임감은 자신이 한 말과 행동에 대해 결과를 감당하려는 태도다. 이는 실수를 했을 때 변명하거나 회피하는 것이 아니라, 그 결과에 대해 진지하게 반성하고 개선하려는 자세를 포함한다. 윤리지능에서 책임감은 도덕적 선택의 결과에 대한 수용 능력으로 이해된다.

예를 들어, 조별과제에서 맡은 역할을 충분히 수행하지 못한 경우, 그 사실을 숨기거나 남 탓을 하기보다는 먼저 인정하고 추가적인 작업을 자발적으로 수행하는 것이 책임감 있는 행동이다. 또한, 타인의 권리와 자유에 해를 끼쳤을 때, 그것이 의도하지 않은 결과라 하더라도 이를 자각하고 사과하며 보상하려는 태도 역시 책임감의 중요한 표현이다.

책임감은 도덕적 성숙도를 나타내는 지표이기도 하다. 특히 공동체 구성원으로서의 책임을 인식하고, 자신이 맡은 역할을 충실히 수행하는 자세는 세계시민으로 성장하기 위한 기초를 마련해 준다.

3) 연민(Compassion)

연민은 타인의 고통과 어려움에 대해 공감하고, 그것을 줄이기 위해 행동하려는 능력이다. 단순한 동정심이 아니라, 공감 능력을 기반으로 한 적극적인 관심과 행동을 의미한다. 연민은 인간 중심의 도덕성을 구성하는 본질적인 요소 중 하나로, 공동체의 유대를 강화하는 데 기여한다.

예를 들어, 반 친구가 개인적인 사정으로 수업에 자주 결석하고 있다면, 단순히 안타까워하는 데서 그치지 않고, 그 학생에게 필요한 강의 자료를 제공하거나 수업 내용을 설명해 주는 행동이 연민의 실천이다. 이러한 행동은 타인을 이해하고 존중하는 문화를 조성하는 데 중요한 역할을 한다.

연민은 다양한 문화, 인종, 가치관을 지닌 사람들과의 공존을 가능하게 하며, 특히 세계시민으로서 다양한 배경을 가진 사람들을 이해하고 연대하는 능력으로 확장된다.

4) 용서(Forgiveness)

용서는 타인의 실수나 잘못에 대해 이해하고, 그것을 넘어서는 태도다. 이는 단순히 과거를 잊거나 무시하는 것이 아니라, 그로 인해 생긴 감정과 결과를 충분히 성찰한 후에 관계 회복을 시도하는 과정이다. 윤리지능에서의 용서는 도덕적 성장과 사회적 통합을 위한 필수적 요소로 간주된다.

예를 들어, 친구가 실수로 내 개인적인 비밀을 다른 사람에게 말한 경우, 처음에는 분노나 실망을 느낄 수 있지만, 그 친구의 진심 어린 사과와 반성을 받아들이고 관계를 회복하려는 노력이 용서의 표현이다.

용서는 또한 자기 자신을 위한 행위이기도 하다. 미움과 원한에 사로잡혀 있는 상태는 개인의 심리적 안정과 관계의 지속 가능성을 해친다. 반면, 용서를 통해 부정적 감정을 해소하고, 건설적인 관계를 형성하려는 자세는 공동체적 삶의 질을 높이는 데 기여한다.

윤리지능의 네 가지 핵심요소는 각각의 삶의 장면에서 독립적으로 작동할 수 있지만, 실제 윤리적 판단과 행동의 과정에서는 유기적으로 연결된다. 예를 들어, 정직하게 자신의 실수를 인정하고(정직성), 그것에 대해 책임을 지며(책임감), 타인의 상처를 이해하고(연민), 자신이나 타인의 잘못을 받아들이는 자세(용서)가 복합적으로 작용하는 상황이 많다.

윤리지능은 선천적으로 주어지는 능력이 아니라, 다양한 사회적 경험과 교육, 자기 성찰을 통해 계발될 수 있는 역량이다. 따라서 대학생 시기부터 이러한 요소들을 인식하고 실천하려는 노력이 중요하다. 나아가 디지털 사회와 글로벌 시대를 살아가는 세계시민으로서 윤리지능은 개인적 차원을 넘어 공동체와 인류의 지속 가능성을 위한 핵심 자질로 자리매김한다.

Activity

4가지 윤리지능 요소에 대해 자신의 경험을 성찰해 봅시다.
아래 4가지 요소 중 한 가지를 선택하여 성찰하고 토론하는 시간을 가져 봅니다.

1. 진실성(Integrity)

- 나는 최근 솔직하지 못했던 순간이 있는가? 그때 왜 그랬고 결과는 어땠는가?
  예) 과제 제출 기한을 놓쳤지만 "컴퓨터에 오류가 있었다."고 말한 적이 있다.

- 나는 어떤 상황에서 진실을 말하는 것이 어렵다고 느끼는가?
  예) 친구의 발표가 마음에 들지 않았지만 상처받을까 봐 칭찬을 한 적이 있다.

- 일상 속 나의 "진실성"에 대한 성찰

2. 책임감(Responsibility)

- 내가 맡은 역할이나 약속을 지키지 못했던 경험이 있는가? 그때 이유는 무엇이고 어떤 영향을 주었는가?
  예) 조별 과제에 참여하기로 해 놓고 연락을 잘하지 않았던 경험이 있다.

- 책임감 있게 행동한다는 것은 나에게 어떤 의미인가?
  예) 아르바이트에 지각한 후 반성하는 모습을 보이며 사장님께 죄송한 말씀을 전하고 스스로 보상하려 한 경험이 있다.

- 일상 속 나의 "책임감"에 대한 성찰

3. 연민(Compassion)

- 주변 사람들이 힘들어하는 걸 알았지만 도와주지 못했던 경험이 있는가? 그때 내 안에서는 어떤 감정이 있었는가?
  예) 친구가 우울해 보였지만 괜히 부담줄까 봐 모르는 척했다.

- 타인의 고통을 이해하고 도울 때, 나는 무엇을 느끼는가?
  예) 길에서 지갑을 잃어버린 사람을 도와주고 나서 알 수 없는 따뜻한 마음이 들었다.

- 일상 속 나의 "연민"에 대한 성찰

4. 용서(Forgiveness)

- 나를 실망시킨 사람을 아직도 미워하고 있는가? 그 감정은 나에게 어떤 영향을 주는가?
  예) 팀원이 내가 한 작업을 나 몰래 교수님께 본인이 한 것처럼 거짓말을 했는데, 아직도 화가 풀리지 않는다.

- 나 자신을 용서하지 못해 괴로웠던 경험이 있는가?
  예) 시험을 잘 보고 싶은 마음에 컨닝의 욕구를 참지 못했다.

- 일상 속 나의 "용서"에 대한 성찰

3. AI 시대와 윤리지능의 중요성

윤리지능(Ethical Intelligence)은 개인이 옳고 그름을 구별하고, 타인과 공동체를 고려한 판단과 행동을 할 수 있는 능력을 의미한다. 인공지능(AI) 기술이 급속히 발전하고 있는 오늘날, 윤리지능은 단순한 도덕적 감각을 넘어 디지털 기술의 책임 있는 사용과 사회적 영향에 대한 자각으로 확장되고 있다.

AI 시대의 특징은 정보의 양이 방대하고, 판단의 속도가 빠르며, 기술의 중립성을 가장한 결정들이 실제로는 매우 윤리적 판단을 내포한다는 점이다. 예컨대, 알고리즘이 사람의 채용을 결정하거나, 신용도를 평가하고, 범죄 예측 시스템을 운영하는 등의 사례는 모두 기술이 누구를 위한 것인가, 누구에게 어떤 영향을 미치는가를 고려하지 않으면 심각한 사회적 부작용을 초래할 수 있다. 따라서 미래 사회를 살아갈 대학생들은 AI 기술의 사용에 있어서 기술적 역량뿐 아니라 윤리적 판단 능력, 즉 윤리지능이 필수적인 자질이 된다.

1) AI는 중립적이지 않다: 인간의 결정이 투영된 기술

AI는 언뜻 보기에 매우 '객관적인 기술'처럼 보일 수 있다. 하지만 AI는 인간이 만든 데이터와 알고리즘에 기반한 도구로, 의사결정 기준과 우선순위는 인간의 가치관에 따라 달라질 수 있다. 예를 들어, 채용 AI가 이력서를 자동으로 평가하는 시스템을 도입했다고 가정하자. 그런데 과거의 채용 데이터에 특정 학교, 특정 성별, 특정 연령대를 선호하는 패턴이 있었다면, AI는 이를 학습해 차별적인 판단을 반복하게 된다. 이처럼 AI는 기존 사회의 편향을 확대 재생산할 수 있다.

윤리지능은 이러한 문제를 인식하고 기술이 공정하고 포용적인 방향으로 사용되도록 조정할 수 있는 능력이다. 단순히 '기능적으로 잘 작동하는가'가 아니라 '이

기술이 누구에게 어떤 영향을 주는가'를 판단하는 기준이 필요하다.

2) AI 시대의 윤리적 이슈

현재 우리 사회에서는 이미 AI 기술을 둘러싼 윤리적 문제가 발생될 수 있다.

- **챗봇의 혐오 발언**: 일부 AI 챗봇이 장애인, 여성, 특정 지역 사람들에 대한 차별적 발언을 하여 논란이 될 수 있다. 이는 학습된 데이터에 사회적 편견이 그대로 반영되는 결과로 볼 수 있다.
- **딥페이크 기술의 악용**: AI가 사람의 얼굴과 목소리를 흉내 내는 딥페이크 기술은 긍정적 활용(영화, 게임 등)도 있지만, 유명인 합성 음란물, 허위 뉴스 제작 등에 악용되어 심각한 피해를 유발할 수 있다. 이미 사회적으로 딥페이크 기술의 위험을 염려하는 목소리가 높아지고 있다.
- **AI 성적 평가 시스템**: AI를 통해 학생의 성적이나 시험 결과를 예측하자는 의견이 있으나 이는 실제 학생의 잠재력이나 학습 태도는 반영되지 않아 큰 반발이 있을 수 있다.

이러한 사례는 AI 자체의 문제가 아니라, 그 기술을 설계하고 사용하는 사람의 윤리적 판단이 부재할 때 생기는 문제들이다. 윤리지능은 이런 문제를 미리 예측하고 방지하는 중요한 역량이다.

3) 대학생에게 윤리지능이 중요한 이유

대학생은 단순한 기술 사용자나 수동적 소비자가 아니라, 미래의 기술 설계자이자 의사결정자다. AI 기술은 공학, 의학, 경영, 교육, 예술 등 거의 모든 분야에서 활용되고 있으며, 앞으로 어떤 직업을 선택하든 AI와 무관할 수는 없다.

예를 들어, 광고·홍보를 전공한 C학생이 졸업 후 디지털 마케팅 기업에 입사했다고 하자. 상사가 '사용자의 감정을 자극하는 콘텐츠를 AI로 분석해 타깃팅 광고를 하자'고 제안한다. 감정을 자극하는 내용에는 불안, 외모 콤플렉스, 실패 공포 등을 자극하는 문구가 포함되어 있다. 기술적으로 매우 효과적일 수 있지만, 이것이 사회 전체적으로 어떤 영향을 줄까?

윤리지능이 높은 사람이라면 단순히 지시를 따르지 않고, 그 결정이 사람들의 심리 건강에 어떤 해를 끼치는지, 진정한 소비자 신뢰를 얻는 방법은 무엇인지 고민하게 된다.

또한, 대학에서 과제를 수행할 때도 윤리지능은 중요하다. 최근에는 많은 학생들이 AI를 활용해 리포트나 요약문을 작성한다. 하지만 AI가 제공하는 내용이 왜곡된 정보일 수도 있고, 스스로의 사고 없이 결과만 베끼는 것은 학습 효과를 떨어뜨린다. 윤리지능이 있는 학생은 "AI를 활용하더라도 스스로 비판적으로 해석하고 나의 언어로 다시 구성할 수 있는가"를 기준으로 사용 여부를 결정한다.

4) 윤리지능이 잘 발휘되었을 때의 긍정적 영향

AI 시대에 윤리지능이 잘 발휘되면 기술은 인간에게 더 나은 삶을 제공하는 수단이 된다.

- **공정한 사회 구현**: AI가 기존의 사회적 차별과 편견을 줄이는 방향으로 설계될 수 있다. 예컨대, 채용 알고리즘에 다양성과 포용성 요소를 반영하면 기존보다 더 공정한 기회를 제공할 수 있다.
- **심리적 웰빙 증진**: AI 챗봇이나 상담 도우미가 편견 없이 감정을 수용하고 돌볼 수 있는 방식으로 설계된다면, 외로움과 불안을 겪는 사람들이 정서적 안정감을 얻을 수 있다.

- **지속가능한 사회 발전**: 자원 낭비를 줄이고, 환경 영향을 줄이기 위해 AI를 활용하는 과정에서도 윤리지능은 핵심이다. 수익만이 아니라 환경적·사회적 책임을 고려한 기술 선택은 지속가능한 미래를 만든다.

실제 기업 중에서는 AI 개발 과정에 윤리 자문위원회를 설치하고, 사용자 데이터를 활용할 때 투명성과 동의 절차를 강화하는 사례가 늘고 있다. 이는 기술 기업이 단순히 기능을 파는 곳이 아니라, 사회적 책임을 함께 지는 조직이 되어야 한다는 인식이 확대되고 있음을 보여 준다.

AI는 도구이지만, 그 도구를 어떻게 사용하는가는 전적으로 인간의 몫이다. 그렇기에 스스로에게 질문을 던져 보는 것이 필요하다.

"이 기술이 사람의 삶을 더 낫게 만들고 있는가?"

"내가 내리는 판단이 특정 집단에게 불이익을 주고 있지는 않은가?"

"정보를 그대로 받아들이기보다, 그 의미와 배경을 비판적으로 생각하고 있는가?"

이러한 질문은 윤리지능이 작동할 때 자연스럽게 떠오른다. 특히 대학생 시기는 사고력과 가치관이 가장 역동적으로 발달하는 시기이므로, AI 기술에 대한 흥미뿐 아니라 윤리적 고민도 함께 갖는 태도가 필요하다.

AI 시대는 효율과 속도의 시대이기도 하지만, 동시에 사람 중심의 가치와 윤리의식이 더욱 중요해지는 시대다. 기술이 발전할수록 인간만이 가질 수 있는 '옳고 그름에 대한 감각', '타인의 고통에 대한 공감', '미래에 대한 책임감'은 더욱 소중해진다. 윤리지능은 이러한 가치들을 행동으로 옮기게 하는 능력이며, 단지 전문가로서가 아니라 책임 있는 세계시민으로 살아가기 위한 핵심 역량이다.

Activity

"AI가 윤리적 판단을 내려야 할 때, 우리는 어떤 결정을 내릴 수 있는가?"

다음 가상의 상황 중 하나를 선택하여 팀원들과 토론의 시간을 가져 봅니다.

-가상의 상황 1-

한 자율주행차가 갑작스럽게 도로에 뛰어든 5명의 보행자와 충돌할 위기에 놓이다. 차에는 한 명의 승객이 타고 있고, AI는 다음 두 선택지 중 하나를 선택해야 합니다:

선택1: 조향 장치를 돌려 승객 1명은 사망하지만 보행자 5명은 생존

선택2: 조향을 하지 않고 보행자 5명이 사망하지만 승객은 생존

[토론 질문]

Q1. 당신이 프로그래머라면 이 자율주행차에 어떤 결정을 입력하겠습니까?

Q2. '한 사람의 생명'과 '다수의 생명' 중, AI가 기준을 둘 수 있다고 생각하나요?

Q3. 사람이 아니라 AI가 생명을 선택하는 결정을 내리는 것이 가능한가요?

Q4. 윤리적 판단을 AI에게 맡기는 것이 위험한 이유는 무엇인가요?

-가상의 상황 2-

한 유튜버는 AI 이미지 생성 도구로 유명 화가의 그림 스타일을 학습시켜 콘텐츠를 제작합니다. 그 결과 수익이 크게 올랐지만, 해당 화가의 유족과 작가 커뮤니티는 창작권 침해를 주장하며 반발합니다.

[토론 질문]

Q1. AI가 만든 콘텐츠는 창작물일까요? 모방물일까요?

Q2. 원작자의 스타일을 모방한 콘텐츠를 사용하는 것은 윤리적으로 허용될 수 있나요?

-가상의 상황 3-

"가까운 미래 AI 판사가 형사사건을 판결하는 시스템이 일부 국가에 도입되었다."
한 남성이 생계형 절도로 빵을 훔쳤고, AI는 기존 판례와 형량 데이터를 기반으로 '징역 6개월'을 판결하였다. 하지만 인간 판사는 기초생활수급이 끊기고 자녀가 굶고 있었다는 사정을 고려하여 '집행유예와 사회복지 연계'를 권고했다.

[토론 질문]

Q1. AI 판사의 판결은 공정하고 일관성이 있는가?

Q2. 우리는 어떤 판단이 "더 윤리적 판단"이라고 볼 수 있는가?
그 이유는 무엇인가?

4. 세계시민과 윤리지능

기술이 급속히 발전하면서, 인류는 국가와 문화를 초월한 윤리적 과제들에 직면하고 있다. 이러한 변화는 시민으로서의 책임을 지역적 차원을 넘어 전 지구적 관점에서 재정립하도록 요구한다. 특히 정보와 기술의 영향력이 막대한 오늘날, 도덕적 분별력과 책임 있는 판단력은 세계시민에게 필수적인 역량이 되었다. 세계시민성과 윤리적 사고력은 별개의 개념이 아니라 상호 보완적으로 작용하며, 함께 실천될 때 사회적 지속가능성이 가능해진다. 이 장에서는 이러한 관점에서 세계시민과 윤리의식을 연결 짓고, 미래 사회가 요구하는 인간상에 대해 살펴보고자 한다.

1) 새로운 시대의 시민성과 가치 판단의 필요

오늘날 우리는 기술 발전과 글로벌화로 인해 국경을 초월한 문제에 직면하고 있다. 기후 위기, 정보 조작, 소셜미디어의 여론 왜곡, 디지털 불평등, 그리고 인공지능의 자동화 문제 등은 특정 국가나 지역의 문제가 아닌 인류 전체의 과제가 되었다. 이러한 변화는 전통적인 의미의 '시민' 개념을 넘어선 보다 확장된 정체성과 책임감을 요구하고 있으며, 이를 포괄하는 개념이 바로 '세계시민(global citizen)'이다.

세계시민은 단지 다양한 국가나 문화에 관심을 가지는 사람을 의미하지 않는다. 보다 핵심적인 개념은, 보편적인 윤리와 공공선을 중심으로 행동할 수 있는 인식능력과 도덕적 분별력, 그리고 타인과 공동체를 고려하는 삶의 태도이다. 이를 통해 세계시민은 세계 어디서든 사회적 책임을 인식하고, 타인의 인권과 존엄을 존중하며, 공동의 미래를 위한 결정을 내릴 수 있는 사람을 의미한다.

그러나 기술 환경이 복잡하게 얽혀 있는 오늘날, 이러한 가치 판단은 더 이상 직관이나 감정에만 의존할 수 없다. 우리는 다양한 문화와 가치관이 충돌하는 상황 속에서 판단을 내리게 되고, 또 AI와 같은 비인간적 요소가 사회적 결정을 보조하거나 대체하기도 한다. 이처럼 복합적이고 예측 불가능한 시대에 필요한 세계시민의 역량은 무엇보다도 도덕적 사고와 실천을 위한 내면의 기준을 확립하는 데 있다. 이것이 바로 윤리를 중심으로 한 시민성의 핵심이며, 이를 체화하는 능력이 윤리지능과 연결된다.

2) 도덕적 민감성과 글로벌 상호작용

국제사회에서 벌어지는 많은 갈등은 문화적 차이뿐 아니라, 상대방의 입장이나 감정을 헤아리지 못한 데서 비롯되곤 한다. 예컨대, 다국적 기업이 특정 지역에서 자원을 개발할 때 지역 주민의 동의 없이 사업을 추진하거나, 기술 플랫폼이 개발도상국의 데이터를 수집하면서도 이를 투명하게 공개하지 않는 문제들은 단순한 제도적 허점이 아니라 윤리적 감수성의 부재에서 기인한다.

세계시민은 다양한 배경을 가진 사람들과의 상호작용 속에서 타인의 관점을 이해하고, 사회적 맥락에 따른 도덕적 문제를 인식할 수 있는 능력을 필요로 한다. 이는 단순히 '옳고 그름'을 따지는 차원을 넘어, 특정 행동이 가져올 영향과 그 영향을 받는 사람들의 관점을 함께 고려할 수 있는 능력이다. 이러한 통합적 사고력은 다양한 문화권에서 공통된 기준을 적용하려 할 때 필연적으로 마주치는 윤리적 딜레마를 보다 성숙하게 다룰 수 있게 해 준다.

특히 SNS나 온라인 커뮤니티를 통해 국경을 넘는 커뮤니케이션이 활발한 지금, 말 한마디의 영향력은 전통적 오프라인 환경보다 훨씬 빠르게, 더 넓게 확산된다. 누군가에겐 재미있는 콘텐츠가 누군가에겐 차별적 폭력이 될 수 있으며, 정치적 발언은 예상치 못한 사회적 파장을 낳기도 한다. 이럴 때 필요한 것은 단지 정보에 대한 접근이 아니라, 그것을 어떻게 사용하고 전달할지에 대한 판단력이다.

3) 책임 기반 사고와 자율적 선택

세계시민으로 살아가기 위해서는 단지 '지식'이나 '도덕적 태도'를 갖는 것만으로는 부족하다. 실제 상황에서 주체적으로 고민하고, 선택하며, 그 결과에 책임질 수 있는 성숙한 사고력이 필수적이다. 이러한 사고는 '남들이 하니까' 또는 '시스템이 그렇게 하니까'에 기대는 것이 아니라, 자신만의 원칙과 기준을 세워 행동하는 힘을 기반으로 한다.

현대사회는 수많은 선택지를 제공하고 있다. 가짜 뉴스의 확산, 알고리즘의 조작 가능성, 편향된 정보 전달은 이미 사회문제로 지적되고 있으며, 이에 대한 대응은 각 개인의 윤리적 책임에 달려 있다. 예를 들어, AI가 추천한 정보를 무비판적으로 수용하는 것이 아니라, 그 정보가 누구의 이익을 대변하고 있으며 어떤 논리로 구성되었는지를 성찰하는 시선이 필요하다.

또한, 세계시민은 지역사회에서 벌어지는 일에도 관심을 가져야 한다. 우리가 사용하는 전자기기의 배터리에 들어가는 광물이 아동 노동으로 채굴되었다는 사실, 또는 특정 앱이 사용자 정보를 부당하게 수집한다는 문제에 대해 아무런 문제의식을 갖지 않는다면, 우리는 의도치 않게 불공정한 구조에 가담하고 있는 셈이다. 여기서 중요한 것은 '내가 직접 행동에 나설 수 있는 부분'이 무엇인지를 고민하고 실천으로 옮길 수 있는 능력이다.

4) 미래 사회에서 요구되는 리더십

미래의 사회는 단순한 기술 역량보다도 공정하고 지속 가능한 결정을 내릴 수 있는 인성 기반의 판단 능력을 더욱 요구할 것이다. 특히 AI, 바이오기술, 로봇 등 새로운 기술이 인간의 삶에 깊이 개입하게 되면서, 그러한 기술을 관리하고 조율하는 사람들의 윤리적 성숙도는 그 어느 때보다 중요한 문제가 된다.

많은 글로벌 기업들이 기술 개발 단계에서 윤리 검토 과정을 필수화하고, 비윤리적 결정이 기업 이미지와 사회적 신뢰에 미치는 영향을 우려하여 '윤리 자문위원회' 등을 구성하고 있다. 이와 같은 움직임은 단순한 홍보 차원을 넘어, 미래 사회에서 요구되는 리더의 핵심 자질이 '도덕적 판단력'임을 인식하고 있다는 증거다.

대학생 역시 미래의 리더가 될 존재로서, 단지 성적이나 스펙을 쌓는 것을 넘어 공공의 이익을 고려한 사고와 도덕적 영향력을 고민하는 자세를 길러야 한다. 그것이 바로 세계시민이 갖춰야 할 리더십의 기반이며, 이러한 역량은 윤리적 판단과 실천 사이의 일관성을 갖는 훈련을 통해 발전시킬 수 있다.

5) 나를 넘는 사고, 함께 살아가는 존재로서의 성장

윤리를 기반으로 한 시민성은 개인의 성찰을 넘어 공동체와의 관계를 통해 실현된다. 윤리적 판단은 타인의 입장을 고려할 때 더욱 구체적이고 실효성 있는 의미를 갖는다. 세계시민으로서 살아간다는 것은 결국, '내가 어떤 존재로 살 것인가'에 대한 자기 인식과, '함께 살아가는 사람들과 어떤 관계를 맺을 것인가'에 대한 타자 인식의 조화라고 할 수 있다.

지속가능한 사회, 평등한 관계, 상호 책임, 사회적 신뢰 등은 모두 세계시민으로서의 책임 있는 행동이 쌓여 만들어지는 결과물이다. 윤리를 중심으로 사고하고, 그 사고를 행동으로 옮기는 능력은 학문이나 제도만으로는 형성되지 않는다. 일상의 작은 선택, 다양한 타인과의 관계 속에서 나의 기준을 점검하고 조정해 나가는 과정이 곧 윤리지능을 실천하는 방식이다.

이처럼 세계시민성과 윤리적 판단 능력은 분리된 개념이 아니라, 서로 긴밀하게 맞물려 있는 핵심 역량이다. 급변하는 시대일수록 우리는 더 명확한 도덕적 나침반이 필요하며, 이는 개인의 사고력과 함께 공동체적 책임의식 속에서 자라난다. 세계시민으로 살아가는 우리는 바로 이 윤리적 자각을 바탕으로 보다 나은 사회를 만들어 갈 수 있다. 이는 단지 이상이 아니라, 지금 여기에서 실천할 수 있는 구체적인 삶의 방식이다.

Activity

1. 아래 키워드를 활용해서 인공지능 윤리에 대한 나의 생각 정리하기

인간 / 사회 / 개인정보 보호 / 다양성 존중 / 책임성 / 공정성 / 투명성
데이터 관리 / 편향 최소화 / 차별 금지 / 윤리 기준 / 비판적 사용

* "~해야 한다." 형식으로 우리의 윤리 기준 리스트를 작성해 보세요.

1) 개인정보를 안전하게 보호해야 한다.
2) 차별하지 않고 모든 사람들에게 공정해야 한다.
3) 판단 근거를 투명하게 공개해야 한다
4) 인간의 통제를 받아 도구로써 사용되어야 한다.
5) 윤리 기준을 잘 따라서 만들어야 한다.

6) ______________________________

7) ______________________________

8) ______________________________

9) ______________________________

10) ______________________________

출처: 디지털 윤리 "인공지능 윤리기준" (한국방송통신 위원회, NIS 한국지능정보사회진흥원).

지금 우리가 살아가는 세상은 빠르게 변하고 있고, 그만큼 우리의 선택과 태도는 점점 더 중요해지고 있다. 이 변화의 시대 속에서 진정한 세계시민으로 살아가기 위해 반드시 필요한 자질은 "윤리지능"이다.

윤리지능은 올바른 판단과 행동을 가능하게 하는 도덕적 통찰력이다. 이 두 가지는 지식이나 기술만으로는 결코 대신할 수 없는, 사람됨의 본질을 말한다.

세계시민은 단지 국경을 넘나드는 사고를 가진 사람만을 의미하지 않는다. 모든 생명과 공동체에 대해 책임감을 느끼고, 공정함과 배려를 바탕으로 행동할 수 있는 인격적 존재를 뜻한다.

AI 기술과 디지털 문명이 발전할수록 우리는 더 깊은 인간다움, 더 높은 윤리적 기준을 요구받고 있다. 그 중심에는 인성과 윤리지능이 놓여 있다.

이제 우리 각자가 스스로 묻고 답할 차례이다.

"나는 누구이며, 어떻게 살아갈 것인가, 그리고 무엇을 위해 행동할 것인가."

이 질문에 성찰과 책임, 공감과 연대로 답할 수 있는 사람, 바로 그런 사람이 미래를 이끄는 세계시민이 될 수 있다.

수업을 정리하며 Closing

1. 앞으로 윤리적 판단이 필요한 상황이 오면 나는 어떤 기준으로 판단하고 행동할 것인가?

2. AI 시대와 디지털 기술이 발달하고 있는 사회에서 우리가 특별히 주의하거나 실천하고 싶은 윤리적 태도에 대해서 토론해 봅시다.

3. 세계시민으로서 내가 일상 속에서 실천할 수 있는 작지만 의미 있는 윤리적 행동은 무엇일까?

CHAPTER

09

인성과 책임감

오늘 우리의 학습 목표

1. 책임감의 개념과 인성과의 관계를 이해하고 일상생활 속 책임감이 필요한 상황을 성찰할 수 있다.
2. 현대 사회와 세계시민으로서 요구되는 책임 있는 태도를 이해할 수 있다.
3. 공동체 안에서 책임감을 바탕으로 한 의사결정과 행동을 실천할 수 있는 역량을 기른다.

수업을 시작하기 전 Warming-up

1. 최근에 내가 책임지거나, 회피했던 경험이 있다면 무엇일까요?

2. 책임감은 타고 나는 걸까요? 길러지는 걸까요? 책임감이 강하다는 것은 어떤 모습일까요?

3. "자유"와 "책임"은 어떤 관계가 있다고 생각하나요?

1. 책임감의 정의

책임감이란 라틴어 'respondere'에서 유래된 것으로 법적인 개념으로 사용되었고, 이는 개인의 행위에 대해 의도했든 의도하지 않았든 맡아서 할 의무나 임무를 의미한다. 나아가 책임감(責任感)이란 맡아서 해야 할 의무나 임무를 소중히 여기고 최선을 다해 실행하려는 마음가짐이다. 이는 실제로 자신과 타인, 도덕적, 법적 책임감 등을 말한다.

또한 책임감이란 자신이 맡은 역할이나 의무를 인식하고, 그에 따른 결과를 회피하지 않으며 성실히 수행하려는 태도를 말한다. 단순히 주어진 규칙을 지키는 데 그치는 것이 아니라, 자신의 행동이 타인과 공동체에 미치는 영향을 고려하고, 그 결과를 스스로 감당하겠다는 자발적인 의지를 포함한다. 이는 도덕성과 자기조절력을 바탕으로 한 인격적 특성으로 이해할 수 있다.

책임감은 자율성과 깊은 관련이 있다. 타인의 강요나 외부 압력이 아니라 스스로의 판단에 의해 결정한 행동에 책임을 지려는 자세가 바로 책임감이다. 따라서 책임감 있는 사람은 자기 행동의 원인과 결과를 외부로 돌리지 않고, 문제 발생 시 회피하거나 변명하지 않으며, 스스로 성찰하고 문제를 해결하려는 태도를 지닌다. 이는 단순히 실수를 피하거나 처벌을 두려워해서가 아니라, 내면의 도덕적 기준에 따라 행동하려는 자세에서 비롯된다.

책임감은 일상생활에서도 다양하게 나타난다. 예를 들어, 과제를 정해진 기한 내에 성실히 제출하거나, 친구와의 약속을 지키는 것, 팀 프로젝트에서 맡은 역할을 끝까지 수행하는 것 모두 책임감 있는 행동의 사례다. 이러한 행위들은 개인의 신뢰성을 높이고, 공동체 내에서의 원활한 관계 형성과 지속 가능성을 보장하는 기반이 된다.

책임감에는 다양한 역량을 필요로 한다. 그중에서도 정서적 요소인 공감과 소속감, 도덕적 요소인 양심, 사회적 행동 요소인 참여와 실천이 대표 역량으로 볼 수 있다.

1) 정서적 요소(공감, 소속감)

공감은 타인의 감정을 인지하고 이해하며, 그 감정을 함께 느끼는 능력으로, 사회적 관계 형성에 매우 중요한 역할을 한다. 책임감의 정서적 기반이 되는 공감 능력은 단순한 감정이입을 넘어 타인의 입장에서 상황을 해석하고, 그에 따른 도덕적 판단을 가능하게 한다. 예를 들어, 친구가 어려움에 처했을 때 그 감정을 이해하고 도움을 주려는 마음이 공감에 해당한다.

소속감은 자신이 특정 집단이나 공동체의 일원임을 느끼는 정서적 경험으로, 공동체의 가치와 규범을 내면화하고 책임감을 자발적으로 수행하게 만든다. 소속감이 강할수록 개인은 공동체를 위해 자신의 역할을 성실히 수행하고, 사회적 의무를 다하려는 태도를 갖게 된다.

2) 도덕적 요소(양심)

양심은 내면화된 도덕적 기준으로서, 개인이 자신의 행동을 옳고 그름의 잣대로 평가하고 스스로를 규제하는 역할을 한다. 이는 단순히 외부의 규칙이나 명령에 따르는 것을 넘어서, 자기 자신에 대한 도덕적 책임감과 자율적 실천 의지를 포함한다. 양심은 성장 과정에서 다양한 경험과 사회적 상호작용을 통해 형성되며, 특히 가족과 학교, 또래 집단 내에서의 도덕적 대화와 갈등해결 경험이 중요하다.

예를 들어, 친구에게 거짓말을 했을 때 느끼는 죄책감은 양심이 작동하는 한 사례이다. 대학생이 되면서 스스로의 행동과 결정에 대해 내적 비판과 반성을 할 수 있는 능력이 강화되고, 이는 곧 책임감 있는 행동으로 이어진다.

3) 사회적 행동 요소(참여, 실천)

책임감은 머릿속에서만 머무는 것이 아니라 구체적인 사회적 행동과 실천으로 연결되어야 완성된다. 사회적 행동 요소는 공동체와 사회에 대한 책임감을 실제 행동으로 표현하는 능력을 말한다. 이는 자원봉사, 환경 보호, 공공장소에서의 질서 준수, 사회적 약자에 대한 배려 등 다양한 형태로 나타난다.

UNESCO 한국위원회(2015)는 세계시민교육에서 책임감을 '공동의 미래를 위한 적극적 참여와 윤리적 실천'으로 정의하며, 학생들이 자신이 속한 지역 사회뿐 아니라 지구촌의 문제에 관심을 가지고 행동할 것을 권장한다. 예를 들어, 플라스틱 사용 줄이기 캠페인에 참여하거나 지역사회 봉사활동에 나서는 행동이 이에 해당한다. 이러한 참여 경험은 책임감이 단순한 추상적 개념이 아니라 현실에서 실천 가능한 덕목이 될 수 있다.

Activity

지금 나는 책임감 있는 행동을 하고 있나요?

Q1. 내가 지금 맡고 있는 역할 또는 책임은 무엇인가요?
(예: 조별과제 팀장, 동아리 활동, 아르바이트 근무, 친구들과의 약속)

Q2. 그 역할에서 내가 책임감을 다했다고 말할 수 있는 이유는 무엇인가요?
(예: 감기 기운으로 몸이 좋지 않았지만 일단 아르바이트 출근을 했다. 사장님께 양해를 구하고 조금씩 쉬어 가면서 일을 마무리했다.)

Q3. 최근 '책임감 있게 행동하지 못했다'고 느낀 순간은?
그때 나는 어떤 선택을 했고, 왜 그랬을까요?
(예: 게임을 하다가 늦게 잤는데, 다음 날 약속시간을 지키지 못하고 잠들었다. 친구들에게 전화를 해서 사과의 말을 전했다. 잘못한 행동에 진심으로 사과해야 한다고 생각했다.)

2. 개인적 책임과 사회적 책임

1) 개인적 책임의 정의와 의미

“대학생 A는 자신의 학업 계획을 스스로 세우고, 매일 공부 시간을 관리한다. 시험과 과제 제출 마감일을 철저히 지키며, 학습 태도와 생활습관 개선을 위해 노력한다. 이런 태도 덕분에 좋은 성적을 받고 자기 효능감도 높아졌다.”

개인적 책임은 자신이 맡은 역할과 의무에 대해 스스로 인식하고, 자신의 행동에 대해 결과를 감수하는 태도이다. 이는 자기 관리, 정직성, 시간 준수, 자기 발전 등 일상생활과 학업, 직장 등 개인 차원에서 요구되는 행동과 태도를 포함한다. 심리학에서는 개인적 책임이 자기 통제력(self-regulation)과 밀접하게 연결되며, 이는 목표 달성이나 문제 해결 능력 향상에 중요한 역할을 한다.

개인적 책임은 자아 존중감과도 연관된다. 자신이 한 행동에 대해 책임질 때 자존감이 높아지고, 이는 자기효능감(self-efficacy) 향상으로 이어진다. 예를 들어, 대학생이 시험 공부를 미루지 않고 계획적으로 수행하여 좋은 성적을 얻었다면, 자신의 노력과 선택에 대해 스스로 긍정적 평가를 할 수 있다. 반대로, 책임을 회피하고 부정행위를 한다면, 일시적 성과를 얻을지라도 장기적으로는 신뢰 상실과 자기 불신으로 이어진다.

또한 개인적 책임은 실패와 실수에서 배우는 태도와도 깊은 관련이 있다. 자신의 실수를 인정하고 반성하는 과정은 성장의 중요한 밑거름이다. 한 예로, 과세 제출을 늦게 하거나 학업 계획을 제대로 세우지 못한 경우, 그 결과를 스스로 받아들이고 다음에는 어떻게 개선할지 계획을 세우는 것이 개인적 책임의 실천이다.

이렇듯 개인적 책임은 자신의 삶을 주도적으로 관리하며 성장하는 데 필수적인 심리적 태도이자 행동 양식이다.

2) 사회적 책임의 정의와 의미

"대학생 B는 학교 동아리에서 환경 보호 캠페인을 주도하며, 캠퍼스 내 재활용 분리수거를 알리는 활동을 한다. 또한 지역사회 봉사활동에도 참여해 사회적 약자를 돕고 있다. 이런 활동을 통해 공동체 의식을 키우고, 자신의 행동이 사회에 미치는 영향을 깊이 인식하게 되었다."

사회적 책임은 개인이 속한 공동체나 사회 전체에 대해 도덕적, 법적, 윤리적으로 자신이 맡은 역할을 인식하고, 공동의 이익과 질서 유지를 위해 행동하는 것을 말한다. 예를 들어, 공공질서 준수, 환경 보호, 자원봉사 참여, 인권 존중 등이 사회적 책임에 해당한다. 교육학적 관점에서 사회적 책임은 공동체 의식을 강화하고 민주 시민으로서의 역할 수행을 돕는 핵심 역량으로 간주된다.

사회적 책임은 단순한 법적 의무 이외에도 도덕적 · 윤리적 차원을 포함하며, 이는 타인을 배려하고 사회 문제에 적극 참여하는 태도를 뜻한다. 예컨대, 최근 대학가에서 늘어나는 환경 문제에 관심을 갖고 '제로 웨이스트(zero waste)' 캠페인에 참여하는 학생들은 개인의 행동이 사회에 긍정적 영향을 미칠 수 있음을 인식하고 실천하는 사회적 책임의 좋은 사례이다.

또한 사회적 책임은 지역 사회뿐 아니라 글로벌 공동체에도 확장된다. 예를 들어, 기후 변화 문제 해결에 동참하는 것이나 국제 인권 문제에 목소리를 내는 것 역시 사회적 책임의 일부이다. 대학생들은 다양한 사회적 이슈에 대해 비판적으로 사고하고, 자신의 역할을 고민하며 행동하는 과정을 통해 성숙한 시민으로 성장한다.

사회적 책임은 공동체와의 연대감, 상호존중, 공익을 위한 협력 정신을 내포하며, 이는 민주사회에서 건강한 시민의 기본 덕목이다.

3) 개인적 책임과 사회적 책임의 연계성

“대학생 C는 전공 공부에 집중하면서도 학교 내 학생회 활동에 적극 참여한다. 학기 중에는 시험 준비와 과제 제출에 만전을 기해 개인적 책임을 충실히 수행한다. 동시에 학생회 임원으로서 학우들의 목소리를 대변하고, 하내 정책 개선을 위해 다양한 의견을 수렴하고 조정하는 사회적 책임을 수행한다.”

개인적 책임과 사회적 책임은 별개의 개념이지만 상호 보완적이며, 균형을 이루어야 한다. 개인이 자신의 삶을 책임지지 못하면 사회적 책임 수행도 어렵고, 반대로 사회적 책임만 강조하면 개인의 자율성과 권리가 침해될 위험이 있다.

대학생 시기에는 자신의 학업과 생활을 스스로 관리하는 개인적 책임과 더불어, 동아리, 지역사회, 학교 행사 등 사회적 활동에 참여해 공동체 발전에 기여하는 사회적 책임을 함께 성장시키는 것이 중요하다.

예를 들어, 한 학생이 학업에만 몰두하여 개인적 책임은 잘 지키지만, 사회적 책임을 무시하고 공동체 행사에 불참하거나 주변 사람들을 배려하지 않는다면, 그 학생의 사회성이나 협동 능력은 떨어질 수 있다. 반대로, 사회적 책임에만 치우쳐 개인적 삶이 방치되면 자기관리가 어렵고 장기적으로 자존감 저하나 스트레스가 쌓일 수 있다.

또한, 개인적 책임을 잘 수행하는 경험이 쌓이면 자연스럽게 사회적 책임에도 긍정적 영향을 미친다. 예를 들어, 자기 시간 관리 능력이 뛰어난 학생은 학교 자치회 활동이나 지역사회 봉사 활동에도 적극 참여할 여유와 준비가 된다. 이처럼 개인적 책임과 사회적 책임은 서로를 강화하는 선순환 구조로 이해할 수 있다.

이 두 책임의 균형을 맞추기 위해 자기 성찰과 실천을 지속하며, 다양한 경험을 통해 점차 성숙한 시민으로 성장해 나가야 한다.

Activity

"이것은 개인적 책임일까? 우리 모두의 책임일까?"
"이건 나의 개인적 책임이라고 생각하나요, 아니면 사회적 책임인가요?
혹은 둘 다 해당된다고 느끼나요?"

Q1. 지하철 좌석에 가방을 올려놓고 친구와 통화 중인데, 주변에 서 있는 사람이 많다.

Q2. 조별과제 중 팀원이 제시간에 자료를 안 보내서 전체 일정이 밀렸다.

Q3. 길에 떨어진 플라스틱 컵을 보았지만, 내 것이 아니기에 지나쳤다.

Q4. 알바 시간보다 5분 늦게 도착했지만 매장은 한산했다.

Q5. 온라인 댓글창에서 누군가를 비방하는 글을 읽고도 그냥 넘겼다.

– 책임감은 내 몫을 다하는 개인적 태도에서 출발하지만, 그 태도가 공동체 안에서 어떤 파장을 만드는지 인식하는 순간, 사회적 책임감으로 확장된다. –

3. 책임감 실천의 어려움과 성장방법

1) 책임을 회피하게 되는 심리적·사회적 이유

책임을 회피하는 심리적 · 사회적 이유는 다양하다. 심리적으로는 '책임을 지면 실패할 수도 있다'는 두려움이 가장 크게 작용한다. 실패에 대한 두려움은 자존감과 직결되어 있기 때문에, 실패를 인정하는 것은 자신의 가치가 떨어지는 것처럼 느껴진다. 예를 들어, 시험 준비를 게을리한 학생이 낮은 점수를 받을까 봐 시험을 포기하거나, 팀 프로젝트에서 의견 충돌을 피하기 위해 자신의 역할을 소극적으로 수행하는 경우가 있다. 이러한 행동은 자신의 불안을 줄이려는 방어기제의 일환이다.

사회적 요인도 책임감 회피에 큰 영향을 미친다. 집단 내에서 책임을 분산시키는 경향(책임 분산 효과)이 나타나면 개인은 자신이 맡은 부분에 대한 책임감을 느끼기 어려워진다. 예를 들어, 대규모 행사 준비 시 '누군가 하겠지'라는 생각에 각자가 적극적으로 역할을 수행하지 않는 경우가 많다. 또한, 사회나 조직 내에서 무책임한 행동이 반복되거나 처벌받지 않는 환경은 책임감 실천 의지를 약화시킨다. 공공장소에서 쓰레기를 버리는 일이 자주 발생해도 이를 지적하거나 고치려는 노력이 적은 것도 비슷한 현상이다.

이러한 심리적 · 사회적 장벽을 극복하기 위해서는 실패를 자연스러운 성장 과정으로 받아들이는 태도가 필요하다. 실패를 두려워하지 않고, 도전과 학습의 기회로 인식하면 책임감을 더 쉽게 실천할 수 있다. 또한, 역할 분담과 소통이 원활한 팀 문화 조성이 중요하다. 서로의 역할을 명확히 하고, 책임을 공유하며 격려하는 분위기는 개인의 책임감 발달을 돕는다. 학교에서는 책임감을 기르는 다양한 프로그램과 토론, 실습 기회를 제공해 학생들이 직접 경험하고 성장할 수 있도록 지원해야 한다.

이처럼 책임감은 단순한 개인적 태도를 넘어 심리적 안정감과 건강한 사회문화 환경이 뒷받침될 때 더욱 효과적으로 발휘될 수 있다. 학생들은 스스로 책임을 인식하고, 작은 실천부터 시작하여 점차 자신감을 키워 나가야 한다. 이를 통해 개인뿐만 아니라 공동체와 사회에 긍정적인 영향을 미치는 성숙한 시민으로 성장할 수 있다.

2) 책임감을 기를 수 있는 구체적 실천 전략

책임감은 단번에 형성되는 능력이 아니며, 꾸준한 노력과 경험을 통해 서서히 성장하는 인격적 덕목이다. 따라서 일상생활 속에서 작고 구체적인 실천부터 시작하는 것이 중요하다. 예를 들어, 대학생이라면 과제 제출일을 엄수하는 것, 수업 시간에 지각하지 않고 출석하는 것과 같은 기본적인 자기관리 습관이 책임감의 출발점이 될 수 있다. 이러한 작은 약속을 지키는 경험이 반복되면서 자기 주도성과 신뢰감을 쌓아 간다. 또한, 친구와의 약속을 정할 때도 단순히 '참석하기'에 그치지 않고, 만남 준비나 역할 분담에 적극적으로 임하는 태도는 공동체 속에서의 책임감을 높이는 구체적인 실천 방법이다.

책임감 성장을 위해 반드시 필요한 과정 중 하나가 '자기 성찰'이다. 자신이 맡은 역할과 그 결과에 대해 주기적으로 돌아보는 시간을 갖는 것이다. 예를 들어, 프로젝트가 끝난 후 '내가 맡은 부분을 얼마나 성실히 수행했는가?', '어떤 점에서 부족했으며 다음에는 어떻게 개선할 수 있을까?'와 같은 질문을 스스로에게 던져 보는 것이다. 이러한 성찰 과정은 자기 효능감을 높이고, 향후 행동에 대한 계획과 동기 부여로 이어져 책임감이 내면화되는 데 기여한다.

사회적 책임감 실천을 위해서는 집단 내에서의 적극적인 참여와 협력이 필수적이다. 동아리, 학회, 봉사단체 등 다양한 학교 내외 활동에 참여하여 공동의 목표를 위해 협력하는 경험을 쌓는 것이 효과적이다. 예를 들어, 동아리 내 행사 기획을 맡아 준비부터 실행까지 주도적으로 참여하는 과정에서 자신의 역할에 책임감을 갖게 된다. 또한, 어려움이 발생했을 때 문제를 혼자서 감당하려 하지 않고, 팀원에게 도움을 요청하거나 함께 해결책을 모색하는 태도 역시 책임감 실천의 중요한 요소이다. 이는 단지 개인의 역할 수행에 그치지 않고, 공동체 내에서 상호 의존성을 인식하고 존중하는 사회적 책임의 확대를 의미한다.

학교에서는 이러한 책임감 향상을 위해 다양한 실습 중심의 교육 프로그램에 참여하는 것도 좋은 방법이다. 예를 들어, 봉사활동, 리더십 워크숍, 팀 프로젝트, 토론 및 역할극 등의 활동은 학생들이 책임감 실천 경험을 쌓고, 실패와 성공의 경험을 통해 성장할 수 있는 기회를 제공한다. 반복적인 경험 속에서 책임감은 단순한 의무감에서 벗어나 자발적인 내적 동기와 습관으로 자리 잡게 된다.

이처럼 책임감은 일상에서의 작은 약속 준수, 자기 성찰, 공동체 내 적극적인 참여와 협력, 그리고 다양한 실천 경험의 누적을 통해 점차 성장하는 역동적인 역량이다. 학생이 할 수 있는 책임감 훈련을 통해 개인의 성장뿐 아니라 사회적 성숙까지 이룰 수 있으며, 이는 앞으로의 학업과 사회생활, 그리고 세계시민으로서의 역할 수행에 큰 밑거름이 된다.

3) 실패 경험 속에서 배우는 책임

책임감은 단순히 성공할 때만 발휘되는 것이 아니라, 실패와 좌절을 경험하는 순간에도 더욱 깊어지고 단단해진다. 책임을 진다는 것은 자신이 맡은 일에 대해 끝까지 책임지는 자세를 의미하지만, 이 과정에서 반드시 성공만 있지는 않다. 오히려 실패와 실수는 책임감이 성장할 수 있는 중요한 학습 기회가 된다. 실패를 두려워하거나 숨기려 할 때 오히려 책임 회피로 이어질 수 있으므로, 실패를 적극적으로 인정하고 문제를 직시하는 태도가 필요하다.

실패를 통한 책임감 학습은 '성장 마인드셋(Growth Mindset)' 이론과 연결된다. 미국 스탠퍼드 대학의 심리학자 캐롤 드웩(2006)은 사람의 능력은 고정된 것이 아니라 노력과 경험을 통해 성장할 수 있다는 '성장 마인드셋'을 강조했다. 이 관점에서 실패는 능력의 한계를 의미하는 것이 아니라, 더 나은 방향으로 나아가기 위한 배움의 기회로 받아들여진다. 책임감도 마찬가지로, 실패 상황에서 자신의 역할과 행동을 반성하고 개선 방안을 찾으려는 태도가 책임의식을 강화한다.

예를 들어, 대학에서 팀 프로젝트를 진행하다가 예상치 못한 문제로 기한을 넘기거나 결과물이 기대에 미치지 못했다고 하자. 이때 '내가 잘못했으니 책임져야 한다'는 부담에 눌려 문제를 숨기거나 남에게 책임을 전가하는 대신, 팀원들과 함께 원인을 분석하고 해결책을 찾는 과정은 책임감 실천의 핵심이다. 자신이 맡은 부분에서 부족했던 점을 인정하고, '다음에는 어떻게 해야 할지' 구체적인 계획을 세우는 경험은 책임감의 성장에 매우 중요하다. 이런 과정은 자기 주도성과 도덕적 성찰 능력을 키우고, 팀 내 신뢰를 쌓는 데 큰 도움이 된다.

또한, 실패 경험은 '자기효능감(Self-efficacy)'을 높이는 데 기여한다. 심리학자 알버트 반두라는 자기효능감이론(1977)을 '어떤 과제를 성공적으로 수행할 수 있다는 자신의 믿음'으로 정의했다. 실패를 통해 '내가 할 수 없다'는 생각을 버리고, '이번에는 부족했지만 더 노력하면 할 수 있다'는 긍정적 신념을 가지는 것이 중요하다. 이는 책임감을 실천하는 동기부여가 되고, 앞으로 어려운 상황에서도 책임을 회피하지 않고 맞설 수 있는 힘이 된다.

실패 경험을 책임감 학습으로 연결하는 데는 가족, 교사, 친구 등 주변 사람들의 지지와 격려가 큰 역할을 한다. 실패했을 때 비난보다는 이해와 도움을 받으면, 책임을 긍정적인 태도로 받아들일 수 있다. 반대로 지나친 비판이나 무관심은 책임감 저하와 무책임한 태도를 부추길 수 있다. 따라서 대학생 시기에는 실패를 포함한 모든 경험을 성장의 기회로 삼고, 스스로의 행동에 대해 솔직하게 성찰하는 자세가 필요하다.

결론적으로, 책임감은 실패를 두려워하지 않고 이를 자기 성장의 발판으로 삼는 태도에서 더욱 견고해진다. 실패 상황을 회피하지 않고, 그 속에서 자신의 역할을 인식하고 개선하려는 노력이 책임감 실천의 핵심이다. 대학생들은 이러한 경험을 통해 책임 있는 성인으로서 자기 주도적 삶을 살아가는 데 필요한 역량을 키울 수 있다. 실패는 좌절이 아닌, 더 나은 미래를 위한 밑거름임을 잊지 말아야 한다.

Activity

"책임감 있는 실천 전략 TO - DO - LIST"

자신의 책임감을 개인, 관계, 사회적 측면에서 구체적으로 실천할 수 있도록 돕는 전략적 체크리스트이다.

매일 또는 매주 체크리스트를 통해 나 자신의 책임감을 점검하는 시간을 가져 봅니다.

	실천항목	체크 (✓)
자기관리 책임감 (개인 영역)	오늘 해야 할 일을 아침에 목록으로 정리했다.	
	미루고 싶었던 일 한 가지를 끝까지 해냈다.	
	늦잠이나 지각 없이 정해진 시간에 행동했다.	
	나의 실수나 결과에 대해 변명 없이 인정했다.	
	계획했던 일정을 스스로 점검하고 조정했다.	
관계 책임감 (대인관계 영역)	약속한 시간과 장소를 정확히 지켰다.	
	타인과의 갈등이나 오해를 피하지 않고 대화로 풀었다.	
	나의 말과 행동이 타인에게 미칠 영향을 고려했다.	
	팀 프로젝트나 과제에서 맡은 역할을 성실히 수행했다.	
	누군가에게 폐를 끼친 일이 있다면 사과하거나 설명했다.	
사회적 책임감 (공동체 영역)	쓰레기를 분리수거 하거나 길거리에 떨어진 쓰레기를 주웠다.	
	온라인 커뮤니티나 SNS에서 혐오/비난글에 침묵하지 않았다.	
	사회문제(환경, 인권, 빈곤 등)에 관심을 갖고 관련 콘텐츠를 찾아보았다.	
	자원봉사나 캠페인 등 지역사회 활동에 참여했다.	
	공공장소에서 타인을 배려하는 행동을 실천했다.	

4. 세계시민과 책임감

1) 세계시민으로서 책임감

"2023년, 호주 북부의 퀸즐랜드주와 노던 테리토리 지역에서는 기록적인 규모의 산불이 발생하였다. 이 산불은 약 8400만 헥타르의 면적을 태우며, 2019~2020년 '블랙 서머' 산불보다 8배 이상 큰 규모였다. 이러한 대규모 산불은 기후변화로 인한 극단적인 날씨 조건과 연료의 과잉 축적이 주요 원인으로 지목되었다. 특히, 라니냐 현상으로 인한 강우 후 건조한 조건이 산불의 확산을 촉진시켰다.

이러한 상황에서 지역 주민들은 자발적으로 소방 활동에 참여하며 공동체의 안전을 지키기 위한 노력을 기울였다. 예를 들어, 퀸즐랜드주 아카디아 밸리 지역의 주민들은 외부 지원 없이 자체적으로 소방 활동을 펼쳤으며, 원주민 전통의 '쿨 버닝(cool burning)' 기법을 활용하여 산불의 확산을 막는 데 기여하였다."

* '쿨 버닝(cool burning)'은 산불을 예방하기 위해 숲속에 쌓인 마른 풀이나 나뭇잎 같은 불쏘시개를 작고 약한 불로 태우는 방법으로, 큰 불이 나기 전 작은 불로 미리 정리하는 방법이다.

세계시민(Global Citizenship)은 국경이나 문화의 차이를 넘어 전 인류와 지구 환경을 하나의 공동체로 보고, 그 공동체에 대한 책임감을 가지고 행동하는 사람을 의미한다. 여기서 '책임감'은 단순히 '해야 할 일'이라는 의무감이 아니라, 자신의 선택과 행동이 세계에 어떤 영향을 끼치는지 깨닫고, 그에 따른 도덕적 · 윤리적 의무를 자발적으로 받아들이는 태도이다.

책임감은 '자신이 맡은 일이나 역할을 성실히 수행하고 그 결과에 대해 스스로 책임지는 마음가짐'이다. 세계시민의 책임감은 자신이 속한 지역이나 국가를 넘어, 지구적 문제를 해결하는 데 개인이 해야 할 역할과 의무를 포함한다. 예를 들어,

플라스틱 쓰레기 문제를 단순히 환경 문제로 여기지 않고, 자신이 일상에서 사용하는 제품과 소비 습관을 점검하며 변화를 시도하는 것이 책임감 있는 세계시민의 태도이다.

이 책임감은 '상호의존성'이라는 개념과 밀접한 관련이 있다. 즉, 지구촌 모든 사람이 서로 연결되어 있어, 한 사람의 행동이 다른 사람과 자연에 영향을 미친다는 인식에서 비롯한다. 김선희(2018)는 세계시민성을 "지구적 상호 의존성을 인식하고, 인권 · 평화 · 지속가능성 등 보편적 가치를 지향하는 책임감 있는 태도"로 정의하며, 책임감을 세계시민성의 핵심 요소로 꼽는다.

2) 세계시민 책임감 중요성

세계시민으로서 책임감은 오늘날 점점 더 중요한 덕목이 되고 있다. 현대 사회는 세계화(Globalization)와 정보통신기술(ICT)의 비약적인 발전으로 인해 지리적 경계를 넘어 다양한 문제가 빠르게 확산되고 있다. 예를 들어, 환경오염, 기후변화, 감염병 확산, 인권 문제 등은 한 국가만의 문제가 아니라 전 지구적 차원에서 공동 대응이 요구되는 사안이다. 따라서 개인은 '나와 상관없는 문제'로 치부할 수 없으며, 자신의 행동이 지구 공동체에 어떠한 영향을 미칠지 항상 고민하고 책임지는 태도가 필요하다. 이처럼 세계시민 책임감은 자신뿐 아니라 타인과 미래 세대를 위한 도덕적 · 윤리적 의무감을 포함한다.

글로벌 문제 해결에 있어 국가나 국제기구의 역할도 중요하지만, 개인의 실천과 책임감이 그 출발점이자 핵심임을 의미한다. 예를 들어, 일회용품 사용 줄이기, 에너지 절약, 공정무역 제품 구매 등 개인의 작은 행동들이 모여 큰 변화를 만들어 낼 수 있다. 책임감 없는 태도는 '남의 일'로 여기거나 문제 해결을 타인에게 미루는 경향을 낳아, 결국 사회 전체의 위기와 불평등 심화를 초래할 수밖에 없다.

유네스코(UNESCO)의 세계시민교육 가이드라인(2015)은 책임감을 '단순한 지식이나 감정적 공감을 넘어, 자신의 선택과 행동에 대해 의식적으로 책임지는 능력'으로 정의한다. 즉, 책임감 있는 세계시민은 자신의 일상생활 속에서 환경과 사회 문제에 관심을 가지고, 이를 해결하기 위한 실질적인 행동을 선택한다. 예를 들어, 플라스틱 사용을 줄이기 위해 장바구니를 사용하거나, 지역사회 청소 봉사에 참여하는 행동은 모두 책임감 실천의 사례이다.

더 나아가, 코로나19 팬데믹 기간 동안 개인이 마스크 착용과 사회적 거리두기 등 방역 수칙을 철저히 준수한 사례는 세계시민 책임감의 중요성을 잘 보여 준다. 개인 방역수칙 준수는 단지 자기 자신을 보호하는 것이 아니라 타인의 건강과 안전을 지키는 데 결정적 역할을 했다고 볼 수 있다. 전 세계가 연결된 현대 사회에서 각 개인의 책임감이 공동체 안전에 직접적인 영향을 미친다는 점은, 글로벌 문제 해결에서 개인의 책임이 얼마나 중요한지 입증한 사례라 할 수 있다.

책임감은 세계시민으로서 갖춰야 할 최소한의 도덕적·윤리적 기준이다. 개인과 공동체 모두가 책임감 있는 태도를 가질 때, 사회적 신뢰가 쌓이고, 다양한 이해관계를 조정하며 지속가능한 사회 발전과 평화 유지가 가능해진다. 반대로 책임감 결여는 무책임한 행동과 갈등을 심화시켜 글로벌 위기를 악화시킨다. 따라서 오늘날 세계시민 교육과 사회적 담론에서 책임감은 단순한 덕목을 넘어, 모두가 실천해야 할 필수적인 가치로 자리 잡고 있다.

3) 세계시민 책임감 구체적 실천

첫째, 정보에 대한 책임감이다.

세계시민은 글로벌 이슈에 관해 정확하고 신뢰할 수 있는 정보를 수집하며, 가짜 뉴스나 편향된 정보에 쉽게 휘둘리지 않는 비판적 사고 능력을 가져야 한다. 정보가 부정확하거나 왜곡되면, 잘못된 판단과 행동으로 이어져 사회적 혼란이나 갈등을 초래할 수 있다. 따라서 뉴스, 학술 연구, 국제기구 보고서 등 다양한 출처에서 정보를 교차 검증하는 태도가 필수적이다.

예를 들어, 기후변화 문제에 관한 과학적 데이터를 정확히 이해하고 이를 바탕으로 생활방식을 개선하는 것이 이에 해당한다. 이론적으로는 비판적 사고(Critical Thinking)가 책임감 실천의 기반이 될 수 있다고 말한다. 비판적 사고 분야에서 세계적으로 영향력 있는 학자 리처드 폴과 린다 엘더(Richard Paul & Linda Elder, 2006)는 비판적 사고가 개인의 합리적 의사결정과 윤리적 책임 수행에 필수적임을 강조하였다.

또한 디지털 시대에는 정보의 양이 기하급수적으로 증가하면서 '정보의 홍수' 속에서 책임감 있는 태도가 더욱 중요해졌다. 예를 들어, SNS에서는 감정적인 콘텐츠가 빠르게 확산되는 경향이 있으며, 이는 사실 여부와 관계없이 사회적 파장을 불러일으킬 수 있다. 따라서 세계시민은 단지 정보를 받아들이는 수동적 존재가 아니라, 정보를 해석하고 판단할 수 있는 능동적 시민이 되어야 한다. 더 나아가 잘못된 정보에 대해 주변 사람에게 바로잡는 일도 책임감 있는 태도 중 하나이다. 이런 실천은 사회적 신뢰를 쌓고, 건강한 공론장을 유지하는 데 필수적이다.

둘째, 소비와 환경에 대한 책임감이다.

소비는 개인의 일상생활에서 가장 쉽게 실천할 수 있는 세계시민 책임감의 표현이다. 자신이 사용하는 제품이 환경과 사회에 미치는 영향을 고려하고, 공정무역 제품을 구매하거나 플라스틱 사용을 줄이는 등 환경 친화적인 소비를 선택하는 태도가 중요하다. 예를 들어, 재활용을 생활화하고, 일회용품 대신 다회용품을 사용하는 행동이 여기에 포함된다. 2020년대 들어 많은 기업이 지속가능성 보고서를 통해 환경 영향을 공개하는 추세이며, 소비자들은 이에 기반해 더 책임감 있는 소비를 할 수 있다. 세계시민 책임감은 단지 개인의 이기적 이익을 넘어 사회와 자연에 대한 배려를 포함하는 것이다.

최근에는 ESG(환경, 사회, 지배구조)라는 개념이 기업뿐 아니라 일반 소비자 사이에서도 널리 퍼지고 있다. 예를 들어, 윤리적 소비를 실천하는 대학생들이 늘고 있으며, 이들은 생분해성 소재의 제품을 구매하거나, 동물실험을 하지 않는 브랜드를 선택하는 방식으로 책임감을 드러낸다. 또한 소비자 캠페인이나 서명 운동을 통해 기업의 환경 정책 변화에도 영향을 줄 수 있다. 이처럼 개인의 소비 선택이 사회적 메시지를 전달하고 구조적 변화를 이끌어 낼 수 있다는 점에서, 소비는 단순한 경제 행위가 아니라 윤리적 실천의 장이다. 책임 있는 소비는 미래 세대를 위한 지속가능성을 보장하는 데 매우 중요하다.

셋째, 문화와 타인에 대한 책임감이다.

세계시민은 다양한 문화, 인종, 종교적 배경을 가진 사람들을 존중하며, 편견이나 차별 없이 평화롭게 공존하는 책임을 가진다. 이는 다문화 사회에서의 갈등을 줄이고 상호 이해와 협력을 증진시키는 데 중요한 역할을 한다. 실천적으로는 타인의 의견과 생활방식을 열린 마음으로 받아들이고, 문화적 차이를 인정하는 태도가 필요하다. 유네스코(2015)는 세계시민교육에서 '다양성 존중'과 '공감능력'을 핵심 역량으로 제시하며, 이러한 태도가 갈등 완화와 평화 구축에 기여한다고 보았다.

특히 세계화가 가속화된 오늘날, 한 사회 안에서도 다양한 민족과 문화가 공존하게 되면서 문화 간 이해는 선택이 아닌 필수가 되었다. 예를 들어, 한국의 대학 캠퍼스에서도 다양한 국적의 유학생과 함께 생활하거나 협업하는 경우가 많다. 이럴 때 문화적 고정관념이나 선입견은 오해를 낳고 갈등을 유발할 수 있다. 따라서 타인의 문화를 얕보거나 난징짓기보다는, 차이를 인정하고 존중하는 태도가 필요하다. 또한 언어 사용에서도 배려가 필요하다. 비하적 표현이나 문화적 배타성이 담긴 언어는 공동체 의식을 해치게 된다. 세계시민으로서 책임 있는 언어와 행동을 실천하는 것은 평등하고 포용적인 사회를 만드는 데 기여한다.

넷째, 사회참여와 정책참여에 대한 책임감이다.

세계시민은 단순히 글로벌 문제에 관심을 갖는 것을 넘어, 직접 봉사활동에 참여하거나 시민단체 활동, 정책 결정 과정에 적극적으로 목소리를 내야 한다. 예를 들어, 환경 보호 캠페인 참여, 인권 운동 지원, 빈곤층 지원 자원봉사 등이 있다. 이는 개인의 권리와 의무를 인식하고 사회 변화를 위해 주체적으로 행동하는 것이다. 하버드 대학교 교수 로버트 퍼트남(Robert Putnam)은 시민 참여가 사회적 자본을 형성하고 공동체의 문제 해결에 결정적이라고 보았다. 더욱이, 디지털 기술 발전은 SNS를 통한 온라인 시민운동과 글로벌 연대를 촉진하여, 세계시민 책임감의 범위를 확대하고 있다.

오늘날 많은 청년들이 '기후정의'를 외치며 집회에 참여하거나, SNS를 통해 인권 문제에 대한 목소리를 내는 등 다양한 방식으로 사회적 책임을 실천하고 있다. 이러한 참여는 전통적인 정치 참여를 넘어 일상적이고 창의적인 방식으로 확대되고 있으며, 개인의 의견이 사회적 변화의 단초가 될 수 있다는 점에서 큰 의미를 가진다. 특히 대학생들은 자신의 전공이나 관심 분야를 활용해 공익적인 프로젝트나 지역사회 활동에 기여할 수 있으며, 이를 통해 공동체 문제를 스스로 해결하는 능력을 기르게 된다. 세계시민으로서 책임 있는 사회참여는 더 나은 미래를 만드는 주체로 성장하는 길이다.

세계시민의 책임감은 단순한 인식이나 감정에 머무는 것이 아니라, 정보의 올바른 수용과 활용, 환경을 고려한 소비, 문화적 다양성에 대한 존중, 그리고 사회와 정책에의 적극적인 참여 등 구체적인 실천을 통해 구현되어야 한다. 이러한 실천은 개인의 도덕적 성장을 이끌 뿐만 아니라 공동체와 지구 사회 전체의 윤리적 성숙을 가능하게 한다. 나아가 책임감 있는 세계시민은 단순히 시대에 적응하는 것을 넘어서, 지속가능한 미래를 함께 만들어 가는 주체로서의 역할을 수행하게 된다.

"나는 오늘 어떤 일에 책임감을 가지고 행동했을까?"

지금 우리는 하나의 지구에서 함께 살아가는 '세계시민'으로서 서로 연결된 시대를 살아가고 있다. 뉴스, 기후, 경제, 문화 등 모든 영역이 국경을 넘나들며 영향을 주고받는 시대인 만큼, 세계시민의 책임감은 개인만을 위한 태도가 아니라 지구 전체를 위한 기본 자세라고 할 수 있다.

하지만 막상 책임감 있게 행동하는 일은 결코 쉽지 않다. 많은 사람들이 '내가 행동해도 세상이 바뀌지 않을 거야'라는 생각으로 무력감을 느끼거나, '이건 내 책임이 아니야'라고 말하며 한발 물러서곤 한다. 이런 마음은 심리학에서 '도덕적 무기력' 또는 '책임 회피'라고 부르며, 복잡하고 큰 문제 앞에서 오는 부담과 불안을 줄이기 위한 자연스러운 심리 반응이다.

그러나 이처럼 책임을 회피하고 무기력해질수록 우리는 변화와 점점 멀어지게 된다. 이런 상태를 극복하기 위해서는 거창한 일보다는 일상 속 작은 실천이 더 효과적일 수 있다. 예를 들어, 플라스틱 사용을 줄이거나, 뉴스의 내용을 한 번 더 확인하고 공유하는 일, 공정무역 제품을 선택하는 소비 습관 등이 있다. 이처럼 실현 가능한 행동 하나하나는 사회를 조금씩 바꾸는 힘이 된다. 그리고 이러한 실천을 친구나 공동체와 함께할 때, 지속가능한 변화를 만들 수 있다.

책임감 있는 선택은 결국 '용기'에서 시작된다. 모든 사람이 나를 이해해 주거나 지지해 주지 않을 수 있지만, 그럼에도 불구하고 옳다고 생각하는 행동을 선택하는 것이 용기이다. 불편함을 감수하고, 비난을 두려워하지 않으며, 완벽하지 않아도 행동하는 사람은 세계시민으로 성장할 준비가 되어 있는 사람이다. 심리학자 브레네 브라운(Brene Brown, 1965)은 "진짜 책임감은 자신의 불완전함과 약함을 인정하는 용기에서 시작된다"고 말한다. 이는 우리에게 '완벽해야 책임질 수 있는 것이 아니라, 책임지려는 마음이 중요하다'는 사실을 상기시켜 준다.

세계시민의 책임감은 거창하거나 어려운 개념이 아니다. 그것은 우리가 매일 하는 선택과 행동 속에서 드러나는 것이다. 오늘 하루 내가 어떤 말을 했고, 어떤 태도로 타인과 사회를 대했는지 돌아보는 일, 그것이 바로 책임감 있는 삶의 시작이다. 책임은 무겁고 피하고 싶은 부담이 아니라, 세상에 좋은 영향을 줄 수 있는 힘이며, 나 스스로 성장할 수 있는 기회이기도 하다.

대학생 시기는 삶의 방향을 정하고, 사회적 존재로서 첫걸음을 내딛는 시기이다. 이 시기에 '세계시민의 책임감'에 대해 진지하게 고민하고 작더라도 꾸준히 실천해 나간다면, 우리는 더 나은 공동체를 만들 수 있을 것이다. 책임은 거창한 것이 아니라, 지금 이 자리에서의 작은 실천으로부터 시작된다는 사실을 잊지 말아야 한다.

Activity

세계시민으로서 책임감이 필요한 시대에 우리는?

- "나 하나쯤은"이라는 생각이 만든 나비효과는 무엇이었는가?

- 세계의 문제 중 어떤 하나에 "나의 일"처럼 책임을 느껴 본 적이 있는가?

- "책임감이 없는 세계시민이 많아진다면, 어떤 세상이 될까?"

- "세계시민으로서 오늘 내가 할 수 있는 가장 작은 책임감 있는 실천은 무엇인가?"

세계는 점점 더 가깝고, 빠르게 연결되고 있다. 그러나 그 안에서 우리가 잊지 말아야 할 것은 바로 '나 하나'의 선택이 '우리 모두'의 삶에 영향을 준다는 사실이다.

진정한 세계시민은 '나만 잘 살면 된다.'는 생각을 넘어서, 함께 살아가는 세상을 위해 책임 있게 행동하는 사람이다. 그 책임감은 거창한 결심에서 시작되는 것이 아니다. 일상 속에서 작은 약속을 지키고, 다름을 존중하며, 문제를 피하지 않고 마주하려는 태도에서부터 시작된다.

지금의 우리는, 단지 정보를 소비하는 존재가 아니라 세상을 바꾸는 윤리적 주체로 성장하고 있다. 기후 위기, 사회적 불평등, 디지털 격차 등 이 시대의 도전은 결국 '나의 책임'과 '우리의 연대' 속에서 풀어 가야 할 과제이다.

책임감 있는 세계시민이 된다는 것은, 나와 타인, 공동체, 그리고 지구 전체를 위한 선택을 기꺼이 감당하는 사람으로 살아가는 것이다.

수업을 정리하며 Closing

1. 나는 이번 한 주 동안 어떤 책임 있는 행동을 실천할 것인가?
   Action Plan 한 가지를 정한 후 옆에 앉은 사람과 실천 다짐을 나누어 봅니다.

2. 지금 내가 속한 집단(학과, 동아리, 아르바이트 현장 등)에서 책임 있는 시민으로 나에게 필요한 마인드는 무엇일까?

3. 최근 책임감을 가지고 결정하거나 행동한 기억에 남는 순간을 조원들에게 소개합니다.

PART

3

과연 갈등 상황에서 어떻게 소통해야 하는가

갈등은 피할 수 없는 인간 관계의 일부입니다. 문제는 갈등이 아니라, 그 갈등을 어떻게 다루느냐에 있습니다. AI가 대화를 흉내 내고 감정을 모방하는 시대에도, 진짜 소통은 여전히 사람 사이에서 이루어집니다.

갈등 상황에서는 밀보다 경청이, 비난보다 이해가, 방어보다 수용이 필요합니다. 우리는 서로의 입장을 진심으로 듣고, 오해를 풀고, 다시 신뢰를 쌓아 가는 과정을 통해 성장합니다. 이 장은 여러분이 갈등 앞에서 피하거나 무시하지 않고, 성숙하게 소통할 수 있는 힘과 방법을 배우는 길잡이가 될 것입니다.

갈등 상황에서 가장 필요한 능력은 '말하기'가 아니라 '듣기'입니다. 상대의 말 뒤에 숨은 감정과 필요를 알아차리고, 그것을 진심으로 이해하려는 태도야말로 진정한 소통의 시작입니다. 경청은 단순히 귀를 기울이는 것을 넘어, 말하지 않은 이야기까지 읽어 내는 마음의 작업입니다. 공감은 상대의 입장을 나의 입장처럼 느껴 보려는 노력입니다.

이러한 태도가 갖춰질 때, 비로소 갈등은 불협화음이 아닌 성장의 기회가 됩니다.

CHAPTER 10

소통의 이해

오늘 우리의 학습 목표

1. 언어적 의사소통과 비언어적 의사소통에 대해 이해하고, 이를 적절하고 일관되게 표현하여 진정성 있는 의사소통을 할 수 있다.
2. 진정한 소통의 방법을 익히고, 생활 속에서 실천할 수 있다.

수업을 시작하기 전 Warming-up

1. 누군가를 만나서 대화를 나누었는데, 마음이 행복해진 경험이나 즐거웠던 경험, 혹은 편안했던 경험이 있나요? 그러한 긍정적인 마음이 들었다면 어떠한 이유가 행복감과 즐거움을 느끼게 해 주었을까요?

2. 반대로, '상대방은 나와의 대화를 긍정적으로 생각할까?'에 대한 물음을 스스로에게 해 봅시다. 자신 있게 'Yes!'라고 답할 수 있나요? 만약 그렇다면, 나의 대화방법과 태도의 가장 큰 장점은 무엇인가요?

1. 의사소통이란

1) 의사소통(커뮤니케이션)의 의미

의사소통은 인간관계에서 상호 간의 소통이며, 언어적 의사소통과 비언어적 의사소통이 함께 이루어진다. 인간의 커뮤니케이션에 대한 초창기의 관심은 언어 현상에만 한정되었다. 이와 같은 현상은 오랜 세월에 걸쳐 언어를 통해서만 의사소통이 가능하다는 고정관념 때문에 언어적 의사소통에 집중되었다.

그러나 짧은 시간에 다량의 정보 취득이 필요한 상황에서 비언어적 표현의 활용이 메시지를 보다 더 효과적으로 전달해 주는 역할을 한다는 점에 주목하기 시작하였다.

이렇듯 언어가 아닌 다른 방법을 통해서 소통하는 것을 비언어적 의사소통이라 하고, 이는 비언어적 신호를 통하여 상호 간의 정보를 교환하는 것을 말한다.

언어적 의사소통은 의도적으로 피할 수 있지만, 비언어적 표현은 피하기 어려우므로 의사소통 상황에서 비언어적 표현의 필연성과 중요성을 강조하고 있다.

2) 의사소통의 구성요소

의사소통은 크게 전달자(화사)와 수신자(청지), 전달하고자 하는 메시지와 메시지에 대한 피드백의 요소로 이루이져 있다.

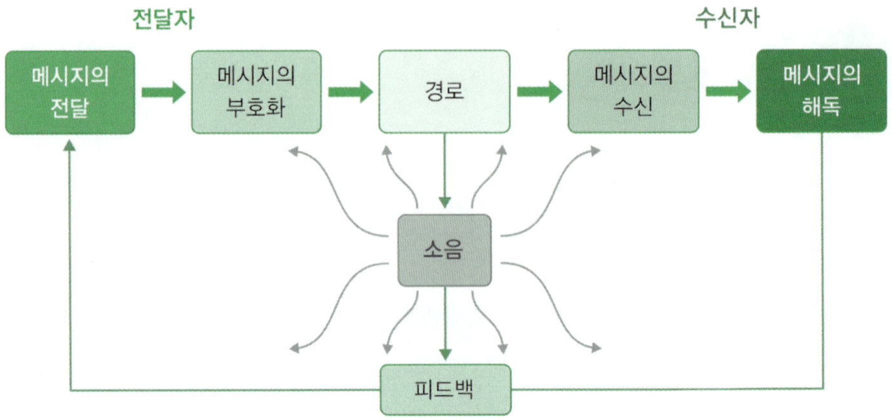

(1) 전달자(화자)

전달자는 자신의 생각, 감정, 의도 등을 말로 전달하는 사람으로 화자를 의미한다. 전달자는 자신이 전달하고자 하는 생각이나 감정 등을 인식하고 이를 정확하게 상대방에게 전달하는 능력이 필요하다.

(2) 수신자(청자)

수신자는 송신자의 메시지를 듣고 받아들이는 사람으로 청자를 의미한다. 수신자는 전달자의 메시지를 있는 그대로 이해하는 것이 중요하며 자신의 편견이나 판단, 감정이 개입되어 전달자의 메시지를 왜곡, 무시, 간과하지 않도록 하는 것이 필요하다.

(3) 부호화

생각을 상대방에게 전달하기 위하여 메시지로 만드는 작업을 말한다. 부호화는 말, 이미지 모두 포함되며, 생각을 메시지로 부호화하는 작업은 의사소통 과정 중 중요한 역할을 차지한다.

(4) 메시지

전달자가 수신자에게 전달하고자 하는 내용으로 생각이나 감정, 욕구, 정보, 사실 등을 포함한다. 메시지는 부호화하여 수신자에게 보내고 수신자는 메시지의 의미를 해석하고 해독하는 과정을 거친다. 메시지에는 전달하고자 하는 메시지의 주제인 내용과 전달자의 욕구가 내재된 관계의 요소가 포함된다. 내용은 사실적 상황과 정보 자체를 말하는 것이고, 관계는 사실과 정보를 상대방에게 전달하는 의도와 목적을 의미한다. 예를 들어, "나 온종일 신경 쓸 일이 많아서 지금 많이 예민해." 하는 말에는 '피곤하다'는 사실 전달의 측면이 있는 동시에 '내가 예민하니 서로 감정을 건들지 않도록 조심하자.'는 관계 측면이 있다. 정보와 메시지를 통해 제대로 소통하려면 내용과 관계, 두 가지 측면을 제대로 전달하고 이해해야 한다.

(5) 경로

전달자가 메시지를 전송 가능한 매체로 메시지를 생산하여 적절한 채널을 통하여 전달하는 단계이다. 전송 가능한 매체는 구두, 서면, 시각적 매체, 전자 문서 형식으로 나누어 볼 수 있다. 각 메시지 전달을 효과적으로 하기 위해 적절한 매체를 선택하는 것이 중요하다.

(6) 메시지 수신

이 단계에서는 메시지가 채널을 통하여 의도된 메시지를 수신자가 전달 받는다. 메시지 전달이 순조로우면 메시지가 정확하게 상대방에게 잘 도착하지만, 장애요인으로 인하여 메시지가 정확하게 도착하지 않고 무시되거나 잘못 전달되는 경우가 발생하기도 한다.

(7) 메시지 해독

수신자가 메시지를 추출하고 해독하는 단계이다. 메시지가 도착하면, 수신자는 전달받은 메시지에서 전달자의 생각을 추출해 낸다. 이 때, 수신자가 전달자의 생각을 발신자가 의도한 대로 해독하는 것이 중요하다.

(8) 피드백

정보가 송출되었던 원래의 지점으로 정보에 대한 반응을 다시 돌려보내는 것으로 전달자의 메시지에 대한 수신자의 반응을 말한다. 수신자는 자신이 이해한 메시지가 무엇인지 전달자에게 다시 표현함으로써 정확한 의사소통이 이루어졌는지 확인하는 것이 필요하며 전달자의 메시지에 대한 자신의 생각이나 감정, 욕구 등을 표현함으로써 피드백 할 수 있다. 전달자와 수신자는 언어적 · 비언어적 형태로 끊임없이 피드백을 교환한다.

(9) 소음

의사소통을 방해하는 장애요인을 말한다. 의사소통을 방해할 수 있는 대표적인 요인으로는 과거의 경험, 선입견이나 고정관념, 물리적 · 지각적 잡음, 감추어진 의도, 상황적 요인 등이 있다.

3) 소통을 방해하는 장애요인

(1) 과거의 경험

과거의 경험을 통해 어떤 메시지가 올 것인가를 짐작하거나 상대방의 메시지가 흥미 없고 중요치 않을 것으로 생각하며 미리 결정을 내리는 경우가 있다. 이는 전달자가 전달하고자 하는 정보를 과거의 경험을 통해 미리 선별하고 지레짐작하는 것이다. 이러한 예견은 정확한 의사소통을 가로막으며 쌍방향 의사소통이 억제되기도 한다.

(2) 선입견이나 고정관념

수신자의 마음속에 선입견이 자리 잡고 있을 때 다른 사람이 보내는 정보를 제대로 경청하거나 해독하지 못하게 된다. 상대방이 보내는 메시지를 자신의 선입견이나 고정관념에 맞춰 해독하거나, 자신의 생각에 맞는 내용만 들을 수 있다는 것이다.

(3) 물리적 · 지각적 잡음

물리적 잡음은 외부 환경에 의한 장애요인이다. 외부의 불편한 환경이나, 인스턴트 메시지를 많이 받는 환경 및 다중작업의 습관은 의사소통에 집중하지 못하게 한다.

지각적 잡음은 상대의 의도를 제대로 해독하지 못했을 때, 이로 인해 상대방과 내가 가지고 있는 정보의 의미나 양이 다를 때 나타나기 쉽다. 상대방이 전달하고자 하는 정보를 있는 그대로 받아들이기 위해서 전달자에게 초점을 맞출 필요가 있다.

(4) 감추어진 의도

자신의 욕구에 따라 전달된 정보를 바꾸어서 듣는 경우, 혹은 사실이나 정보를 의도적으로 축소시키는 경우에 감추어진 의도가 있다고 할 수 있다. 이는 의식적 또는 무의식적으로 대화 자체를 자신의 목적에 맞추어 이끌어 가기 때문에 명확한 의사소통을 어렵게 만든다.

(5) 상황적 요인

수면부족, 심란한 마음, 날씨, 주변 환경의 소음, 여러 메시지와의 경쟁 등 물리적인 환경이나 개인의 감정 상태 또한 효과적인 의사소통을 방해할 수 있는 요소가 된다. 따라서 소통을 방해하는 상황적 요인이 무엇인지 파악하고, 상황이나 환경적 요인의 방해 없이 의사소통을 할 수 있는 적절한 시간과 장소에 맞춰 소통하는 것이 현명하다.

2. 의사소통의 유형

1) 언어적 의사소통

인간이 다른 동물들과 차별될 수 있는 가장 두드러진 특징 중 하나는 언어를 구사할 수 있다는 점이다. 언어는 특정 자극에 대한 인간의 생리학적 반응이라 할 수 있으며, 시각, 청각 등 신체의 다양한 감각을 대신할 수 있는 방법이다. 그러나 언어라고 하였을 때는 단순히 인간이 내는 소리와 음향만을 지칭하는 것이 아닌, 말소리와 내용의 의미전달과정에서 소통의 도구로 활용되어 규칙체계를 형성하였을 때 언어라 지칭할 수 있다.

앞에서도 언급하였듯이 인간의 의사소통에 대한 초창기의 관심은 언어 현상에만 한정되었다. 이와 같은 현상은 오랜 세월에 걸쳐 언어를 통해서만 의사소통이 가능하다는 고정관념 때문에 언어적 의사소통에 집중되었던 것이다. 그러나 비언어적 표현을 활용하여 언어적 메시지를 보다 더 명확하고 풍부하게 만들어 준다는 점과 언어적 메시지보다 짧은 시간에 다량의 정보취득이 필요한 상황에서 비언어적 표현의 비중이 높아짐으로 그 중요성이 부각되었다. 같은 언어적 메시지를 전달한다 하더라도, 화자의 어투나 뉘앙스, 얼굴 표정 등의 비언어적 메시지의 정보가 어떤가에 따라 언어적 내용과 다른 의미를 전달하게 되고, 그 의도가 다르게 해석될 수 있다는 것이다.

2) 비언어적 의사소통

비언어적 의사소통이란, 음성언어에 수반되는 억양, 목소리의 크기, 말투 등의 반언어와 옷차림, 화자와 청자와의 관계 등을 제외한 몸짓, 시선, 자세 등을 포함한 모든 유의미한 의사소통을 말한다. 물론 상황이나 개인의 성격에 따라 무표정과 무미건조한 말투, 억양, 무심한 태도를 가지고 말을 할 수도 있다. 하지만 이러한 무심한 비언어와 무미건조한 반언어 또한 그 상황이나 맥락에 따라 의도적이거나 비의도적일 수 있다.

일반적으로 언어가 어떠한 사실에 대한 정보를 전달하는 데 효과적인 수단인 반면에, 비언어적 표현은 개인의 감정이나 느낌을 전달하는 데 보다 효과적인 것으로 알려져 있다. 특히 통합적인 의사소통 능력이라는 측면에서 보면 비언어적 의사소통이 더욱 중요함을 강조하고 있다. 물론 언어적인 표현만으로 의사소통이 충분한 경우도 있으나 표현의 제약으로 인해 필요한 상황에서는 비언어적인 측면을 활용하여 상대의 감정을 파악하거나 자신의 의사를 전달해야 하는 경우가 발생한다. 이 때 비언어적 의사소통은 상대방에게 자신의 기분이나 성향을 나타내고 반응이나 인식 등을 전달하는 데 매우 효과적이다.

직접 말하는 대화는 대면성을 전제로 하기 때문에 말하는 이와 듣는 이와의 관계, 말하는 상황, 시간, 공간 등의 영향을 받는다. 따라서 대화를 할 때 아무리 반언어와 비언어를 배제하려고 해도, 배제하려는 순간 배제하려는 의도와 함께 또 다른 의미가 형성되는 것이다.

※ 반(半)언어적 표현은 언어와 함께 의사소통의 수단으로 사용하는 말의 강약, 높낮이, 가락과 같은 것을 뜻한다. 목소리 크기, 빠르기, 높낮이, 말투 등을 조절하여 언어로 다 전하지 못하는 감정이나 느낌, 즉 언어만으로는 부족했던 반쪽을 채워 주는 것으로, 언어의 느낌을 효과적으로 만들어 준다.

※ 비(非)언어적 표현은 언어가 아니라는 뜻으로 표정, 몸짓, 시선, 자세 등을 적절하게 쓰는 것을 말한다. 비언어적 표현은 언어로 표현할 수 없는 상황 또는 언어의 표현을 더 분명하고 재미있게 표현하고자 하는 경우 사용한다.

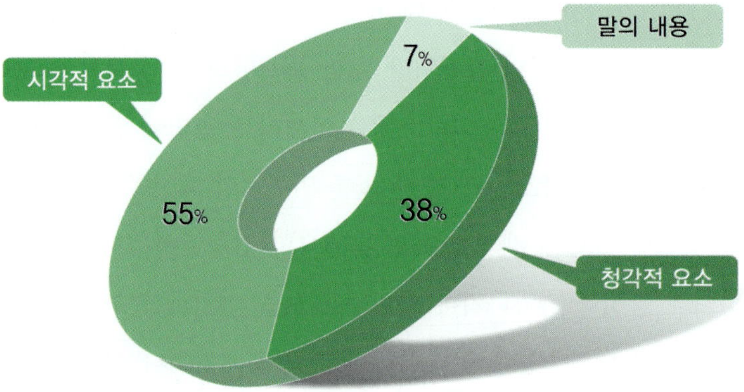

메라비언의 법칙(The law of Mehrabian, 1971)

1971년 캘리포니아 대한 UCLA 심리학과 교수인 앨버트 메라비안(Albert Mehrabian)은 대화하는 사람들을 관찰하여 사람에 대한 인상을 결정짓는 요소(메시지 전달 요소)를 분석한 결과를 발표하였다. 연구결과에 따르면, 상대방의 호감이나 인상을 결정짓는 요소는 말의 내용(7%), 시각적 이미지(55%), 청각적 이미지(38%)로 나타났다.

3) 비언어적 의사소통의 특성

언어적 의사소통에 비해서 비언어적 의사소통은 다음과 같은 특성을 지닌다.

첫째, 비언어적 의사소통은 언어적 의사소통과 마찬가지로 의사전달의 기능을 가진다. 일시적이고 아주 작은 움직임일지라도 개개의 의미를 가지고 있기 때문에 상대방을 좀 더 효과적으로 이해하기 위해서는 이러한 비언어적 단서들을 제대로 통제할 수 있어야 한다.

둘째, 비언어적 의사소통은 표현의 강도에 따라 전달 의미의 단호함을 나타내고 확인의 정도를 전달할 수 있다. 미소나 얼굴을 찌푸리는 행위, 또는 악수할 때 손에 주는 힘의 강, 약에 따라 의미의 해석이 달라진다. 발표나 연설을 할 때 특히 강조하여 목소리를 더 크게 내거나 몸짓을 크게 하는 것은 지금 하고 있는 말이 다른 말보다 더 중요함을 나타낸다.

셋째, 비언어적 의사소통은 상황적 해석에 근거하여 그 의미가 결정된다. 같은 행위일지라도 상황에 따른 의미 해석은 전적으로 다를 수 있다. 거짓으로 누군가를 속이기 위해 한쪽 눈을 깜빡이는 행위와 애정을 담은 윙크의 의미는 서로 다르다. 또한 병행되는 언어적 단서가 무엇인가에 따라서도 의미는 변화한다. 또한 문화적 상황이 다른 경우에서 찾아볼 수 있다. 똑같은 몸짓과 표정이 직면한 상황의 공간과 시간에 따라 그 의미가 달라질 수 있다는 것이다.

넷째, 비언어적 의사소통은 신뢰도가 높은 의사소통 수단이다. 긍정적 단서들이 언어적 채널을 통해 표현되지만 비언어적 채널을 통해서 부정적 단서들이 표현되는 경우, 의미 해석은 비언어적 행위에 근거하여 전달된 메시지의 진실성을 파악하게 된다. 이는 비언어적 의사소통과 언어적 의사소통이 상충되었을 때 비언어적 의사소통을 보다 더 신뢰한다는 것이다.

다섯째, 전달된 의미를 해석하는 과정에서 모호함이 존재할 수 있다. 이는 비언어적 표현이 음성언어와 달리 통제되기 어렵기 때문이다. 또한 채널 간의 표현이

항상 같지 않고, 대화의 상대도, 나의 컨디션도 바뀌기 때문에 표현과 해석의 방법에 있어 일관성을 항상 유지하기 힘든 특성을 가진다.

4) 비언어적 의사소통의 중요성

동일한 내용을 듣고도 어떤 사람은 상대방이 의도하는 것이 무엇인지에 대해 그 의미를 쉽게 이해하지만, 그렇지 못한 경우도 있다. 그 원인은 화자 입장에서 자신의 의도대로 언어적 표현과 비언어적 표현을 일치시키지 않은 모호한 표현으로 인한 것일 수 있다. 이를 토대로 화자의 입장에서 언어적 표현과 비언어적 표현의 일관성을 유지시켜 주는 것이 필요하다.

이처럼 청자에게 전달되는 메시지의 의미는 우리가 인식하지 못하고 자연스럽게 하는 행동이나 몸짓, 자세, 목소리 크기나 어투 등 비언어적 표현에 의해 의미가 좌우될 수 있으며, 비언어적 의사소통의 메시지가 더 강력하고 많은 의미를 전달한다는 것을 알 수 있다. 따라서 자신이 전달하고자 하는 내용을 정확하게 표현하기 위해서는 언어적 표현과 비언어적 표현을 일치하여 표현하는 것이 중요하다. 예를 들어, 쌀쌀한 말투와 얼굴표정으로 "미안해." 하는 것과 정중한 말투로 "미안해." 하는 것은 다른 의미로 해석될 수 있다. 쌀쌀한 말투로 할 때는 미안함이 전달되기보다는 어쩔 수 없이 사과한다거나 비꼰다고 해석될 수 있으며, 정중한 말투로 사과할 때 미안함의 진정성이 전달되기 쉽다. 언어적 의사소통과 비언어적 의사소통의 방식이 일치된 형태로 표현될 때, 전달하고자 하는 내용의 의미가 정확하고 진정성 있게 전달될 것이다.

3. 효과적인 의사소통 전략

1) 효과적인 의사소통을 위한 원칙

효과적인 의사소통을 하기 위해서는 자신이 전달하고자 하는 메시지를 명확하게 전달하고, 상대가 보낸 메시지를 정확하게 이해하고 받아들이는 과정이 필요하다. 이러한 효과적인 의사소통을 위해 필요한 원칙은 다음과 같다.

첫째, 상대방의 입장에서 그 사람이 말하고자 하는 것이 무엇인지 이해한다.

둘째, 자신이 이해한 메시지를 상대방에게 반영하는 피드백을 통해 메시지가 정확하게 전달되었는지 확인한다. 부정확하게 전달되었을 때는 다시 소통하여 내용을 정확하게 이해할 수 있도록 수정함으로써 불필요한 오해를 미연에 방지한다.

셋째, 안정된 감정 상태에서 소통한다. 자신의 감정 상태에 따라 상대방의 메시지를 왜곡하여 받아들일 수도 있기 때문에 심리적으로 안정된 상태에서 소통하는 것이 좋다.

넷째, 경청의 자세를 갖는다. 상대방의 생각, 감정, 욕구에 관심을 기울이고 상대방을 이해하기 위한 적극적인 태도를 지니고 듣는다.

다섯째, 소통을 방해하는 장애요인에 대해 인식한다. 화자나 청자의 경험, 선입견, 물리적 · 지각적 잡음, 상황적 요인 등, 서로의 의사소통을 방해하는 장애 요인이 다양하게 존재할 수 있음을 알고, 이 장애요인들이 영향을 미치지 않았는지 살펴본다.

여섯째, 적절한 침묵과 반응을 사용한다. 때로는 상대방의 말을 주의 깊게 들어주면서 침묵하는 것도, 상대방의 생각 정리와 감정의 추스름으로 인해 침묵하는 것도 상대방을 존중하는 자세이다. 이 때 청자는 고개를 끄덕이거나 눈맞춤을 하는 등 적절한 반응을 보임으로써 상대방과 대화에 집중하고 있음을 보여 준다.

일곱째, 이해와 존중을 바탕으로 상대방을 하나의 인격체로 존중하고 진정으로 함께하고 있음의 마음을 전달하는 것이 필요하다.

여덟째, 상대방을 신뢰하고 솔직하게 자기를 개방한다. 내가 상대방을 신뢰하면 그 보답으로 상대방으로부터 신뢰를 얻게 된다.

2) 효과적인 의사소통 기술

사람마다 지니고 있는 의사소통 기술은 다르게 나타난다. 효과적인 의사소통 기술을 지니고 있을수록 타인과의 소통은 원활해질 수 있다. 효과적인 의사소통 기술에는 관심 기울이기, 칭찬하기, 감사하기 등이 있다.

첫째, 관심 기울이기는 상대방을 대하는 비언어적인 표현으로 시선, 얼굴표정, 목소리, 자세 등을 통해 나타낼 수 있다. 상대방을 바라보며 눈맞춤을 하고, 편안하고 이완된 자세로 개방적인 태도를 취하며, 상대방 쪽으로 자연스럽게 몸을 기울인다. 이러한 모습은 상대방에게 '당신에게 관심을 갖고 함께하고 있다.'는 메시지를 전달할 수 있다.

둘째, 칭찬은 한 개인에게 동기부여가 될 수 있으며 긍정적인 관계와 신뢰를 형성하는 데 큰 영향을 미친다. 과도하거나 어색하지 않게 상대방의 긍정적인 측면을 있는 그대로 표현해 주는 것도 훌륭한 칭찬이 될 수 있다.

셋째, 칭찬을 받았으면 그에 대한 감사함을 표현한다.

넷째, 진정성 있는 대화로 이끌어 갈 필요가 있다. 이러한 대화가 이어지면서 상대와의 관계가 형성되고, 신뢰가 두터워질 수 있다.

Activity

1. 소통을 위한 노력의 중요성에 관해 생각해 보고, 다음의 스토리보드를 완성해 봅시다.

01. 나는 행복한 삶을 위해서 ____________________한 방법으로 소통하는 것이 가장 중요하다고 생각합니다.

02. 내 인생의 많은 경험 중에서 소통이 가장 중요하다고 느꼈던 사례는 ____이었습니다.

03. 나는 지금까지 가족, 친구들과의 소통을 위해 ________________________을/를 계속 실천해 왔습니다.

04. 즐거운 대학생활을 하기 위해서 기본적으로 소통이 가장 중요하다고 생각합니다. 진정한 소통을 위해서는 __________________________________을/를 실천하는 것이 중요하다고 생각합니다.

Activity

1. 내가 가지고 있는 선입견이나 고정관념은 무엇인지 생각해 봅시다.

내가 가지고 있는 선입견이나 고정관념은…

2. 이러한 선입견이나 고정관념을 어떻게 가지게 되었는지, 그 선입견과 고정관념을 갖게 된 '처음'을 떠올려 봅시다.

· 친한 친구를 통해 듣게 된 이야기가 그대로 나의 선입견이 되었나요?
· 매체를 통해 접하게 된 이야기가 그대로 나의 고정관념이 되었나요?

3. 선입견이나 고정관념이 굳어지는 것은 쉬우나, 이를 없애는 것은 어려울 수 있습니다. 이를 어떻게 관리하는 것이 좋을지 생각해 봅시다.

Activity

1. 언어적 표현과 비언어적 표현을 일관되게 표현해 봅시다.

즐겁다.

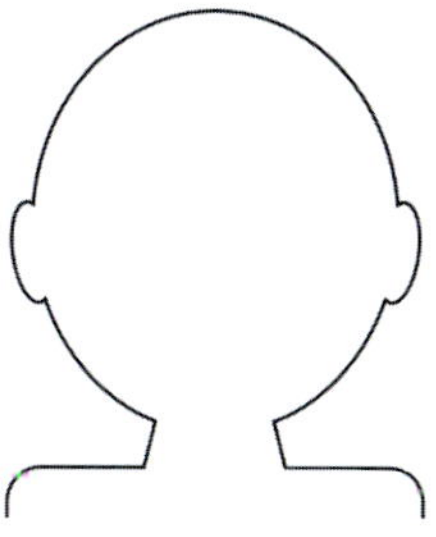

슬프다.

화가 난다.

놀랐다.

나는 네가 좋다.

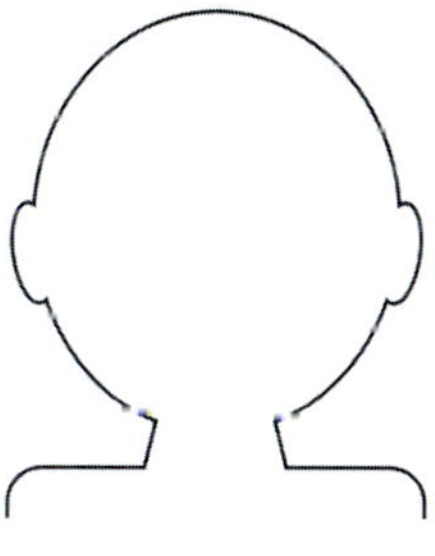

나는 지금 그렇게 말하는 네가 싫다.

2. 어떠한 감정에 의해서 우리의 비언어적 표현이 어떻게 나타나야 하는지, 우리는 알고 있습니다. 하지만 상황에 따라서 나의 감정 상태나 상대에 대한 감정들을 감춰야 할 때도 있고, 반대로 나의 습관에 의해서 의도하지 않은 표현들이 표현되는 경우도 있습니다. 스스로 우리의 감정 표현들을 상황에 맞게 컨트롤할 수 있는 연습을 해 봅시다.

수업을 정리하며 Closing

1. 비언어적 표현의 중요성에 대해 이야기 나누어 봅시다.

2. 진정한 의사소통의 방법에 대하여 생각해 보고, 나의 의사소통 방법은 어떠한지에 대해 객관적으로 생각해 보도록 합시다.

CHAPTER

11

갈등의 이해

오늘 우리의 학습 목표

1. 갈등의 장·단점에 대해 이야기할 수 있다.

수업을 시작하기 전 Warming-up

1. 학교에서 조별 과제를 할 때 다른 조원과 의견이 맞지 않아 감정이 상했을 때 어떻게 행동하는지 조원들과 이야기하여 봅시다.

2. 그 행동을 선택했을 때의 결과는 어떠했나요? 만족스러운 선택이었나요?

Activity

1. 갈등하면 떠오르는 단어 5개를 적어 봅시다.

2. 짝꿍과 서로 어떤 단어들을 적었는지 알려 주고, 왜 그 단어를 적었는지 설명해 보도록 합니다.

3. 자신이 적은 단어 5개와 짝이 적은 단어 5개를 긍정 단어와 부정 단어로 분류해 봅시다.

긍정단어	
부정단어	

4. 긍정단어는 무엇이 있는지 서로 공유해 봅시다.

1. 갈등이란

1) 갈등의 의미

갈등의 사전적 의미는 '칡과 등나무가 얽히는 것과 같이, 개인이나 집단 사이에 목표나 이해관계가 달라 서로 적대시하거나 충돌함 또는 그런 상태'이다. 표준국어대사전에서 정의하는 갈등은 2명 이상의 갈등 주체들이 있어야 함을 전제로 하고, 그 의미는 '다툼'과 '투쟁'의 의미를 강하게 내포하고 있다. 심리적 측면에서의 갈등은, 두 가지 이상의 상반되는 요구나 욕구, 기회 또는 목표에 직면하였을 때, 선택을 하지 못하고 괴로워하거나 또는 그런 상태를 의미한다.

한자어로 갈(葛)은 칡을 뜻하고 등(藤)은 등나무를 뜻한다. 칡나무와 등나무는 각자 자신의 혼자 힘으로는 자라지 못하고 주변의 다른 나무나 구조물을 감아 올라가며 성장한다. 칡나무는 왼쪽으로 감아 돌아가며 자라고, 등나무는 오른쪽으로 감아 돌아가며 자라는데, 두 나무가 감겨 올라가는 방향이 서로 반대이다 보니 같은 장소에서 자라다 보면 자연스럽게 서로 엉키게 되고, 서로의 성장에 방해를 하게 된다. 이렇게 칡과 등나무가 뒤엉켜 꼬여 있는 것처럼 '갈등은 일이나 인간관계에서 복잡하게 뒤얽혀 풀기 어려운 상태, 인간 내면의 상충되는 생각 때문에 고민하는 심리적 상태'를 뜻한다.

영어로 갈등(Conflict)의 어원은 라틴어 confligere에서 유래된 단어로, con(together) + fligere(to strike)라는 의미로 서로 때리거나 부딪치는 상황을 말한다. conflict는 외부로 드러난 갈등상황으로 개인이나 집단 간의 대립으로 나타난 싸움이나 전쟁과 같은 물리적 충돌을 의미한다.

갈등의 한자와 영어의 어원적 차이를 비교해 볼 때, 한자의 갈등은 '얽히고 꼬여 있는 상태'를 형상화한 것이지 외부로 표출되어 밖으로 드러난 상태를 지칭하지는 않는다. 그러므로 '얽히고 설킨 실타래'를 개인 내면이나 갈등 주체들 간에 -개인간일 수도 있고, 집단 간일 수도 있는- 풀어내는 방법은 개인의 내면에서 먼저 풀어 가는 것이 중요하다고 보고 있다. 대체로 동양 문화권에서는 내적 갈등을 풀어야만 외적 갈등도 풀 수 있다고 생각하여, 내면의 인성을 함양하는 접근법을 강조한다. 반면 서양문화권에서의 갈등은 상대가 있고, 투쟁이나 싸움과 같이 그 갈등이 물리적인 힘의 충돌로 외부로 드러난 상태라고 보기 때문에, 물리적으로 드러난 갈등을 어떻게 합리적으로 해결해 나갈 것인가에 집중하며 돌이킬 수 없는 상황으로 표출되지 않도록 하는 단계적 갈등해결 과정이 발달하게 되었다.

2) 갈등의 속성

호커와 윌모트(Hocker & Wilmot, 1991)에 의하면 갈등은 서로 상치되는 목적을 추구하는 두 개 이상의 상호 의존적인 개체 사이의 분쟁행위라고 하였다. 이 정의에서 갈등의 주요 속성은 다음과 같다.

첫째, 갈등은 상호 의존적 관계에서 일어나는 사실로, 모르는 사람과의 다툼은 단순한 싸움일 뿐 갈등이 아니다. 즉, 대부분의 갈등 상대는 우리와 많은 시간을 보내며 인간관계를 맺고 있는 사람 중의 한 사람이라는 것이다.

둘째, 갈등은 서로 상치되는 목적을 추구할 때 발생한다. 각 당사자가 서로 다른 목표나 이익을 추구하고 이러한 목표가 충돌할 때 갈등이 형성된다.

셋째, 갈등은 분쟁이 겉으로 드러난 상태를 말한다. 갈등은 갈등의 원인 자체가 문제가 아니라, 갈등이 겉으로 드러나 당사자 모두가 그것을 인식하는 상황을 지칭한다. 내재된 불만은 갈등으로 간주되지 않으며, 내부의 불만이 외부로 나타나고 상대방이 인식할 때 비로소 갈등이 발생한다. 그래서 갈등은 소통과 뗄 수 없는 불가분의 관계에 놓여 있다. 잘못된 소통은 갈등의 주요 원인이 될 수 있으며, 특히 수직적인 인간관계에서 부적절한 언어 사용은 분쟁의 원인이 될 수 있다. 그러나 소통은 갈등을 해결하기 위한 도구로도 사용을 한다. 그러므로 서로를 이해하고 문제를 해결하려는 갈등관리는 효과적인 소통을 통해서 가능하다.

인간은 본성상 다양한 욕구를 갖고 있는 존재이기 때문에 각자의 삶에는 갈등과 모순 및 상충이 끊임없이 발생하고 있다. 우리는 일상에서 숱한 갈등을 경험하고 있으나 그 해결을 위한 경험 및 인식이 부족하여 건설적으로 갈등을 해결하지 못하고 상호 간에 대립적 관계를 갖게 되는 경우가 많이 있다. 갈등이 대립적 관계에서 끝맺음되지 않고 보다 생산적인 결과로 연결되기 위해서는, 현명하게 갈등을 풀어 나가고자 하는 노력과 더불어 긍정적으로 갈등을 해결하는 갈등해결 방법의 습득이 필요하다.

개인의 갈등해결 방법의 습득은 조직이나 개인 간의 관계를 발전시키고 유지하는 데 중요한 기능을 하며, 효과적인 갈등관리와 해결은 조직의 생산성과 효율성을 향상시킨다. 갈등관리는 갈등 당사자가 상황을 효과적으로 다루기 위한 선택 방법을 의미한다. 과거 많은 문화권에서는 갈등을 부정적으로 인식하였으며, 특히 집단주의 문화에서는 갈등이 사회적인 관계를 훼손시키는 것으로 여겨졌다. 이러한 이유로 동양 문화권에서는 갈등을 피하는 것이 보편적이며, 이는 '갈등 회피'로 표현되었다. 그러나 현대에 들어서면서 이러한 시각이 변화하고 있다. 갈등을 회피하면 문제가 해결되지 않을 뿐만 아니라, 때로는 더 큰 갈등으로 발전할 수 있다는 인식이 확산되었다. 이러한 관점의 변화는 갈등을 더 효과적으로 다룰 수 있는 방법을 모색하게 만들었으며, 이를 통해 사회적 관계의 질을 향상시키고 긍정적인 결과를 도출할 수 있는 방법을 찾을 수 있게 되었다. 이러한 갈등을 적절한 방법으로 관리하게 된다면, 갈등의 긍정적인 면을 실현할 수 있다.

집단 내에서 순기능적 갈등관리가 이루어지면, 조직성과를 보다 강화시키게 되고 성과달성에 다음과 같은 긍정적인 영향을 주게 된다.

첫째, 집단 내 갈등은 집단 내 응집력을 높일 수 있다. 응집력이 높은 집단일수록 낮은 집단에 비해 쌍방 간의 친밀감과 일체감이 높다. 응집력이 높은 집단은 분위기에 있어서 자유롭고 개방적이며 구성원 간에 공통적인 형태와 행동을 조성하게 된다.

둘째, 잠재된 문제가 갈등에 의해 부각되어 문제화되면 문제를 보다 정확히 깨달을 수 있다. 어떤 해결점이 보다 바람직한 문제의 해결방법인가를 보다 쉽게 수용할 수 있기 때문에 안 좋은 상황을 악화시키는 것을 미리 방지할 수 있다.

셋째, 갈등은 구성원과의 소통을 촉진시키며, 집단이나 조직의 갈등이 유발되면 구성원 간에 소통의 양이 늘어난다. 자유로운 소통의 증가된 부분에 대해 개인 간, 집단 간, 조직 간에 대한 오해나 적개심이 낮아지게 된다.

이처럼 인간관계와 팀워크에서 갈등이 어떻게 다뤄지는지에 따라 결과가 크게 달라질 수 있기 때문에 갈등의 긍정적인 면을 실현하기 위해서는 갈등을 적절하게 이해하고 관리하는 것이 필요하다. 적절한 갈등관리는 효과적인 소통, 협력, 그리고 문제 해결을 통해 긍정적인 결과를 이끌어 낼 수 있다.

갈등이 충돌이 아닌 협력과 성장의 기회로 전환될 수 있음을 이해하고 인간 상호 간 소모적 갈등을 합리적으로 해결할 수 있도록 갈등의 본질을 이해하는 것이 필요하다.

2. 갈등의 원인과 유형

1) 갈등의 원인

갈등은 개인의 심리적 딜레마로서, 인간의 인지적 · 감정적 · 행동적 차원에서 발생한다.

인지에 따른 갈등은 느끼는 과정으로 어떤 상태에 대한 감정적 작용이나 어떤 종류의 불일치를 표현하고, 그에 따른 상호관계를 말한다. 행동에 따른 갈등은 직접 표출되는 과정으로 인지되거나 느껴지는 갈등상태를 실제적으로 행동으로 표현하는 과정을 말한다. 즉, 행동에 따른 갈등은 인지된 갈등, 감정적으로 느껴지는 갈등이 기초가 되어 발생하게 된다.

갈등을 해결하기 위해서는 갈등발생 원인에 입각하여 갈등유형을 파악하는 것이 중요하다. 그러나 갈등발생 원인을 몇 가지로 한정하는 것은 불가능한데, 그만큼 갈등은 다양한 배경에 의해 복합적으로 얽혀 역동적으로 발생하기 때문이다. 외부적으로 표출된 갈등만 다루게 되면 갈등이 해결된 것처럼 보이지만, 내재되어 있던 갈등의 불씨, 즉 잠재되어 있던 갈등이 계기가 되어 또 다른 갈등을 야기시키는 악순환을 반복하게 된다. 그러므로 갈등을 객관적으로 이해할 필요가 있으며, 이를 바탕으로 어떻게 갈등을 해결할 것인지를 접근해 보아야 한다.

갈등발생 원인을 이해하기 위해서는 인간의 심리와 행동양식과의 연관성을 이해할 필요가 있다. 갈등과 인간심리 및 행동양식과의 연관성을 설명하는 가장 대표적인 이론은 다음과 같다(Lorenz, 1966; Dollard & Miller, 1939).

첫째, 다른 동물과 같이 인간도 통제할 수 없는 본능적 폭력성을 내재하고 있다는 인간의 본능적 성향을 갈등발생의 원인으로 본다.

둘째, 좌절 - 공격이론이다. 인간은 자신이 얻을 수 있을 거라고 기대했던 강한 어떤 목적과 욕구가 외형적인 사건에 의해 방해를 받게 될 때 좌절감을 느낀다.

이러한 좌절이 반복적으로 누적되면 폭력적인 형태인 일반적 공격성으로 나타난다는 것이다.

셋째, 상대적 박탈감을 갈등발생의 원인으로 본다. 개인이나 집단 모두에게 나타날 수 있는 것으로 자신이 기대했던 바와 실익 사이의 불일치로 인해 상대적인 박탈감이 발생한다고 보는 것이다.

마지막으로 인간의 기본적 욕구의 결여를 갈등발생 원인으로 보는 것이다. 인간은 어떠한 강요로도 채워질 수 없는 협상 불가능한 기본적 욕구를 가지고 있다. 그러나 이러한 욕구를 채울 수 없거나, 심지어 왜곡되어 채워질 때 갈등이 필연적으로 유발될 수밖에 없는 것이다.

2) 갈등의 유형

갈등 유형의 논의들을 살펴보자면, 갈등의 유형을 거시적 · 미시적 관점에서 유형화 해 볼 수 있다.

존슨과 존슨(Johnson & Johnson, 1995)에 의해서 거시적 관점에서의 갈등이 유형화 되었는데, 이는 부정적 결과를 가져오는 갈등을 파괴적 갈등으로, 긍정적 결과를 가져오는 갈등을 건설적 갈등으로 분류하여 갈등이 가져온 결과와 그 기능에 초점을 맞추었다. 그들은 갈등을 부인 · 억제 · 회피할 때 파괴적이 되고, 갈등을 건설적으로 다루면 긍정적 결과를 가져온다고 분석한다. 파괴적 갈등과 건설적 갈등의 차이점은 다음과 같이 요약할 수 있다.

건설적 갈등	파괴적 갈등
이해당사자가 모두 목적을 달성한다.	상대방의 희생을 통해 한쪽 당사자가 승리한다.
이해당사자가 서로 좋아하고, 존경하고, 서로를 신뢰한다.	이해당사자가 서로 화내고, 분노하고, 상처 주고, 불신한다.
이해당사자가 앞으로 발생할 갈등을 건설적으로 해결할 수 있는 잠재적 가능성을 개발한다.	이해당사자가 앞으로 발생할 갈등을 건설적으로 해결할 수 있는 잠재적 가능성을 개발하기 어렵다.

이는 결과에 초점이 맞추어져 있어서 각각의 갈등발생의 원인에 대한 단서를 제공해 주지는 못하지만, 어떻게 갈등을 다루어야 하는가에 대한 판단에 도움을 줄 수 있다.

갈등을 미시적 관점에서 좀 더 세분화해서 살펴보면, 가장 대표적으로 알려진 것은 무어(Moore, C., 1986)가 제시한 갈등유형이다. 그는 갈등의 원인을 다섯 가지로 범주화하였는데, 그 내용은 다음과 같다.

첫째, 이해관계 갈등이다. 이는 한정된 자원 또는 권력 등에 대한 경쟁적 추구, 정신적 · 심리적 욕구 충족을 위한 다툼, 이해관계 분배 방법 및 절차 등에 관한 입장 차이에서 비롯된다.

둘째, 사실관계 갈등이다. 하나의 사건이나 자료, 상대방의 언행에 대한 해석의 차이나 오해, 객관적 정보와 평가의 부재 등으로 생기는 갈등의 원인이다.

셋째, 상호관계상 갈등이다. 인간관계에서 오는 갈등으로 서로 간의 부정적 감정, 의사소통장애, 불신이나 오해, 편견으로 인해 상호관계가 벌어지는 갈등이다.

넷째, 가치관 갈등이다. 가치관, 신념, 종교 또는 문화의 차이, 사회적 편견, 고정관념, 정의 · 공정성 · 정당성 등 기준에 대한 시각 차이에서 비롯된 것으로, 가치관은 고정관념화 되고, 편견화 되면서 더이상 양립할 수 없는 것으로 인식되게 만든다.

다섯째, 구조적 갈등이다. 이는 사회구조, 제도 등 당사자 외부의 상황적인 요인, 구조적 폭력, 왜곡된 관행 등으로 발생되는 갈등으로 차별, 억압, 배제 등의 구조는 갈등이 나타날 수밖에 없다.

앞의 다섯 가지 범주와 더불어 '정체성 갈등'을 포함시켜 6가지를 갈등발생 원인이라고 보는 경우도 있다. 정체성은 개인이나 집단이 변하기 어려운 본질로서 각 존재들을 특징짓는 중요한 요소가 된다. 사람은 누구나 정체성을 보존하고자 하는 욕구가 강하기 때문에 만약 자신(들)의 정체성이 훼손될 경우에 발생하는 갈등은 격렬해질 수밖에 없다.

이렇듯 갈등은 다양한 유형으로 나타나고 있으나, 표면상 한 가지로 보이는 갈등현상도 일반적으로 여러 유형들이 중첩되어 복합적인 성격을 띠는 경우가 많다. 그러므로 갈등이 발생할 때, 이러한 갈등의 유형을 복합적인 차원에서 이해한다면 갈등을 더 나은 방향으로 해결하는 데 도움이 될 것이다.

3. 갈등과 욕구

루단스(Luthans, 1977)는 경제적 욕구, 역할 간 차이, 욕구와 표현 방식 간 격차가 갈등을 조래한다고 주상하였다. 욕구 간에 존재하는 여러 가지 형태의 차이가 갈등의 원인이 될 수 있다. 즉, 각각의 욕구나 역할이 충돌하거나 어긋나면 갈등이 발생할 수 있다는 것이다.

또한 크로포드와 보다인(Crawford & Bodine, 1996)은 갈등의 원인을 기본적인 심리적 욕구들(basic psychological needs), 제한된 자원(limited resources), 가치의 차이(different values)에서 비롯된다고 하였다. 기본적인 심리적 욕구에 해당하는 것은 소속감, 힘, 자유, 즐거움, 생존에 대한 욕구이고, 제한된 자원은 시간, 현금,

재산 등의 부족이며, 가치의 차이는 믿음이나 신뢰, 권위, 원칙 등이 상대방과 맞지 않는 것을 말한다.

사람들은 자신의 욕구를 충족하기 위해 행동하는 경우가 많다는 것과 기본적인 심리적 욕구로 인한 충돌의 상황을 이해하기 위해 모든 사람이 공통적으로 가지고 있는 5가지 욕구를 살펴보도록 한다.

소속 욕구	능력과 힘에 대한 욕구	자유 욕구	즐거움 욕구	생존 욕구

		예를 들면
소속 욕구	사랑하고 나누고 협력하고 싶은 바람.	친한 친구를 사귀고 싶음 동아리에 가입하고 싶음 학교에서 '우리'라고 부를 수 있는 친구 집단을 원함
능력과 힘에 대한 욕구	인정받고 이기고 중요한 존재이고 싶은 바람.	경쟁에서 이기고 인정받고 싶음 리더가 되고 싶음 타인에게 칭찬받고 싶음 남에게 지시하고 싶음
자유 욕구	자발적으로 선택하고 행동하고 싶은 바람.	게임 순위를 올리고 싶음 내 마음대로 행동하고 싶음 하고 싶은 말이나 행동을 눈치보지 않고 하고 싶음
즐거움 욕구	배우고, 놀고, 즐기고 싶은 바람	재미있는 놀이를 하고 싶음 취미 생활을 즐기고 싶음 큰 소리로 웃고 싶음
생존 욕구	심리적, 신체적으로 안정감을 느끼고 싶은 바람	아프지 않고 건강하게 살고 싶음 저축을 해서 안정을 느끼고 싶음 위험한 곳을 피함

Activity

1. 앞서 떠올렸던 갈등상황을 다시 한번 생각해 봅시다.

갈등 상황:

2. 나는 5가지 욕구 중 어떤 욕구를 중요하게 생각했나요? (답은 하나가 아닐 수 있음)

소속 욕구	능력과 힘에 대한 욕구	자유 욕구	즐거움 욕구	생존 욕구

3. 나와 갈등상황에 놓였던 상대방은 어떤 욕구를 추구하였나요? (답은 하나가 아닐 수 있음)

소속 욕구	능력과 힘에 대한 욕구	자유 욕구	즐거움 욕구	생존 욕구

4. 나는 상대방의 욕구를 어떻게 좌절시켰나요?

5. 현재 관계가 불편하거나 수시로 자신을 화나게 하는 사람이 있으면, 그 사람을 떠올려 봅시다. 나는 그 사람의 어떤 욕구를 좌절시켰는지, 그 사람이 충족하고 싶었던 욕구는 무엇인지 적어 보시기 바랍니다.

수업을 정리하며 Closing

1. 갈등의 긍정적인 측면과 부정적인 측면에 대해 이야기해 봅시다.

2. 나의 기본적 심리욕구에 대해 생각해 봅시다.

- 내가 중요하게 생각하는 욕구는 무엇인가?

- 갈등상황에 놓였을 때, 나는 일반적으로 상대방의 욕구를 어떠한 방식으로 좌절시키는가?

- 이러한 방식은 어떠한 결과로 나타났는가?

CHAPTER

12

갈등의 대처

오늘 우리의 학습 목표

1. 나의 갈등대처유형이 무엇인지 알고, 나의 갈등대처 태도나 자세에 있어 보완해야 할 점이 무엇인지 평가해 볼 수 있다.

수업을 시작하기 전 Warming-up

1. 다른 사람이 이야기할 때 나는 평소에 어떤 자세와 태도를 취하고, 어떻게 반응하는지 생각해 봅시다.

1. 갈등대처유형

토마스와 킬만(Thomas & Kilmann, 1975)의 분석도구는 자기주장형과 협조형의 가설에서 출발한다. 토마스-킬만은 사람들이 갈등에 직면하면, 일반적으로 자신의 목표와 다른 사람과의 상호관계에 관심을 가진다고 보았다. DUAL CONCERN은 갈등당사자들의 두 가지 관심사에 따른 갈등대응 자세를 말한다. 모든 갈등당사자는 2개의 관심사를 가지고 있는데, 하나는 자신의 목표에 대한 주장 정도이고, 다른 하나는 상대의 목표에 대한 배려, 즉 상대와의 관계이다. 개인이 느끼는 자신의 만족을 추구하는 정도와 타인에 대한 배려 수준을 기준으로 이들 중 어느 쪽에 관심을 더 두느냐에 따라 갈등에 대처하는 방식이 달라지게 된다. 이에 갈등의 유형을 경쟁-대립형, 회피-보류형, 타협-절충형, 협동-해결형, 순응-양보형의 다섯 가지 유형으로 제시하였다.

첫째, 경쟁-대립형은 자신의 입장을 끝까지 고수하거나 자신이 지지하는 태도에 변함없이 원하는 결과를 얻고자 하여 경쟁적인 태도를 가진다. 이는 대립하는 당사자 중 한쪽이 더 많은 권한을 가지고 있거나, 자신의 주장에 확신을 가질 때, 갈등의 상대와 더 이상의 상호작용을 기대하지 않을 때 나타난다. 이 유형은 빠르고 결단력 있는 행동이 필요하거나 자신의 의견을 강하게 주장해야 할 때, 때로는 상대방에게 희생을 강요하거나 권력을 사용하여 목적을 달성하려는 경우 나타난다. 힘에 의존하는 경향이 있고, 상대를 압도함으로써 갈등을 해결하고자 한다.

둘째, 회피-보류형은 갈등의 원인을 부정하거나 갈등을 그대로 내버려 두어 해결되지 않도록 방치, 갈등해결을 상대에게 미루는 경향이다. 자신의 욕구조차 충족하려 하지 않고, 문제로부터 회피하거나 자신뿐 아니라 상대의 관심마저도 무시한다. 이 유형은 시간이 지나면 갈등이 자연스럽게 사라질 것이라고 믿는다. 갈등의 본질을 부정하면서 주제를 전환하는 진술이나 애매모호한 언급, 우회적이고 회피적인 행동, 농담이나 부적절한 발언, 타인의 부탁과 요구를 방치하는 등 갈등해결에 간접적이며 비협력적인 방식으로 접근한다. 회피는 갈등 상황에서 결단을 피하고 소극적으로 대처하며, 문제가 발생하면 뒤로 물러나는 방식으로 갈등을 처리한다. 서로 간에 기분 나쁜 일이 생기지 않도록 조심하거나 서로 다툴지 모르는 일에 대해서는 이야기를 피하는 것도 회피이다. 이는 상호적 인간관계를 유지하고자 하는 욕구가 잠재된 행동으로 볼 수 있다. 때문에 단순히 상대의 욕구에 대해 무관심한 유형이라고 판단할 수는 없다. 이 회피 전략은 상황이나 방식에 따라 상대방에게 협조적일 수도, 비협조적일 수도 있다. 하지만 부적절한 회피 방식은 문제를 해결하지 않고 방치하게 되고, 서로에 대한 생각을 나눌 수 없기 때문에 상황을 더 악화시킬 수 있다는 문제가 있다.

셋째, 절충-타협형은 자신과 상대방 모두에 대한 관심이 보통수준으로 갈등 상황에서 자신이 추구하는 목표를 상대와 절충하고 타협하면서 상대방의 입장도 만족시킬 수 있는 중간 지점을 찾아 합의에 도달하려는 행동 양식이다. 이 방식은 문제를 피하기보다는 상대방의 입장을 이해하고 양보하려는 해결책을 제시하지만, 양측 모두 완전히 목적을 달성하지는 못하고 상호교환과 희생을 통해 부분적으로 만족을 취한다. 타협은 복잡한 문제를 임시로 해결하거나, 부족한 시간 내에 적합한 해결책을 찾아야 할 때, 또는 상충하는 목표를 추구하는 두 세력 사이에서 사용되는 유형이다.

넷째, 협동-해결은 갈등상황에서 자신과 상대방 모두에게 높은 관심을 가지는 유형으로, 양측 모두에게 도움이 되는 해결책을 찾기 위해 노력하는 매우 적극적인 행동을 말한다. 이러한 문제해결은 양측의 관심사에 대해 우호적인 방식으로 접근하여 만족스러운 결과를 도출하려는 태도로 이어진다. 이는 갈등의 당사자들이 자신과 상대방의 이익을 온전히 이해하여 함께 문제를 해결하고자 하며, 서로의 목표를 추구하면서 동시에 좋은 관계도 유지하려고 한다. 이와 같은 방법은 긍정적인 자아존중감을 갖게 하며, 갈등 결과의 잠재성을 향상시킬 뿐 아니라 미래 논쟁에서 유리한 선행조건을 만든다. 이 전략은 갈등이 격화되지 않은 상태에서, 당사자들이 서로 충분한 정보를 공유할 경우 효과적으로 활용될 수 있다.

다섯째, 순응-양보형은 자신보다 상대의 목표를 더 중시하고 상대에게 맞추어 줌으로써 갈등을 없애려고 한다. 이 유형은 자신의 주장을 충분히 고려하지 않고, 상대방의 주장을 이해하려고 하며, 회유하려는 방향으로 태도를 취한다. 갈등의 당사자 중 한쪽이 자기희생적 태도를 보이며, 자신의 주장이 잘못되었다고 생각하거나 다른 문제의 중요성을 더 크게 인식할 때 쉽게 사용할 수 있는 유형이다(Gross & Guerrero, 2000). 하지만 양보는 개인이 어떤 것을 포기했다고 느끼기 때문에 흔히 내적인 불만을 가지게 된다.

위의 유형 중에서 어떤 것이 가장 좋은 방법이라고 단정 지을 수는 없다. 가장 부적절해 보이는 것이 회피-보류형이지만, 실제 상대와의 관계가 일시적이고 자신의 목표도 그다지 중요하지 않다면 잠시 회피하거나 양보할 수도 있다. 그러나 갈등해결의 만족도는 회피형일 때 최소, 협동적 문제해결형일 때 최대가 된다.

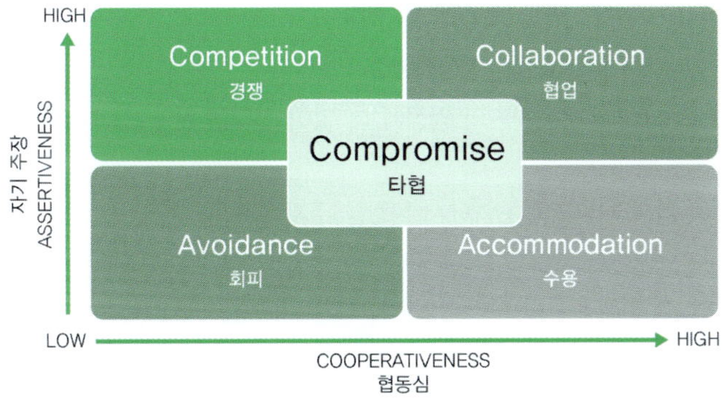

토마스-킬만의 갈등대처유형(1975)

이와 같이, 갈등대처유형은 한 사람이 모든 상황에서 일관되게 하나의 유형만을 따르는 것은 아니다. 자신이 처한 환경과 문화에 따라, 관계와 목표에 따라 이상적이라고 생각되는 갈등대처유형 방식도 다를 수 있다. 그러므로 자신과 상대의 갈등대처유형을 이해하는 것은 다양하고 적절하게 갈등에 대처하는 중요한 기초가 된다는 것을 인지하여야 한다.

Activity

갈등해결유형 검사

다음은 인간관계에서 경험하는 갈등상황을 다루는 방식을 알아보기 위한 질문지이다. 다른 사람들과 당신의 의견이 일치하지 않는다고 가정하고 완성해 보자. 만약 떠오르는 갈등상황이 있다면 그것을 생각하면서 나의 반응이 어떤지 고르면 도움이 된다.

(1–전혀 아니다 / 2–대체로 아니다 / 3–보통이다 / 4–대체로 그렇다 / 5–매우 그렇다)

번호	문항	1	2	3	4	5
1	현저한 의견 차이가 있을지라도 모든 의견이 동등하게 고려되고 검토될 수 있도록 열어 놓는다.					
2	모든 사람을 기쁘게 할 수 없으므로 나의 의견과 입장을 남들에게 분명히 이해시키는 데 노력한다.					
3	내 입장을 분명히 하지만 그 수위를 조금 낮추어 어느 정도의 시점에서 해결책을 찾을 수 있도록 한다.					
4	토론에서 잠시 벗어나 불편한 긴장상황을 피한다.					
5	내 개인적 목표보다 다른 사람의 감정에 더 많이 신경을 쓴다.					
6	나의 의견이 다른 사람과의 관계에서 영향을 주지 않도록 고려한다.					
7	나의 의견을 설명하는 만큼 다른 사람의 의견도 이해하려고 부단히 노력한다.					
8	다른 사람의 입장, 의견, 느낌보다 나의 목적에 우선 순위를 둔다.					
9	다름이나 차이가 일을 진행함에 있어 크게 걸림돌이 된다고 생각하지 않는다.					
10	어느 정도 양보하고 얻을 수 있는 것을 얻는다.					
11	나뿐만 아니라 다른 사람의 요구가 수용될 수 있도록 더욱 활발하게 토론에 참가한다.					
12	남의 기분에 맞추기보다 내가 옳다고 생각하는 것을 주장하기 위해 최선의 노력을 기울인다.					

번호	문항	1	2	3	4	5
13	내 주장만을 고집하지 않고 이성적으로 행동하지만 내가 반드시 찾아야 할 부분은 찾는다.					
14	내 의견을 절대로 강요하지 않으며 남의 요구에 조금 뒤로 물러난다.					
15	내 주장은 잠시 접어 두고 다른 사람과의 관계에 더욱 신경을 쓴다.					
16	다른 사람과의 직접적 접촉을 줄이고, 적당하고 안전한 거리를 유지한다.					
17	우선 결정해야 할 상황을 해결하고 나중에 관계개선을 위해 노력한다.					
18	다른 사람의 감정을 풀기 위해 필요한 모든 조치를 취한다.					
19	다른 사람의 요구를 수용하는 만큼 나의 요구가 관철되도록 한다.					
20	타협을 이끌어 냄으로써 일은 해결하고 다음 단계로 진행될 수 있도록 한다.					

채점 및 해석

유형	문항번호	점수 합계	나의 유형은?
협동/해결	1, 7, 11, 19		
경쟁/대립	2, 8, 12, 17		
타협/절충	3, 10, 13, 20		
회피/보류	4, 9, 14, 16		
순응/양보	5, 6, 15, 18		

점수가 높은 유형일수록 자신이 주로 대응하는 방식이라고 볼 수 있다. 가장 높은 점수인 유형이 가장 일반적이고 쉽게 갈등에 대처하는 방식이다. 두 번째로 높은 점수는 그 다음으로 많이 나타나는 방식이라고 할 수 있다. 만약 모든 유형의 점수가 비슷하다면 갈등대응에 있어서 어느 특정 방식보다는 여러 가지 상황에 따라 다양하게 변할 수 있는 유형이라고 할 수 있다.

출처: 김종운(2021).

※ 갈등관리 결과를 참고하여 자신의 갈등관리 유형이 무엇인지 파악해 보고, 갈등에 대처하는 태도나 자세에 있어서 보완해야 할 점이 무엇인지 생각해 보자.

2. 평화적 갈등해결

1) 갈등해결의 원칙

다양한 갈등이 다양한 과정 속에서 발생하지만 모든 갈등해결이 같은 원칙을 가지고 해결되는 것은 아니고, 갈등해결 자체가 원칙이 없는 것도 아니므로 갈등해결에 중요하게 지켜져야 할 원칙들에 대해 살펴보도록 한다(Assefa, 2007).

첫째, 표출된 갈등만 다루는 한, 갈등은 평화적으로 해결될 수 없다. 갈등의 기저에 놓여 있는 근본 원인이 다루어져야 하고, 갈등주체들의 요구와 이해관계, 갈등 주체들의 감정적인 문제들도 갈등해결의 과정 속에 함께 다루어져야 한다.

둘째, 갈등해결의 과정이 공정하고 정당하게 이루어져야 평화적으로 갈등을 해결할 수 있다. 중요한 것은 갈등해결 과정과 결과 모두에서 정의가 드러나야 하는 것이다. 갈등 당사자들뿐만 아니라 쉽게 드러나지 않는 간접 당사자들, 즉 이해관계에 놓여 있지만 외면하기 쉬운 이들도 갈등해결의 과정 속에서 외면되지 않도록 하는 노력도 필요하다.

셋째, 갈등 당사자들이 갈등 상황 속에 있으면 서로 자발적으로 수용할 수 있는 공정한 해결책을 이끌어 낼 만한 공통의 이해와 목적을 발견해 내는 것은 쉽지 않다. 따라서 공정한 제삼자의 개입을 통해 만족할 만한 해결책을 찾는 경우도 분명히 있음을 알고, 적절한 대처가 어렵다면 제삼자의 도움을 통해 좀 더 창의적으로 갈등을 해결할 수 있도록 하는 것도 좋다. 이 과정에서 갈등 당사자 간의 동의를 얻어야 함은 당연하다.

넷째, 갈등을 평화적으로 해결하는 일은 새로운 인간관계로의 변화를 의미한다. 강요나 명령에서 자발적인 참여로, 위계질서에 의한 상하관계에서 평등과 존중에 의해 형성되는 수평적 관계로의 전환을 의미한다는 것을 알아야 한다.

갈등은 표면적인 갈등뿐만 아니라 내면의 감정적인 관계까지 고려했을 때, 평화적으로 갈등해결을 할 수 있고 또한 잠재되어 있는 갈등의 뿌리를 규명할 수 있다. 모든 갈등해결의 과정 속에서 우리는 서로 대화와 협력을 통해 스스로 문제를 풀어 나갈 능력이 있는 주체적인 존재임을 인정해야 한다. 이러한 원칙을 통한 갈등해결이 이루어진다면 평화적인 갈등해결 방법에 한층 더 가까워질 수 있을 것이다.

2) 평화적 갈등해결

평화적 갈등해결이란 갈등의 근본 원인들을 제거시키는 쌍방 간 수용가능하고 지속가능한 합의를 말한다. 즉, 상호 간의 불일치로 인한 갈등상황을 성공적이고 생산적이며 평화적으로 이끌어 가는 과정이라 할 수 있다. 이러한 갈등해결은 상호작용적이고 역동적인 과정이므로, 갈등의 순기능적 측면을 강화하기 위해서는 갈등을 평화적으로 해결할 수 있어야 한다.

갈등해결전략은 상황에 따라 다르게 나타나는데, 서로 원만한 관계를 유지하기 위해 화해, 협상, 보류 등과 같은 방법을 이용하여 갈등을 해결하려는 양상이 나타난다.

갈등해결전략에는 크게 긍정적인 해결유형과 부정적인 해결유형이 있다. 긍정적인 해결유형은 갈등상황에서 누구 한 사람이 자신들의 입장만 내세우지 않고 상대의 의견을 존중하며 갈등의 해결책을 찾으려고 함께 노력함으로써 갈등을 해결한 후 서로 만족하게 된다. 하지만 부정적 해결유형은 갈등으로 인하여 발생한 감정을 부인하거나 무시하고 그 상황을 회피하며, 갈등 논의에서 물러나든지 또는 자신의 입장과 요구를 주장한다. 그리고 상대방을 비난함으로써 결국 갈등은 해결되지 않은 채로 남는다. 즉, 갈등이 일어났을 때 긍정적 갈등해결전략을 사용하는지 부정적 갈등해결전략을 사용하는지에 따라 서로에 대한 만족도에 영향을 미친다고 할 수 있다.

콜린스와 러센(Collins & Laursen, 1992)도 관계의 질에서 갈등이 많고 적음은 중요한 변수가 아니고 갈등을 해결하는 방식이 관계의 만족도와 더 관련성이 있다고 밝혔으며, 대인관계를 긍정적인 방향으로 유지하기 위해서는 갈등이 발생하였을 때 긍정적으로 해결해 낼 수 있는 기술이 필요하다고 강조하였다.

루턴스(Luthans, 1981)는 갈등해결전략을 세 가지 접근법으로 나누어 설명한다.

첫째, 패자-패자 접근법은 갈등 당사자 모두가 손해를 감수해야 하는 해결전략이다. 이때 갈등 당사자들은 누구도 완전히 만족하지는 못하지만 최소한 한쪽 편이 전적으로 승리하거나 패배하지도 않는 중간 절충안을 선택할 수 있다.

둘째, 승자-패자 접근법은 갈등이 해결되려면 한쪽은 승리하고 한쪽은 패배할 수밖에 없는 갈등해결전략이다. 이는 갈등 당사자의 한쪽이 얻는 가치만큼 다른 쪽이 손해를 보아야 하기 때문에 그다지 선호되지 않는 방식이다.

셋째, 승자-승자 접근법에서는 갈등을 승리하기 위한 싸움이 아니라 문제해결이 주된 관심사이고 어느 쪽도 패자가 되지 않게 해결될 수 있다는 생각에 기초하고 있다. 이러한 측면에서 루턴스는 승자-승자 접근법이 성취하기는 어려운 방식이나 갈등해결의 최대 목표가 되어야 한다고 주장하였다.

앞서 언급되었듯이 승-패 접근법은 상대방과 나, 둘 중 한 사람은 일방적으로 이기고 다른 사람은 져야 하기 때문에, 진 사람은 불만과 원망을 가지게 된다. 때문에 갈등이 더 커지게 되고 두 사람의 관계도 더 악화될 수 있다. 이긴 사람에게도 진 사람에게도 만족스럽지 못한 방법일 수밖에 없다는 것이다. 상대방과 나 모두 이기는 방법인, 승-승 접근법이 가장 이상적인 갈등해결전략이지만, 갈등관계에 놓인 모두의 욕구를 완벽하게 만족시킨다는 관점에서는 승-승 접근법의 해결은 상황에 따라 어려울 수 있다. 상대방과 내가 중간 절충인의 최선책을 선택하고, 상대방과 내가 둘 다 패하지 않는 무패의 갈등해결 방법이 대인 관계를 해치지 않으면서 현실적이고 평화적으로 문제를 해결해 나갈 수 있는 방법이라 할 수 있다.

'어떻게 하면 우리가 이 문제를 함께 해결할 수 있을까'라는 질문을 던지며, 창의적이고 건설적인 갈등해결의 6단계는 다음과 같다.

① 문제 확인하기

- 적극적 경청과 공감적 표현으로 상대방의 욕구와 문제를 파악한다.
- 나-전달법을 통해 내가 원하는 것을 정확하게 말한다.
- 모든 것이 드러나서 확실해지면 함께 합의가 될 수 있는 욕구를 확인해 본다.

② 가능한 해결방법 제시하기

- 상대방이 해결안을 제시하도록 요청하고 더 이야기하도록 격려한다.
- 상대방의 의견을 들을 때 자유롭게 제안하도록 북돋아 주되, 평가하거나 비판하지 않는다(공감하기 활용).
- 그 다음 자신의 해결안을 말한다. 평가나 논의가 시작되기 이전에 가능한 해결안들이 제안되도록 노력해야 한다.
- 의견은 많을수록 좋다. 아무리 '엉뚱한' 생각이라도 언급된 모든 해결안을 글로 적는다.

③ 가장 좋은 해결책 결정하기

- 정직성이 필요한 단계이다.
- 양측 모두에게 공평한가 등에 대한 정직한 의사를 교환한다.
- 모든 욕구와 그 해결안을 나열해 보면 분명히 좋은 해결안이 드러나게 된다. 서로가 수긍할 수 있는 최선의 방법을 결정한다.

④ 결정한 해결책 실행하기

- '누가, 언제, 무엇을, 어떻게 할 것인가?' 등 구체적으로 역할을 명확히 하여, 실천방법을 의논하고 실행한다.

- 이 때 바람직한 태도는 이 결정이 이행되지 않을 경우에 대한 의문이나 벌칙을 논하기보다는 서로가 성실하게 이행할 것을 신뢰하는 것이다. 만약 나중에 합의된 것을 이행하지 못하는 상황에서는 그 때 나-전달법을 통해 이야기하고 상호 간에 약속을 상기하도록 제안한다.

⑤ 실행 후 평가하기

- 실행한 해결안이 반드시 최선의 결과를 가져오는 것은 아니다.
- 실행 후 서로의 감정을 확인해 보고 문제점이 발견된다면 다시 1단계로 돌아가야 한다.
- 문제점이 드러난 해결안이면 언제든지 수정이 가능하다.

Activity

아래의 상황을 평화적으로 해결하기 위해 6단계의 갈등해결법을 적용시켜 효과적으로 해결해 봅시다.

〈상황〉
조별로 발표 준비를 해야 하는데, 각자 학원, 병원, 저녁 약속으로 만날 시간을 정하기가 힘들다. 지윤이는 금요일 3시, 혜민이는 금요일 5시, 라온이는 금요일 7시에 만나자고 주장한다.

1. 문제 확인하기	
2. 가능한 해결방법 제시	
3. 가능한 해결방법 평가하기	
4. 가장 좋은 해결책 결정하기	(그러면...)
5. 결정한 해결책 실행하기	
6. 실행 후 평가하기	

조별로 어떠한 방법으로 갈등해결을 하였는지 발표해 봅시다.

Activity

다음의 갈등 상황 중 하나를 선택하여 조별 역할극을 실행해 보도록 합니다.

1. 팀원들 간, 의사소통하는 과정에서 지속적인 의견 불일치가 이어지면서 팀원들의 태도들을 불성실하게 만들고, 이를 지적하는 다른 팀원까지 불만을 드러내 언성을 높이는 상황이다. 어떻게 할 것인가?

2. 팀원들이 모두 극 I성향을 가지고 있다는 이유로 아무도 나서서 이야기를 안 하고 있다. 이를 보다 못한 한 학생이 용기를 내 적극적으로 나서도 이를 따라 주지 않는 상황이라면 어떻게 할 것인가?

3. 팀 프로젝트 발표 날, 연락도 없이 한 조원이 지각을 하는 바람에 다른 조원들이 당황하면서 발표를 제대로 해내지 못하였다. 이로 인해 교수님께 조 전체가 질책을 받고 팀원들 간의 불평불만이 생긴 상황이라면, 어떻게 할 것인가?

4. 과제 수행을 위해 조원들과 함께 회의를 하는 중 참신한 아이디어를 제시하였지만, 조장이 "비현실적이고 비논리적이다."라고 공개적으로 비판하며 망신을 주었다. 자신의 생각을 존중받지 못했다고 불만이 쌓였고, 이후 조별 활동 태도도 소극적으로 변하게 되었다. 이후 조장이 따로 연락하여, 소극적인 태도에 대해 지적하는 상황이라면 어떻게 할 것인가?

5. 같은 과 친한 동기가 나를 험담하고 다니는 것을 다른 친구를 통해 들은 상황이라면, 어떻게 할 것인가?

6. 급하게 돈이 필요하다는 친한 친구에게 돈 10만원을 빌려주었는데, 바로 갚겠다는 친구가 자꾸 시일을 미루는 상황이라면 어떻게 할 것인가?

※ 이 외에 조원들과 함께 우리가 쉽게 접할 수 있는 갈등상황에 대해서 생각해 보고 주제를 정해도 좋습니다. 여러분의 주제를 조원들과 함께 이야기해 보고, 역할을 정해 봅시다.

3. 갈등의 중재

1) 중재자의 역할

중재는 둘 이상의 갈등 관계에 있는 사람이 자신들의 갈등을 해결해 줄 만하다고 믿는 제3자의 도움을 받는 과정이다. 중재자는 갈등 당사자들 스스로 문제해결이 어려울 때, 갈등 당사자들의 의사소통을 도와주고, 서로 다른 갈등 당사자들의 견해가 적대감 없이 솔직하게 교환되고 경청될 수 있는 분위기와 조건을 만들어 서로 만족하며 실효성이 있다고 믿는 해결방법을 찾아가도록 하는 역할을 하는 사람이다. 갈등이 격화되면 갈등 당사자들 간에 대화의 끈은 끊어지고, 상호 간의 신뢰가 무너져 관계마저 단절되는 과정으로 이어지곤 한다. 하지만 중재 과정에 참여한 갈등 당사자들은 중재자의 도움을 받아 단절되었던 대화를 이어 가는 과정에서 서로의 입장과 배경을 듣는 기회를 갖게 되며, 자신과 상대가 진짜 원하는 것이 무엇인지를 알아내어 서로 만족할 수 있는 해결 방법을 찾아가게 된다.

중재자가 갈등이 있는 사람들 사이의 대화를 중재할 때, 중재자 자신의 의도와 목표를 구별하는 것이 매우 중요하다. 중재자의 첫 번째 의도는 우선 자신과, 그리고 당사자들과 연결하는 것이다. 전형적으로 이러한 연결을 통해 양측을 갈라놓았던 상처로부터의 치유가 일어난다. 또한 문제 해결에 있어서 협력적인 분위기가 형성되어 서로가 보다 만족하게 되는 해결방법을 얻게 된다. 그리고 이 문제와 관계된 당사자 모두가 서로 동의하는 방식이기에 약속이 실행될 가능성도 더 높아진다. 이러한 협력이 일어날 때 이를 환영하겠지만, 그 자체가 중재의 의도는 아니다. 중재의 의도는 연결이고, 연결이 생겼을 때 치유와 협력이 따라온다.

다른 사람들 간에 연결을 이루려고 애쓰거나 해결책을 찾으려고 노력하지 않는 것이 오히려 도움이 되기도 한다. 역설적이게도 연결이나 해결책은 우리가 직접적으로 통제할 수 있는 것이 아니기 때문에 이러한 노력들은 오히려 방해가 될 수 있다. 다른 사람들 간의 갈등을 중재할 때의 3가지 목표는, 첫째, 각 당사자가 자신의 욕구를 의식할 수 있도록 돕고, 둘째, 각 당사자가 상대방의 경험과 욕구를 들을 수 있도록 하며, 셋째, 각 당사자가 자신의 욕구를 충족시키기 위해 무엇을 원하는지 스스로 명확하게 알 수 있도록 돕는 것이다.

2) 중재의 순서

중재 프로세스를 원활하게 진행하는 데 기본적인 순서는 다음과 같다(김은하 외 6).

① **도입**: 갈등에 대한 기본적인 규칙을 제시한다.

- 문제해결을 위해 열심히 노력할 것을 동의한다.
- 타인을 비방하지 않을 것임을 동의한다.
- 타인이 말을 마칠 수 있게 기다릴 것을 동의한다.

② **경청**: 상대의 말을 잘 들어준다.

- 여러분이 들은 내용을 바꿔서 상대방에게 다시 말해 본다.
- 여러분이 들은 내용에 대한 느낌을 상대방에게 말해 본다.

③ **문제이해**: 갈등을 일으키는 문제를 파악한다.

- 여러분은 문제의 원인이 무엇이라고 생각합니까?

- 여러분은 이 문제를 해결하기 위해 무엇을 할 수 있습니까?
- 여러분이 생각하는 해결책은 무엇입니까?

④ **해결방법 선택**: 이렇게 하면 문제가 해결될 것 같다!

- 여러분은 어떤 해결방법이 더 좋다고 생각합니까?
- 여러분이 생각한 해결방법의 결과는 어떠할까요?

⑤ **계획수행**: 구체적인 계획을 세운다.

- 여러분이 선택한 해결책을 적용하기 위한 계획을 세웁니다.
- 계획수행에 어려운 점이 있나요?

Activity

내가 갈등상황을 잘 도와줄 때도 있고 그렇지 못할 때도 있습니다.
좋은 중재자와 나쁜 중재자의 특징을 함께 이야기하면서 적어 봅시다(브레인스토밍).

좋은 중재자	나쁜 중재자
– 남의 약점을 이야기하지 않는다. – 중재의 기준이 명확하다.	– 한쪽 편만 들어 준다. – 중재의 기준이 매번 다르다.

Activity

중재 역할연습

다음 달, 친구들끼리 모여서 놀이공원에 가기로 했습니다. 하지만 어떤 놀이공원을 가고 싶은지는 아직 친구들 간에 의견이 분분합니다. 라떼월드는 비가 와도 놀 수 있고 가깝다는 장점이 있지만, 이러한 장점 때문에 사람이 많이 붐빌 것 같고, 가격도 비싼 편입니다. 네버랜드는 좀 멀리 떨어져 있고 교통편이 불편하지만 놀이기구도 다양하고 할인을 많이 해 주는 편이라면, 어떤 놀이공원을 가야 할까요?

라떼월드		네버랜드	
장점	단점	장점	단점

1. 라떼월드를 가고 싶은 친구의 주장

2. 네버랜드를 가고 싶은 친구의 주장

3. 중재하는 친구의 개입

4. 다른 상황을 생각해 봅시다.
중재가 필요한 다른 상황은 또 어떤 것이 있을까요?

5. 이 상황에서는 어떻게 중재할 수 있을까요?

『갈등관리와 협력』 주니어워크북, 김은하 외 6

수업을 정리하며 Closing

1. 나만의 갈등해결전략은 무엇인가?

2. 나는 평화적 갈등해결을 위해

- 어떠한 갈등해결방법으로 대응하는가?

- 나의 대응 방식이 마음에 들지 않는다면 혹은 부정적인 결과로 이어졌다면, 어떠한 점을 보완해야 하는가?

- 내가 평화적 갈등해결을 위해 중재자의 역할을 수행해야 한다면, 어떠한 마음가짐으로 임할 것인가?

CHAPTER

13

갈등과 공감

오늘 우리의 **학습 목표**

1. 대인관계에 있어 공감적 경청과 반응을 상황에 맞게 적절히 할 수 있다.
2. 자기표현 활동을 통하여 상황에 맞는 적절한 표현들을 연습하고 긍정적인 인간관계를 위해 이를 활용할 수 있다.

수업을 시작하기 전 Warming-up

1. 최근 갈등상황에 놓였던 경험을 생각해 봅시다. 그 때의 나의 감정을 생각해 보고 당시 자신의 얼굴 표정을 표현해 보도록 합니다.

2. 그 상황에서 어떠한 감정이 나의 표정을 이렇게 만들었을까요?

3. 나와 갈등상황에 놓인 상대방의 감정과 표정도 나와 같았을까요?

1. 갈등상황에서의 감정조절

1) 감정조절의 이해

감정조절은 '감정'과 '조절'이 함께 균형을 맞추어 나갈 때 이루어진다. 먼저 '감정'의 사전적 의미를 살펴보면, 느끼어 일어나는 슬픔, 기쁨, 좋음, 싫음 따위의 마음이나 심리 상태를 뜻하며, 내면에서 느끼는 어떤 것으로 정서, 느낌, 애정 등과 상통하는 의미로 사용된다. '조절'의 사전적 의미를 살펴보면, 어떤 대상의 상태를 조작하거나 제어하여 적절한 수준으로 맞추고, 균형을 잡아서 어울리게 바로 잡거나 또는 적당하게 맞추어 나가는 것을 뜻한다. 이렇게 '감정'과 '조절'의 의미에서 유추해 볼 때, 감정조절은 사건에 변화하는 요구에 대한 반응으로 일어나는 역동적인 과정이며, 정서적인 반응을 다루는 것을 목표로 하는 목표 지향적인 과정으로 정의할 수 있다. 기쁨이나 슬픔, 분노나 공포와 같은 긍정적인 혹은 부정적인 지각으로 감정의 수준이 높아진 것을 적응하고 대처하려는 행동 또는 과정이다.

2) 감정조절의 필요성

우리가 일상에서 느끼는 감정은 크게 긍정적인 감정과 부정적인 감정으로 나눌 수 있다. 우리가 대부분의 갈등상황에서 느끼는 부정적인 감정은 긍정적인 감정에 비해서 일상생활에 더 큰 영향을 끼치게 되는데, 이러한 부정적인 감정을 적절하게 대처하지 못하고, 조절하지 못했을 경우에는 갈등상황이 더 악화되거나, 사회적 관계가 훼손되면서 그에 따른 심리적 불안과 위기감을 겪게 될 수 있다. 감정은 개인이 겪는 상황이나 주변 사람들의 감정적인 반응에 의해서 조절되는데, 어떠한 상황에서 불쾌하고 싫은 부정적인 감정을 불러일으키는 일이 생겼을 때 자신의 감정을 어떻게 조절하느냐에 따라 개인의 반응은 달라질 수 있으며, 이러한 개인의 반응이 사회적 관계에도 영향을 미치면서 달라질 수 있다.

우리는 일상에서 받는 작은 스트레스에도 자신의 감정에 대처할 수 있는 방법을 잘 알지 못해서 불안과 긴장감을 느끼고, 우울증 등의 심리적 장애를 일으키거나 감정과 행동을 조절하는 데 어려움을 겪는다. 이는 곧 정서적인 안정을 위협하여 부적응의 요인으로 작용하는 것을 볼 수 있는데, 감정조절은 이러한 부정적 감정으로부터 받는 스트레스 수준을 낮춰 줄 뿐만 아니라, 부적응으로 이어지는 현상들까지도 예방한다.

따라서 감정조절은 자신 혼자가 아닌 타인과 수많은 관계들을 맺으며 살아가는 사회 속에서 감정을 조절함으로써 어떠한 상황에서도 적절한 판단과 결정을 내릴 수 있도록 도움을 주며, 자신의 감정과 다른 사람의 감정을 이해하면서 소통할 수 있는 데 도움이 된다.

Activity

나의 분노 기록지

1. 최근 나를 화나게 만들었던 사건을 떠올려 보며 작성해 봅시다.

상황	나를 화나게 한 것은 무엇이었나.	
분노의 신호	나는 어떤 생각을 했는가. 나의 감정은 어떠했는가.	
분노 수치	1=(최소) 10=(최대)	
행동	나는 어떻게 반응했는가. 나는 어떻게 행동했는가.	
결과	어떤 긍정적 · 부정적 결과가 발생했는가.	
영향	나의 행동과 결과가 타인에게 어떠한 영향을 주었는가.	

2. 화를 덜 낼 수 있는 좋은 방법은 뭐가 있는지 토의해 봅시다.

2. 공감적 경청

1) 공감적 경청의 개념

공감적 경청의 개념은 내가 먼저 상대방을 이해하는 것, 즉 진정한 이해를 추구하는 정신이 담겨 있고 어떤 사람을 감정적으로, 또한 지적으로도 완전하게 이해하는 것이다.

공감적 경청은 의사소통적 측면에서 타인을 잘 이해하고 공감하기 위한 방식으로 이해할 수 있다. 이것은 공식적 의사소통보다는 비공식적 의사소통 전반에서 필요한 자세이자 태도이다. 이 경청은 상대방의 감정을 이해하고 배려하는 경청으로 화자의 말을 분석하거나 비판하려는 데 목적이 있는 것이 아니라 화자의 생각이나 감정을 깊이 있게 이해하기 위해 감정을 이입하여 듣는 것을 뜻한다.

공감적 경청의 본질은 다른 사람과 '함께 느끼는 것'이고 타인의 감정을 민감하게 이해하는 것이다. 여기에서는 타인과 의사소통을 잘하기 위한 인지적 이해 과정 또한 필요하다. 즉, 의사소통 참여자의 감정을 인지하고 수용하는 것이 필요하다. 공감은 의사소통 행위자들이 비슷한 경험과 느낌을 공유할 때 촉진되지만, 공감적 경청은 유사하거나 공유된 경험이 같지 않을지라도 자신의 정서와 경험의 세계에 비추어 인지적으로 이해하여 공감하는 것이다.

2) 공감적 경청의 속성

공감적 경청의 속성은 다음의 4가지로 제시된다.

첫째, 공감적 감수성이 필요하다. 청자는 화자의 말 속에 포함되어 있는 중요한 감정, 태도, 신념, 가치 기준을 포착하는 감수성이 있어야 한다. 대화의 메시지에는 내용과 감정의 두 가지 요소가 있는데, 원만한 의사소통을 이끌기 위해서는 내용의 이해 보다도 감정을 잘 이해하고 공감하는 것이 더 중요한 경우가 있다. 인간관계를 원활하게 유지하고 발전시키기 위해 심리적 차원에서의 듣기 자세와 태도가 매우 중요하다.

둘째, 공감적 전달과 의사소통의 원리가 필요하다. 청자는 화자의 외적 측면, 즉 내용의 이해뿐만 아니라, 내적인 측면인 감정, 태도, 신념까지 이해하고 알게 되었음을 화자에게 잘 알려 준다. 화자의 메시지를 듣고 이해한 것을 다시 청자에게 전달해 주어 의사소통이 원활하게 되도록 한다. 이것은 공감적 반응과정을 의미한다. 청자가 느끼고 이해한 것을 화자에게 잘 전달하는 공감적 반응은 의사소통의 핵심적 요소이다.

셋째, 인간존중이 기본이 되어야 한다. 어떤 선입견이나 자기의 관점을 버리고 화자의 관점에 서서 경청하고, 대화 상대방을 위로하고 격려하는 대화를 지향한다. 인간 존중이 대화의 근본이 되어야 하고, 이는 대화의 내용과 방법에 배어 있어야 한다.

넷째, 적극적인 피드백의 원리이다. 공감적 경청에서는 청자가 수동적으로 내용을 이해하고 청취하는 것이 아니라, 적극적으로 대화에 참여해 적극적인 피드백을 보낸다. 피드백은 화자의 메시지에 대하여 청자가 표시하는 언어적, 비언어적 반응으로 이루어진다. 청자는 맞장구치기, 대화내용을 다시 구성하기, 화제를 바꾸기 등의 적극적인 활동을 전개한다.

3) 공감적 경청의 구성요소

공감적 경청은 공감적 경정의 기본적인 지식과 방법, 그리고 공감적 경청의 태도가 같이 결합되어 있다. 이에 공감적 경청을 위한 구성요소는 다음과 같다.

(1) 집중하여 경청하기

상대방의 이야기를 들을 때 대부분은 자신의 관점에서 이야기를 듣거나 주의 깊게 듣지 않는다. 상대방의 이야기를 집중하여 잘 들어주기 위해서는 먼저 상대가 이야기하기 좋은 태도를 가지고 주의 깊게 들을 수 있도록 한다. 청자가 화자의 이야기를 듣는 자세는 화자의 행동양식에 변화를 가져오는 가장 중요한 요소이다. 주의 깊게 듣는다는 것은 청자의 자세, 즉 비언어적 표현 방식에 의해서 알 수 있는데, 이는 상대방을 향하여 편안하고 자연스러운 자세, 적절한 눈 맞추기, 적절한 몸짓, 긍정적인 표정 등으로 표현될 수 있다. 이는 저절로 습득되는 것이 아니라 적절한 동기 부여 및 연습이 필요한 자세이다.

청자는 화자가 하는 말을 잘 들어야 하지만 화자의 비언어적 표현도 잘 관찰해야 한다. 그래야 화자의 의도를 깊이 있게 이해할 수 있다. 대부분은 다른 사람의 이야기를 듣는 것보다 자신의 이야기를 하는 것에 더 많은 신경을 쓰기도 하는데, 이러한 문제점을 구체적으로 인식하지 못하는 문제를 발생시키지 않도록 주의가 필요하다. 화자가 하고 싶은 말에 대해 방해 받지 않고 끝까지 의사표현을 할 수 있도록 청자는 진지하게 인내를 가지고 들어주는 자세를 갖도록 하는 것이 필요하다.

(2) 수용적 듣기

사람의 내면 속의 주관 세계는 그야말로 주관 속으로 뛰어들어야 이해할 수 있는 법인데, 자신의 준거틀(또는 세상을 바라보는 방식)이 먼저 작용하기 때문에, 상대의 이야기를 수용하기보다는 자신의 잣대로 판단을 하거나 설득하려고 든다. 그러나 수용적 듣기는 화자의 말을 분석하거나 비판하며 듣는 것이 아니라 화자의 생각과 감정을 있는 그대로 받아들이는 것이다. 공감을 위한 가장 기본은 상대에 대한 수용적 자세이고, 이는 자신을 내세우지 않은 채 상대방의 말에 귀를 기울인다는 뜻이다. 이런 자세는 자신의 생각이나 감정과는 다소 다르더라도 화자의 감정, 생각을 있는 그대로 수용하는 것을 의미한다.

수용적 듣기의 핵심은 대화할 때 상대의 생각을 판단하거나 자기 기준으로 해석하지 않고 있는 그대로 상대의 입장에서 받아들이는 것이지만, 아주 불합리한 것이나, 비윤리적인 것도 그대로 받아들인다는 것이 아니라, 자신의 의견과 다르더라도 그대로 수용한다는 의미이다.

(3) 적극적으로 경청하기

공감적 경청은 화자의 입장에서 수용하며, 듣는 차원에서 그치는 것이 아니라 더 나아가 적극적으로 반응하고, 적극적으로 대화에 참여하여 대화를 촉진하는 역할을 감당하는 것이다. 이를 위해서 청자는 화자가 말을 잘할 수 있도록 격려하기, 맞장구치기, 질문하기, 들은 이야기 재신술하기 등의 반응을 적절히 해 가면서 들을 수 있어야 한다. 격려나 맞장구치기는 화자의 말을 열심히 듣고 있다는 것을 표현하는 대화 참여자의 언어적, 비언어적 반응 행위로서 대화를 촉진하는 중요한 요소가 된다.

(4) 감정을 함께 나누기

깊이 있는 대화는 상대방과 감정을 함께 나누는 것으로부터 시작이 된다. 그러기 위해서는 상대방의 감정을 정확히 파악하고 이해하는 것이 기본이 되어야 한다. 이해한 감정을 타인과 나누는 것이 정서적 공감, 감정의 공유이다. 이것은 상대방의 말 속에 내포되어 있는 중요한 감성, 배노, 신념, 가치기준을 포착하는 감수성의 차원이다.

다른 사람의 감정을 정확하게 파악하고 민감하게 반응하는 것, 이해한 감정을 다시 나누는 정서적 감정 공유를 위해서는 자신은 물론 타인의 감정이 무엇인지, 감정을 어떻게 표현하는가를 알아야 한다. 화자의 행동이나 비언어적 표현을 보고 화자의 마음을 이해할 수 있는 것이 감정을 함께 나누는 기틀이 된다.

(5) 공감적 반응하기

의사소통 과정에서 다른 사람의 관점을 직접적으로 반영해 주는 것이 공감적 반응하기다. 대화 메시지의 감정과 내용을 파악하고 그것을 화자에게 전달하는 의사소통 과정으로 이 과정은 공감적 경청의 과정을 마무리하고 완성하는 것이다.

공감적 반응하기는 자신이 이해한 말로 재진술하는 것으로 나타나는데, 인지적 측면의 내용과 정서적 측면의 이해를 함께 표현할 수 있어야 한다. 인지적 측면의 내용 이해는 대화 속에 나타나는 정보, 상황, 사건, 의견, 판단, 생각 등에 대한 이해를 말하며, 정서적 측면의 내용 이해는 기쁨, 행복, 슬픔, 화남, 불편함, 기분 나쁨 등의 감정에 대한 이해를 말한다.

청자의 공감적 반응은 대화를 더욱 원활하게 하는 몇 가지 효과가 있다. 먼저, 화자에게 자신의 말이 제대로 이해되고 있는지 판단할 수 있는 정보를 제공한다. 자신의 말이 정확하게 이해되고 있다는 것을 알게 되면 화자는 안심하고 이야기를 이끌어 가게 된다. 다음으로 대화의 초점이 흐려지는 것을 막을 수 있다. 또한 상대방의 감정을 이해함으로, 서로의 인격을 존중하는 태도를 가지고 대화에 참여할 수 있게 된다.

(6) 상대방을 배려하는 말하기

공감적 화법에서는 대화 상대자를 인정하고 존중하는 것을 기본으로 한다. 화자나 청자가 자신의 입장이 아닌 상대의 입장을 이해하며 말하고 듣기, 예절을 지켜 말하고 듣기, 상대를 위하는 말하기 듣기 등 상대의 입장을 배려하는 대화라고 볼 수 있다.

대화에서 분석적이고 비판적으로 상대방의 이야기를 들으려고 하는 것이 습관처럼 굳어 있다면, 상대방을 존중하는 마음으로 예절 바르게 말하는 것도 공감적 경청의 기본 태도라는 것을 알고, 배려하는 말하기를 하도록 해야 할 것이다. 이는 곧, 청자는 화자의 입장을, 화자는 청자의 입장을 고려한 말하기라고 할 수 있으며, 이는 인간관계를 원활하게 하는 중요한 방법이기도 하다.

3. 공감적 표현과 반응

1) 공감적 경청의 단계와 표현

공감적 대화의 방법은 크게 '공감적 경청'과 '공감적 반응'으로 구분하는 것이 대표적인 관점이다. 청자로서 수용적 경청의 역할을 강조한 '공감적 경청'의 관점을 화자와 청자 모두를 고려한 '공감적 대화' 혹은 '공감적 의사소통'의 관점으로 전환해야 함을 강조하고 있다. 이에 따라 공감적 경청뿐만 아니라 적극적인 공감적 반응하기 방법을 학습하는 것이 필요하다.

화자와 청자가 공감적으로 대화를 나누는 단계를 통해 공감적으로 소통되는 모습을 그려 볼 수 있는데, 공감적 경청의 4단계는 다음과 같다.

첫째, 화자는 말이나 태도, 말투 또는 몸짓을 통하여 문제를 가지고 있다는 단서를 전달한다. 둘째, 청자는 관찰할 수 있는 단서로 코드를 해독하고 화자가 어떤 문제로 어려움을 겪는지 추측해서 느낌이나 생각을 청자에게 말해 준다. 셋째, 화자는 청자의 말을 다시 받으면서 자신의 감정을 확인하고, 그 감정을 거부하거나, 보다 분명한 신호를 다시 보내고자 한다. 넷째, 이에 따라 상대방의 말에 공감하고 있음을 표현한다.

이를 종합하면 청자 혹은 화자는 메시지를 코드화하여 개인의 내적인 메시지로 바꾸며, 그에 따라 적절한 반응을 피드백하게 된다. 그 피드백의 단계는 코드화된 내적 메시지를 다시 코드로 바꾸게 되고, 그에 따라 화자나 청자는 적절한 가치 판단을 행하여 공감적으로 반응할 수 있어야 한다. 이 때 전달되는 메시지는 언어적 메시지를 포함한 비언어적 메시지도 함께 전달되어야 한다.

- **친구**: 지윤아, 내가 라온이에게 먼저 사과해도 괜찮을까?
- **지윤**: 혹시 라온이가 사과를 안 받아 주면 어떻게 하나 걱정하는구나.
- **친구**: 응. 정말 그래. 사이가 더 서먹서먹해지지는 않겠지?

이처럼 친구의 말을 듣고 상대의 입장에서 깊이 공감하면서 추측한다. 그리고 그 추측을 다시 언어적으로 확인하며 공감적 대화를 이어 가는 것이다. 곧, 상대의 말을 듣고 코드화하여 내적 메시지로 해석하는 과정을 거친다. 이 때 내적 메시지는 '친구에게 거절 당할까 봐 두려움이 있구나.' 정도로 생각할 수 있을 것이다. 그러한 내적 메시지에 따라 적절한 반응을 피드백 한다. 이 피드백의 상황에서의 언어적 메시지는 '~구나.'와 같은 공감적 메시지와 함께 걱정스러운 표정과 진심 어린 말투가 담겨야 할 것이다.

2) 공감적 반응

(1) 상대방의 감정 느끼기

상대의 말을 경청하거나, 표정이나 행동과 같은 비언어적 표현을 관찰하여 상대의 감정에 대해 즉각적으로 알아차리는 행위를 포함한다. 상대방이 발화를 먼저 시작하지 않더라도 "무슨 일 있었어?", "오늘 기분 좋아 보인다." 같은 말을 건네어 감정을 자세히 파악하기 위한 정보를 얻을 대화를 유도하고, 상대방의 마음속에 있는 화젯거리를 털어놓을 수 있는 편안한 분위기를 조성하여 상호 간의 진솔하고 깊은 대화가 가능하도록 만들어 나가야 한다. 따라서 공감적 경청 방법의 '경청하기', '맞장구치기'와 같은 전략을 사용하여 대화가 지속되도록 노력해야 한다. 그러한 과정에서 상대방의 말과 표정 등을 관찰하며 상대가 현재 느끼고 있는 감정이나, 전해 주는 경험 당시 느꼈던 감정을 감지하되, 이때 감지한 감정은 확신이 아닌 추측과 짐작의 수준임을 유념해야 하며, 선불리 판단하지 않는다. 더 많은 대화를 통해 상대에 대해 숙고한 후에 이해할 수 있으므로, '나는 상대방의 감정을 아직은 정확히 모르기 때문에 이 사람에 대해 궁금증과 관심을 기울이고 대화를 지속해야 하겠다.'라는 마음가짐이 필요하다.

(2) 상대방의 감정 이해하기

상대방의 의중을 어느 정도 파악했다면, "~때문에 ~한 마음(감정)이 들었다는 거야?"처럼 감정 및 감정 유발 원인의 정확한 이해를 위한 질문이나, "그때는 어떠한 마음이었어?", "어떻게 생각했었어? 와 같이 감정을 명료화하는 질문을 통해 상대방의 감정을 섬세하게 인지할 수 있어야 한다. 상대방이 이야기를 전달하고, 질문에 대해 응답하는 동안 상대방이 직접적으로 표현하는 감정과 더불어 표현하지 않은 깊은 내면의 감정을 인지하기 위한 노력도 중요하다. 공감적 경청 방법으로 '요약하기'와 '재진술하기' 전략을 사용하여 "너는 ~해서 ~한 기분이었구나."라는 방식으로 언어적 반응을 표현한다면, 자신이 상대방의 감정을 바르게 인지했는지 확인하는 데 도움이 된다. 이러한 방식으로 상대방도 자신이 전하고자 하는 의도가 제대로 전달되었는지 확인할 수 있다. 이는 상대방이 추가적인 이야기를 진행하거나 미처 표현하지 못한 진심을 이끌어 내기에 효과적인 전략이다.

'너는 ~해서 기분이 나쁘구나.' 혹은 '너는 ~해서 기분이 좋구나.'처럼 단순한 표현보다 '너는 ~해서 억울하구나.', '너는 ~해서 뿌듯하구나.'처럼 감정을 명확히 표현한다면 상대방의 감정에 대한 이해도를 더욱 높일 수 있다. 감정의 종류는 매우 다양해서 자신이 이해한 감정을 명확하게 언어로 전달하기 위해서는 인간의 감정에 대한 기본적인 지식이 요구된다. 결국, 상대방의 감정을 느끼기보다 깊은 관찰력과 관심을 가지고 대화에 참여하여야 감정에 대한 이해도가 더욱 높아질 수 있다.

(3) 상대방의 감정을 표현하기

'상대방의 감정을 이해하기'는 상호 작용을 통해 상대방에 대한 이해가 정립되어 '상대방은 ~한 감정이구나.'와 같은 인지적 사고 과정을 주된 목적으로 하는 방법이었다면, '상대방의 감정을 표현하기'는 한층 고차원적인 사고를 통해 성숙한 공감을 표현하는 방법이다. 구체적으로, 상대방의 감정을 인지하는 것에 그치지 않고 자신이 대화를 통해 상대방의 감정과 그러한 감정의 유발 원인을 충분히 이해하고 있음을 보여 주는 반응을 나타내야 한다. 공감적 경청 방법의 적극적 차원에서 주로 논의되었던 '바꾸어 말하기'를 통해 "내 생각에는 네가 ~해서 ~한 감정인 것 같아."라고 자신이 이해한 바를 표현하는 방식이 있다. 또 다른 예시로는, "내가 너였더라도 ~한 감정이었을 거야."라고 상대방의 이야기를 들으며 대리 경험한 감정을 지지하고, 인정하는 방식이 있다. 상대방의 감정을 수용하고 그 감정에 대해 당위성을 부여하여, 상대방이 자신의 감정을 편안한 마음으로 직면하는 데 도움을 주는 반응이다.

이처럼 상대방의 감정을 섬세히 이해하였음을 전달하려는 목적에 주목한 표현 방식이 있는 한편, 상대방의 감정이 긍정적인 방향으로 나아가도록 하는 목적에 주목하여 표현하는 방식도 있다. 이는 상대방이 마주한 부정적 감정을 긍정적 감정으로 '변화'시키라는 의미는 아니다. 상대방의 감정이 다른 잘못된 형태로 표출되지 않도록 더 깊은 대화를 통해 상대방이 이를 충분히 직면하고 조절할 수 있도록 노력해야 한다. 부정적인 감정을 완화·조절할 수 있는 행동 및 해결책을 제안하거나, 상대방이 느끼고 있는 부정적 감정은 다른 대다수도 겪는 보편적인 감정이라고 위로하며 심리적 안정을 제공하는 전략이 있다. 반면에 상대방에게서 인지한 감정이 긍정적 양상이라면, 이를 마음껏 발산하여 그 감정이 오래 유지될 수 있도록 도와주는 방법도 있다. 아낌없는 칭찬과 응원을 통해, 앞으로도 상대방에게는 긍정적인 감정을 유발하는 일이 가득할 것이라고 격려한다.

Activity

공감적 경청의 4단계

공감적 경청이란?

상대방의 말을 분석하거나 평가하지 않고, 그 사람의 생각이나 감정을 깊게 이해하는 것을 말한다. 그렇다면 상대방의 말을 공감하며 듣기 위해서는 어떻게 해야 할까?

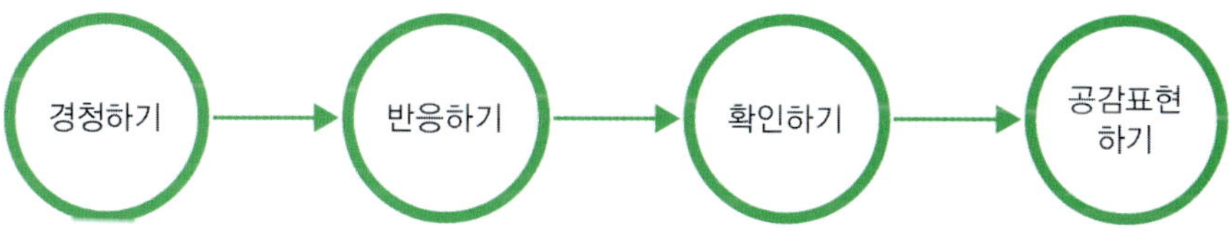

경청하기

상대방의 말을 귀 기울여 듣는 것은 나의 입장이 아닌 상대방의 입장에서 상대방의 말을 끝까지 따라가며 듣는 것을 말한다. 경청을 잘하기 위해서는 '몸이고시마개' 공식을 따르면 된다.

경청의 공식: 『몸 이 고 시 마 개』	몸을 약간 앞으로 기울이기
	이완된(긴장이 풀리고 편안한) 자세와 얼굴표정
	고개를 끄덕이기
	시신접촉(부드러운 시선)
	마주 앉기
	개방된 자세

※ 듣는 시늉만 하거나 나에게 흥미 있는 부분에만 귀를 기울이는 행동, 상대방이 하고 있는 말을 들으면서 나의 경험과 비교하지 않도록 주의하자.

1. 나의 평소 경청의 자세는 어떠한지에 대해 한번 생각해 봅시다.

반응하기

상대방이 말하는 중간중간 맞장구를 치거나 고개를 끄덕이는 것을 말한다. 반응하기는 대화를 지속하는 데 도움이 된다. 예를 들어, 지윤이가 "그래?"라는 짧은 표현을 사용하여 찬호의 말에 적절하게 반응하지 않았다면, 찬호는 더 이상 말을 이어가지 못했을 것이다.

> 찬호: 나 요새 의욕이 너무 없어. 공부에 집중이 잘 안 되는 것 같아.
> 지윤: 그래?

※ "그래?" 외에 짧게 반응할 수 있는 표현으로는 "그랬겠네", "음", "와", "정말?", "어떻게 생각해?", "기분이 어땠어?" 등이 있다는 것을 참고하자.

2. 다음의 상황에서 반응해 봅시다.

> 찬호: 나 어제 집에 가는 길에 전 여자 친구 마주쳤었잖아.
>
> 반응의 표현:

확인하기

상대방이 한 말을 짧게 요약해서 다시 언급하는 것을 말한다. 확인하기는 상대방의 말을 주의 깊게 듣고 그 사람의 말을 이해하고 있음을 알리는 데 도움이 된다.

> 찬호: 강의 시간에 교수님께서 발표를 시키셨는데, 나 조느라 아무 것도 못 들어서 대답을 아예 못했어.
> 지윤: 조느라 대답을 아예 못했구나?

※ 확인하기는 대화의 흐름을 방해하거나 부자연스럽게 만들 수도 있기 때문에 너무 자주 하지 않는 것이 좋다.

3. 다음의 상황에서 확인해 봅시다.

찬호: 나 조금 전에 강의실로 오는 길에, 좋아하는 우리 과 애 앞에서 넘어졌어!

확인의 표현:

공감 표현하기

내가 상대방의 말에 공감하고 있음을 표현하는 것을 말한다.

찬호: 선배가 동기들 앞에서 내 실수에 대해서 말하면서 짜증을 냈어. 동기들이 다 쳐다보고 정말 쥐구멍이라도 있으면 숨고 싶었어.
지윤: 정말 창피했겠네.
찬호: 응. 너무 창피해서 그 자리를 벗어나고 싶었는데, 그러면 선배와의 관계가 아예 틀어질까 봐 말도 못하고.
지윤: 많이 속상했겠다.

4. 다음의 상황에서 공감하는 표현을 써 봅시다.

지윤: 오늘 조별 발표 때문에 보이기로 약속을 했었는데, 한 친구가 나오지도 않고 연락도 되지 않았어. 못 오면 못 온다, 늦으면 늦는다, 이런 이야기는 대체 왜 미리 하지 않는 거야?

공감의 표현:

Activity

공감을 표현할 때 일반적으로 사용되는 표현들을 살펴봅시다.

표현 1. (행동) 싶었구나.	표현 2. (이유) 해서 (감정) 했구나.
울고 싶었구나. 화내고 싶었구나. 솔직하게 말하고 싶었구나. 회피하고 싶었구나.	친구가 너를 오해해서 서운했구나. 친구가 물어보지도 않고 너의 물건을 가져가서 속상했구나. 선배가 동기들 앞에서 창피를 줘서 민망했구나.
표현 3. 정말 (감정) 겠네.	**표현 4. (감정) 할 만하네.**
정말 화났겠네. 정말 슬펐겠네. 정말 억울했겠네. 정말 창피했겠네.	짜증날 만하네. 화낼 만하네. 억울할 만하네. 창피할 만하네.
표현 5. 그 사람 (행동) 했네.	**표현 6. 많이 (감정) 했지?**
그 친구가 너무했네. 친구가 너를 이해하지 못했네. 선배가 말을 심하게 했네.	많이 속상했지? 많이 슬펐지? 많이 힘들었지?

1. 공감을 표현할 때 일반적으로 사용되는 표현들 중에, 평소 내가 많이 쓰는 표현은 무엇인가요?

2. 혹시 다음과 같은 행동을 하지는 않았는지 다시 한번 생각해 봅시다.

· 나의 의견을 설명하기 · 조언하기 · 동정하기 · 위로하기

Activity

공감반응 찾기

조별 토론을 통해 공감반응을 적어 봅시다.

(1) 사실은 나 며칠 전에 현수랑 많이 싸웠어. 지금 서로 문자도 안 하고 말도 안 하고 있어. 내가 먼저 말을 걸어 볼까 했는데 그게 잘 안 되네.

공감반응:

(2) 지난 번 학점이 잘 안 나와서 엄마한테 혼났어. 엄마는 내가 매일 게임만 하느라 학점이 잘 안 나온 거래. 난 정말 나름 열심히 했는데. 왜 아무도 내가 열심히 했다고 생각하지 않는 거야?

공감반응:

(3) 우리 과에서 좋아하는 여자애가 생겼어. 그 친구는 나를 어떻게 생각하는지 모르겠지만, 말을 걸어 보고 싶긴 한데 어떻게 해야 할지 모르겠어. 그 친구를 보면 기분이 좋다가도 내 마음을 고백하지 못해 울적해.

공감반응:

(4) 이제 그만 좀 자랑해. 네 자랑 듣는 건 이제 좀 짜증나.

공감반응:

(5) 우리 조 애들은 조장인 내 말을 너무 안 따라 줘. 어제도 조 모임이 있었는데, 2명이나 연락 없이 안 나왔어.

공감반응:

Activity

경청과 공감에 관한 명언

"친절한 말들은 짧고 말하기 쉽지만 그 울림은 진정으로 끝이 없다." (Mother Teresa)

"대화는 여러분이 배울 수 있는 기술이다. 그건 자전거 타는 법을 배우거나 타이핑을 배우는 것과 같다. 만약 여러분이 그것을 연습하려는 의지가 있다면, 여러분의 삶의 질이 급격하게 향상될 수 있다." (Brian Tracy)

"말하는 것의 두 배를 들으라고, 귀는 두 개이고 입은 하나인 것이다." (Epictetus)

"내가 아는 가장 성공적인 사람들 대부분은 말하기보다는 더 많이 듣는다." (Bernard Baruch)

"경청은 단순히 듣는 것이 아니라 이해하는 것이다." (William Arthur Ward)

조별로 경청과 공감에 관한 명언을 만들어 보고 발표해 봅시다.

『갈등관리와 협력』 주니어워크북, 김은하 외 6

4. 자기표현 활동

1) 나-전달법

나-전달법은 나를 주어로 하여 자신의 의견, 느낌, 생각, 욕구 등 자신의 의사를 솔직하게 전달함으로써, 자신과 상대방을 존중하는 효과적이고 긍정적 표현의 의사소통 기술이다. 내면의 감정은 주관적인 면이 많기에, 상대방과 다른 감정을 표현하게 될 때 자칫 상대방이 이를 비난으로 받아들이기 쉽다. 따라서 자신의 감정을 직접적으로 표현하고, 앞세우기보다는 상대방의 감정을 충분히 고려하고 있음을 전달하여 상대의 마음에 상처를 주지 않을 수 있다.

나-전달법은 자신이 상대방의 행동을 수용하기 힘들다고 느낄 때 특별히 활용할 수 있다. 즉, 상대방이 잘 인식하지는 못하지만 상대방의 어떠한 행동으로 화가 나고 불편한 감정이 되었을 때, 직접적으로 감정적인 화를 내기보다는 상대의 잘못을 긍정적으로 알려 주기 때문에 나쁜 상황으로 가지 않도록 한다. 나-전달법의 핵심은 상대방의 행동을 비난 없이 묘사(사실)하고 자신에게 미치는 구체적인 영향과 그로 인해 갖게 되는 자신의 감정이나 느낌을 전달(감정)하여 상대를 비난하거나 훈계하기보다는 나의 불편한 감정이나 느낌을 자연스럽게 알려 줌으로써 상대방으로 하여금 책임감을 느끼고 자발적으로 행동을 변화(결과)시키도록 하는 것이다. 이는 상대방을 향한 부정과 비난을 줄이고, 상대방의 방어적인 반응을 받을 가능성이 줄어들어 상대에게 개방적이고 솔직하다는 느낌을 전달할 수 있게 된다. 또한 불합리하거나 부정적인 상황 속에서 효과적인 의사소통으로 상호 이해를 돕고, 갈등 상황에 대한 대처역량을 높여 주는 것을 돕는다.

(1) '나'를 주어로 하기

'나'를 주어로 말하는 것으로 상대방에 대해서가 아니라 자신에 대해 말하는 것이다.

반대로 '너'를 주어로 하여 상대방의 행동을 표현하는 대화방식인 너-전달법은 상대에게 문제가 있다고 표현함으로써 상대에게 일방적으로 강요 · 공격 · 비난하는 느낌을 전달하게 되어 상대는 변명하려 하거나 반감이나 저항, 공격성을 보이게 되면서 결국 상대방과의 상호관계를 파괴하게 된다.

예) 너는 왜 나에게 아무 이야기도 안 해 주는 거야?
→ 나는 너한테 아무 이야기도 듣지 못하면 무시당하는 것 같아서 속상해.

(2) 관찰한 사실 표현하기

실제 일어났던 상황과 사건에 대해 말하는 것으로 자신이 관찰하고 경험한 특정 상황과 관련된 구체적인 사실을 이야기하는 것이다. 이때 있는 그대로, 본 그대로 기술하는 것이 중요하며 상황에 대한 판단이나 해석 혹은 일반화가 들어가면 안 된다.

예) 1. 네가 약속시간에 맞춰 온 적이 한번도 없었는데 …
→ 어제 네가 온다는 시간보다 30분 늦게 와서 …
2. 너는 집에만 오면 항상 컴퓨터 게임을 하는데 …
→ 나는 어제부터 네가 밤 12시까지 컴퓨터 게임을 하는 것을 보았는데 …

(3) 생각 표현하기

내가 관찰한 사실에 대한 해석과 평가, 판단, 예상과 기대 등에 대해 말한다. 나의 생각을 직접적으로 표현함으로써 이 상황에 대한 나의 해석과 평가, 판단, 기대

등을 상대방이 정확하게 이해할 수 있고, 나의 감정의 이유를 이해하는 데 도움이 된다.

예) 이번에는 네가 약속을 꼭 지킬 것으로 기대했었는데,
(약속을 지키지 않아서) 나하고의 약속은 소중하게 생각하지 않는다고 생각했어.

(4) 감정 표현하기

자신의 감정과 기분을 직접 말하는 것이다. 흔히 생각이란 말 대신 느낌이란 단어를 사용하여 생각과 느낌을 혼동하기 쉽다. 그러나 생각과 감정을 구분하는 것이 필요하다.

예) 네가 나를 무시하는 기분이 들었어(생각).
→ 네가 나를 무시하는 것 같아서(생각) 화가 났어(감정).

감정은 말투, 자세, 뉘앙스, 음성, 어조 등 비언어적으로 표현되기 쉽고 비언어적으로 표현된 감정은 이유와 배경에 대한 설명이 없이 상대에게 불분명하게 전달된다. 따라서 자신의 감정을 상대방에게 이해받고자 한다면 먼저 자신의 감정을 정확하게 알아차리고, 어떤 감정인지 이유가 무엇인지를 비언어적인 측면과 일치되게 말로 표현해야 한다.

(5) 소망 말하기

상대방에게 내가 원하는 바를 명확하게 표현해야 상대방이 나의 욕구와 소망을 알아차릴 수 있고, 충족해 줄 수 있다. 자신의 소망을 표현하지 않고 상대방이 알아서 해 주기를 바라는 경우가 많은데, 이런 경우 상대방은 나의 욕구를 추측하여

행동해야 되므로, 내가 원하는 행동을 하지 않을 가능성이 높아진다.

자신이 바라는 바를 표현할 때는 구체적인 행동 수준으로 표현하는 것이 좋고, 상대를 조종, 강요하거나 간섭하지 않고 이기적이거나 자기중심적인 소망으로 받아들이지 않게 주의해야 한다.

예) 너는 날 항상 실망하게 한다니까! (너-전달법과 일반화)

→ 나는 너에게 실망했어(나-전달법과 감정 표현)

→ 나는(나-전달법)

어제 네가 일찍 온다고 하고 연락도 없이 30분 늦게 와서

(관찰한 사실 표현)

나하고의 약속을 소중하게 생각하지 않는 것 같아서(생각 표현)

실망하고 화가 났어(감정 표현)

늦을 때는 미리 연락해 주면 좋겠어(소망 표현)

Activity

1. 나-전달법으로 말하기

상황1	조별 과제와 관련된 회의를 할 때 조장이 다른 조원들의 의견을 잘 듣지 않고 자기가 원하는 대로 결정하고 과제를 분배해서 화가 난 상황
관찰	
느낌	
생각	
소망	

상황2	지윤이는 기숙사 룸메이트가 방을 너무 정리하지 않아 마음이 불편한 상황
관찰	
느낌	
생각	
소망	

2. 너-전달법을 나-전달법으로 바꾸어서 말하기

1. "언니는 맨날 나만 보면 나한테 짜증내는데, 내가 뭘 잘못했어?"

2. "야, 너 내 메시지 읽고도 매번 답을 안하더라. 나 무시하는 거야?"

3. "아... 엄마! 또 잔소리야? 내가 알아서 한다고! 내 방인데 왜 자꾸 치우라 해?"

2) 자기주장 하기

자기주장이란 상대방의 권리를 침해하거나 불쾌감을 주지 않는 범위 내에서 자신의 권리, 욕구, 의견, 느낌 등을 긍정적이고, 솔직하게 말하거나 주장하는 것을 의미한다. 우리나라에서는 '주장하다'는 개념이 상대방의 감정이나 입장을 고려하지 않고 자기의 사상과 입장을 계속해서 강력하게 고집하는 것으로 인식되고 있는 경향이 있어서 상황에 따라 부정적으로 인식되는 경우도 있다. 하지만 적극적으로 자기주장을 하는 태도는 자신을 자신 있게 표현할 수 있는 상태로서, 자기주장은 사회적으로 적절한 행동이며, 타인의 안녕을 고려한 바람직한 행동이다.

자기주장을 할 때에는,

① 구체적이고 직접적으로 이야기한다.

- 나의 메시지를 명확하게 전달하는 것이 중요하다.

② 사람이 아닌 문제를 언급한다.

- 상대방 입장에서 자신을 비난한다고 생각할 수 있고, 이로 인하여 또 다른 오해와 갈등으로 번질 수 있으므로 문제에 집중해야 한다.

③ 자기 메시지의 주인이 되어야 한다.

- 나-전달법으로 나의 의견과 감정을 전달하고, "너는 항상 …", "너는 매일 …" 등 일반화시켜서 이야기하지 않는다.

3) 거절하기

세상의 모든 부탁에 대해 언제나 Yes 할 수 없다. 조심스러운 상황이지만, 받아들이기 어려울 때에는 적절한 거절법으로 자신의 입장을 명확하게 밝혀야 한다.

① 먼저 양해를 구한다.

- 처음부터 다짜고짜 "안 돼", "못해"라는 부정적인 모습은 상대방에게 오해를 살 수 있다. 부드럽게 양해를 구하는 표현을 먼저 사용한다.

② 조심스러운 상황이라 하여 애매한 태도를 취해서는 안 된다.

- 부탁하는 입장에서는 자신에게 유리하도록 해석하기 마련이다. 애매한 태도는 수락의 의미로 전달되기 쉬우므로 분명한 거절의 입장을 전달해야 한다.

③ 응할 수 없는 이유를 성의있게 표현한다.

- 상대방에게 상처가 안 되도록 부득이한 상황에 대한 내용과 거절의 이유를 최대한 성의있게 설명한다.

④ 가능하면 대안을 제시한다.

- 상대방에 대한 배려의 마음으로 가능한 대안을 제시해 본다.

⑤ 거절은 부드러운 말투로, 예의를 갖춘다.

- "죄송합니다만, 도와드리기가 어려울 것 같습니다. 양해를 부탁드립니다."
- "미안하지만, 지금 바로 대답하기가 힘든데, 생각할 시간을 줄 수 있을까?"

4) 부탁하기

거절하는 것도 미안하고 조심스러운 일이지만, 누군가에게 부탁을 하는 일도 매우 어려운 일이다. 부탁을 할 때에도 정중하고 예의 바르게 부탁할 필요가 있다. 하지만 앞서서 받아들이기 어려운 경우, 우리는 적절한 거절법에 대한 내용을 확인해 보았듯이, 내가 도움을 부탁하는 상대도 나의 도움의 요청에 대해서는 거절할 수 있음을 알고, 또 그에 대해서 인정하는 자세도 필요하다.

① 적절한 타이밍에 부탁한다.

- 상대방이 처한 상황을 먼저 파악하는 것이 중요한다. 나보다도 상대가 더 긴급하고 중요한 일을 처리하는 중일 수도 있고, 아니면 심리적으로 힘든 상황을 겪고 있을 수 있다. 지금 현재 부탁의 상대가 어떠한 상황인지에 대해 도움을 요청하기 이전에 확인해 보도록 한다.

② 부탁의 내용을 분명하게 한다.

- 도움을 직접적으로 요청하는 것이 두려워서, 마치 간을 보듯 '누가 이것 좀 도와주면 좋을텐데...' 식의 도움을 자청하는 것을 유도하는 것은 바람직하지 않다.

③ 부탁하기 전후에 감사인사를 한다.

- 상대가 당연히 요청에 응해 줄 것이라는 막연한 믿음으로 무례하게 부탁하지 않도록 해야 한다.
- "네가 … 부분을 도와준다면 정말 고맙겠어."
  "바쁘신 와중에도 …에 대한 부탁에 흔쾌히 수락해 주셔서 진심으로 감사드립니다."

5) 진심으로 사과하기

진정으로 사과하는 것은 어렵고 힘든 일이다. 사과를 했는데, 상대방이 받아 주지 않으면 어쩌지 걱정이 되기도 하고 내가 잘못한 건 알지만 왠지 사과를 하는 것이 자존심이 상하기도 한다. 하지만 진정한 사과를 할 수 있는 사람이 진정으로 용기 있는 사람이다.

단순히 '미안해'라는 말만 하는 것은 진정한 사과가 아니다. 많은 사람들이 사과할 때 '미안해' 혹은 '죄송합니다'라는 말을 하는데, 이것은 유감 혹은 후회의 표현임에도 불구하고 사과의 표현이라고 생각한다. 진정한 사과를 해야 하는 상황에서, 우리는 다음과 같은 방법으로 사과할 수 있도록 한다.

① 무엇이 미안한지 구체적으로 말하고, 나의 잘못을 축소하지 않아야 한다.

- 나의 책임을 인정하고 어떠한 점을 사과하고 있는지 명확하게 밝혀 주면서, 나의 실수 또는 잘못을 감추려고 하면 안 된다.

② 사과 자체로 끝나야 한다.

- '하지만...' 혹은 '그러나'라는 말로 토를 달지 않도록 주의한다. 또는 남의 탓으로 돌리거나 핑계를 대지 않도록 한다.

③ 웃거나 유머를 사용하지 않아야 한다.

- 사과는 진지하게 해야 한다. 웃으면서 사과하면 상대방은 진정한 사과가 아니라고 생각할 뿐 아니라 이러한 문제 상황을 가볍게 생각한다고 오해하기 쉽다.

④ 얼굴을 마주 보고 사과하는 것이 가장 효과적이다.

- 어쩔 수 없는 경우에는 전화나 메시지를 사용하지만, 큰 실수나 잘못에 대해 사과할 때는 메시지나 이메일로 하지 않는 것이 좋다.

Activity

1. 자기주장하기

– 조별 과제의 역할 분배에 있어서 서로의 의견이 맞지 않는 상황이다. 심지어 내가 잘 해낼 수 있는 역할에서도 배제된 상황이라면, 나는 어떠한 방식으로 나의 주장을 이야기할 것인가.

2. 거절하기

– 나와 절친한 친구가 고민상담을 요청해 왔다. 그런데 나는 지금 내일까지 제출해야 하는 과제 때문에 시간이 빠듯한 상황이라면, 나는 어떠한 방식으로 친구의 요청을 거절할 것인가.

– 돈이 급히 필요하다는 친구가, 금방 갚겠다며 돈을 빌려줄 수 있냐고 연락이 왔다. 친구가 부탁한 돈이 나에게 있어서 빌려줄 수 있기는 하지만, 마음 같아서는 친구와의 관계가 틀어질까 봐 빌려주고 싶지 않은 상황이라면, 나는 어떠한 방식으로 친구의 요청을 거절할 것인가.

3. 부탁하기

– 조별 과제에서 발표를 내가 맡은 상황이었는데, 하필이면 발표하는 날에 내가 결석해야 하는 상황(정당한 이유가 존재)이다. 부득이 다른 조원에게 발표를 부탁해야 하는 상황이라면, 나는 어떠한 방식으로 부탁할 것인가.

4. 진심으로 사과하기

– (3번의 상황에서) 내가 맡은 역할을 제대로 수행하지 못한 것에 대해 모든 조원에게 사과를 해야 하는 상황이라면, 나는 어떠한 방식으로 사과할 것인가.

5. 최근 나로 인해서 갈등이 빚어진 사건이 있었다면 그 상황을 떠올려 보고, 상대방에게 진심으로 사과하는 메시지를 써 봅시다.

수업을 정리하며 Closing

1. 공감적 경청과 공감적 반응이 왜 필요한가?

2. 나는 대학생으로서 건강한 대인 관계를 위해서

- 나는 공감적 경청을 하고 있는가?

- 나는 공감적 반응을 하고 있는가?

- 만약 공감적 경청과 반응이 어렵다면, 이를 어떻게 극복하는 것이 좋을까?

- 공감적 경청과 반응을 해 주는 친구가 있는가?

- 그러한 상대방과의 대화는 어떠하다고 느끼는가?

3. 나는 타인과의 의사소통에서 상황에 맞게, 적절한 표현들을 정중하게 표현하고 있는가? 나의 언어적 습관에 대해 다시 한번 되돌아 봅시다. (나의 주장을 할 때, 내가 타인의 부탁을 거절할 때, 타인에게 부탁할 때, 진심으로 사과할 때)

행동으로 실천하기

1. 인성실천방안 계획

1) 의사결정

(1) 팀 역할 정하기

팀원들의 의견을 반영하여 각 팀의 역할을 정하도록 한다. 앞서 진행된 활동을 통해 서로에게 맞는 역할을 추천해 주어도 좋다. 계획서 작성, 사진이나 동영상 편집, 발표자 등의 역할을 정해 본다. 계획에 대한 내용들은 모두 의논하고 역할 분담을 통해 세부적인 일을 담당하도록 한다.

(2) 실천 내용

팀장의 주도 아래 팀원들이 생각하는 인성실천에 대한 의견을 나누도록 한다. 각자가 생각하는 인성에서 중요한 요소들을 말해 보고 그중 다루고자 하는 주제를 정해 본다. 그 주제에 따라 할 수 있는 활동들에 대해 의견을 나눈다. 그리고 활동할 수 있는 방안을 결정하여 팀원들이 함께 할 수 있는 시간과 장소를 정하도록 한다. 정해진 인성실천방안은 일주일 동안 매일 이루어질 수 있도록 하며 활동에 대한 사진이나 동영상으로 기록한다.

계획을 모두 실천한 뒤 팀원들이 협동하여 프리젠테이션을 완성한다.

2. 인성실천방안 평가 항목

1) 평가 항목

<table>
<tr><td rowspan="4">인성 캠페인</td><td>계획</td><td>- 팀활동(+발표)</td><td>계획서</td><td>교수</td><td></td><td></td></tr>
<tr><td rowspan="2">수행</td><td rowspan="3">- 역할 나누기
- 수행 및 결과 정리
- 보고서 작성
- 결과 발표</td><td>참여도(동료평가)</td><td>학생</td><td rowspan="2"></td><td rowspan="3"></td></tr>
<tr><td>성찰일지</td><td>교수</td></tr>
<tr><td>결과보고</td><td>결과보고서</td><td>교수</td><td></td></tr>
</table>

2) 평가준거

인성 캠페인 프로젝트 계획서를 작성할 때 고려할 내용은 다음과 같다.

- 인성 프로젝트 주제의 명확성 및 적절성
- 주제, 내용, 실천 계획 등의 구체성
- 개인별 구체적인 역할
- 주제-내용-실천계획 간의 일관성

한편, 인성 캠페인을 수행하고 난 뒤 보고서 및 발표에 포함될 내용과 작성 시 고려할 내용은 다음과 같다.

- 인성 캠페인 주제(적절성 및 명확성)
- 주제에 따른 활동내용 및 활동방법(연계성, 구체성, 적절성)
- 구성원 각자의 구체적인 실천 내용(사진, 영상, 보고서의 기술 내용)(구체성, 풍부성, 조직화 정도)
- 성찰 내용(개인적인 수준에서의 성찰내용의 풍부성 및 유의미성)

- 집단 토의를 통해 캠페인의 의미를 제 측면에서 찾기(팀 수준에서 의미의 다양성 및 풍부성, 조직화 정도)

3) 참여도 평가 *평가는 15주차에 실시

- 인성 캠페인 활동에 대한 동료평가로 각 문항에 해당되는 조원 중 3명을 골라 5점 1명, 4점 1명, 3점 1명씩 점수를 작성한다.

행동지표		조원 1	조원 2	조원 3	조원 4	조원 5
이름						
자기 긍정성	1. 자신과 주변에 대해 긍정적으로 표현하였다.					
	2. 과제 수행 시 어려움에 직면했을 때 적극적으로 해결하려고 한다.					
도덕성	3. 팀 내에서 역할을 공평하게 맡으려 하였다.					
	4. 각자의 역할을 정직하게 수행하였다.					
	5. 타인의 의견을 존중하였다.					
책임감	6. 각자에게 주어진 일을 남에게 미루지 않고 최선을 다해서 수행하였다.					
	7. 최고의 결과를 이루기 위해 적극적으로 과제를 수행하였다.					
자기 표현	8. 온/오프라인 상호작용(예: 카카오톡) 시 적극적으로 의사소통하였다.					
	9. 말과 표정(언어적, 비언어적 메시지)을 일치하여 진정성 있게 전달하였다.					
이해와 공감	10. 상대방이 말할 때 적극적으로 경청하였다.					
	11. 대화할 때 상대의 욕구와 감정을 확인하며 소통하였다.					
조정과 협력	12. 조원 간 의견이 다른 갈등 상황에서 나와 상대방의 욕구를 모두 충족시킬 수 있는 협력적인 문제해결을 하였다.					

4) 활동계획서 작성

※ 조별 작성

인성실천활동 계획서-인성 캠페인

조 이름		계획서 작성자	
조원 이름	조장: 조원:		

1. 인성실천활동명 및 주제
2. 인성실천활동의 필요성
3. 인성실천활동의 목적

4 구체적인 인성실천 활동계획(줄 추가해서 사용)		
수행일시	활동내용	수행방법

5. 역할 분담(줄 추가해서 사용)		
담당자	활동에서 수행한 역할	수행방법

6. 예상되는 장애물

7. 예상되는 장애물에 대한 대처방법

8. 인성실천활동의 기대 효과

3. 인성실천활동 발표

인성이 실력이다! 인성은 자신을 다스리고 관계를 조율하며 공동체와 환경, 공동선을 추구하며 나만이 아닌 우리가 함께 조화롭게 살아가기 위해 필수적인 것이다. 성격은 타고 태어난 성향이 강하지만 인성은 후천적으로 만들어 갈 수 있는 품성으로 세상과 사람에 대한 태도, 자세, 가치관 등이 어떠한가에 따라 달라질 수 있다. 인성은 눈에 보이지 않으나 타인과의 상호작용이나 소통을 통해 구체화된다. 따라서, 인성실천활동을 통해 일상생활에서 자신의 인성을 함양하고 조원들 간의 소통과 협력을 통해 공동체 정신을 키우고 자신의 맡은 바 역할을 성실하고 책임감 있게 수행할 수 있도록 한다.

1) 발표 방법

한 학기 동안 열심히 준비하고 수행한 인성실천활동을 발표한다.

인성실천활동의 내용, 선택 이유, 목적과 필요성, 결과, 느낀 점 등 인성실천활동을 명확하고 생동감 있게 발표한다. 인성실천 활동내용에 대한 ppt와 활동기간 동안 작성한 사진 및 동영상을 준비하여 발표한다. 인성실천활동을 발표한 후 나머지 조원들은 활동하며 느낀 점을 발표한다. 다른 조 발표 시 발표 내용을 적극적으로 경청하며 인성실천활동에 대해 궁금한 점을 질문한다.

2) 발표 평가기준

	평가항목
1.	인성 캠페인을 계획한 대로 완성도 있게 수행하였는가?
2.	인성 캠페인의 의도, 목적, 실행방법, 실행결과 등 보고서를 충실하고 명료하게 작성하였는가?
3.	인성 캠페인 내용 및 결과를 정확하고 알기 쉽게 발표하였는가?
4.	인성 캠페인을 수행할 때 조원 간 상호소통이 원활하였는가?
5.	인성 캠페인 수행 시 현실적인 어려움이 있을 때 협력적으로 문제해결을 하였는가?

1. 인성실천활동 성찰일지(개인용)

학생이름		학번		학부 · 학과 · 전공	

1. 인성실천활동명 및 주제
2. 인성실천활동의 필요성
3. 인성실천활동의 목적

<table>
<tr><td colspan="3">4. 인성실천활동 일시 및 장소</td></tr>
<tr><td colspan="3">▣ 활동일시: 년 월 일 ~ 년 월 일

▣ 활동장소:</td></tr>
<tr><td colspan="3">5. 구체적인 인성실천활동 진행 내용(줄 추가해서 사용)</td></tr>
<tr><th>수행일시</th><th>활동내용</th><th>수행방법</th></tr>
<tr><td></td><td></td><td></td></tr>
<tr><td></td><td></td><td></td></tr>
<tr><td></td><td></td><td></td></tr>
<tr><td></td><td></td><td></td></tr>
<tr><td colspan="3">6. 자신의 인성실천활동 내용(줄 추가해서 사용)</td></tr>
<tr><th>수행일시</th><th>활동내용</th><th>수행방법</th></tr>
<tr><td></td><td></td><td></td></tr>
<tr><td></td><td></td><td></td></tr>
<tr><td></td><td></td><td></td></tr>
<tr><td></td><td></td><td></td></tr>
<tr><td colspan="3">7. 인성실천활동 결과(정량적 결과, 정성적 결과)</td></tr>
<tr><td colspan="3"></td></tr>
<tr><td colspan="3">8. 인성실천활동 수행 시 내가 느낀 어려움</td></tr>
<tr><td colspan="3"></td></tr>
<tr><td colspan="3">9. 내가 느낀 어려움을 극복한 방법</td></tr>
<tr><td colspan="3"></td></tr>
</table>

10. 조원들 간의 상호작용 방법 및 의사소통에 대한 평가
11. 인성실천활동 시 나의 행동 및 기여도에 대한 평가
12. 인성실천활동을 통해 내가 배운 점
13. 인성실천활동이 나 자신에게 미친 영향(예: 도덕성, 책임감, 자기긍정성, 의사소통 방식, 주변과 관계 맺기, 팀 프로젝트 수행하기, 갈등관리 및 조정 등)
14. 인성실천활동 이후 인성실천 계획

2. 인성실천활동 결과보고서(조별용)

조 이름		결과보고서 작성자	
조원 이름	조장: 조원:		

1. 인성실천활동명 및 주제
2. 인성실천활동의 필요성
3. 인성실천활동의 목적
4. 인성실천활동 일시 및 장소
▣ 활동일시: 년 월 일 ~ 년 월 일 ▣ 활동장소:
5. 구체적인 인성실천활동 진행 내용(줄 추가해서 사용)

수행일시	활동내용	수행방법

6. 역할분담(줄 추가해서 사용)		
역할분담을 나눈 방식		
담당자	**활동에서 수행한 역할**	**수행방법**

7. 인성실천활동 결과(정량적 결과, 정성적 결과)

8. 인성실천활동 수행 시 현실적인 어려움

9. 현실적인 어려움을 극복한 방법

10. 인성실천활동 시 조원들 간의 상호작용 방법 및 상호작용 정도

11. 조원 간 의견 차이가 있을 때 해결한 방법
12. 인성실천활동을 통해 우리 조가 배운 점
13. 인성실천활동이 조원들에게 미친 영향(예: 도덕성, 책임감, 자기긍정성, 의사소통방식, 주변과 관계 맺기, 팀 프로젝트 수행하기, 갈등관리 및 조정 등)
14. 인성실천활동 이후 인성실천계획

4. 자아 성찰

본 수업에 처음으로 수강하였을 때를 회상해 본다. 그때를 떠올려 보면서 각자 수업에 대해 기대하고 원했던 목표가 현재 어떻게 달성되었는지를 평가해 본다. 이전에 나의 인성을 돌아볼 때 어떠한 점이 달라졌는지 점검해 본다. 특히 본 수업에 참여하면서 가장 인상 깊었거나 유익하고 도움이 되었던 활동이 무엇인지 생각해 보고 조원들과 나눔을 해 보자. 본 수업에서 가장 아쉬웠던 점은 무엇인지, 그리고 인성 함양을 위한 앞으로의 과제에 대해 생각해 보고 조원들과 나눔을 해 보자. 마지막으로 교수나 학교에 대한 바람과 건의 사항에 대해서도 공유해 보자. 다음은 본 수업에서의 목표를 설정한 첫 수업 시기와 수업 이후 현재 나의 수준, 그리고 앞으로의 과제를 점검하고 원하는 수준이 있는지를 생각하고 정리해 보자.

1) 목표설정 및 달성

수업 시작 나의 수준		현재 나의 수준		내가 원하는 수준
- 구체적인 목표	▶	- 달성 정도(1~10) 인성: 소통:	▶	- 앞으로의 과제

2) 동료평가

본 수업을 통해 인성 역량을 함양할 수 있도록 의사소통 및 대인관계 역량의 기술적인 측면을 보완하는 방향으로 평가 준거를 과정 중심의 수행평가과정으로 재구성해 본다. 팀 기반 프로젝트를 목적으로 실천한 인성 캠페인 활동에 대해 동료평가를 해 봄으로써 각자 인성 함양이 어떠한지 확인해 본다. 이를 위해 각 문항에서 해당하는 조원을 3명 골라 5점 1명, 4점 1명, 3점 1명씩 점수를 작성하도록 한다.

행동지표		조원1	조원2	조원3	조원4	조원5
이름						
자기 긍정성	1. 자신과 주변에 대해 긍정적으로 표현하였다.					
	2. 과제 수행 시 어려움에 직면했을 때 적극적으로 해결하려고 한다.					
도덕성	3. 팀 내에서 역할을 공평하게 맡으려 하였다.					
	4. 각자의 역할을 정직하게 수행하였다.					
	5. 타인의 의견을 존중하였다.					
책임감	6. 각자에게 주어진 일을 남에게 미루지 않고 최선을 다해서 수행하였다.					
	7. 최고의 결과를 이루기 위해 적극적으로 과제를 수행하였다.					
자기 표현	8. 온/오프라인 상호작용(예: 카카오톡) 시 적극적으로 의사소통하였다.					
	9. 말과 표정(언어적, 비언어적 메시지)을 일치하여 진정성 있게 전달하였다.					
이해와 공감	10. 상대방이 말할 때 적극적으로 경청하였다.					
	11. 대화할 때 상대의 욕구와 감정을 확인하며 소통하였다.					
조정과 협력	12. 조원 간 의견이 다른 갈등 상황에서 나와 상대방의 욕구를 모두 충족시킬 수 있는 협력적인 문제해결을 하였다.					

3) 자기평가

본 수업을 통해 인성과 소통 핵심 역량 개발에 대한 자신의 노력과 팀 프로젝트에 기여한 점을 스스로 점검하고 앞으로의 개선 방안을 모색해 본다.

참고문헌

김남수(1993). 갈등원인과 직무태도에 있어서 조정체계의 조절효과에 관한 실증연구. 성균관 대학교 대학원 박사학위논문.

김상근, 강신주, 고미숙, 이태수, 슬라보예 지젝, 정용석, 최진석(2014). **나는 누구인가: 세상이 묻고 인문학이 답하다.** 경기: 21세기북스.

김선주(2016). 대학생 인성수준 및 요구도에 따른 인성교육 방안에 관한 연구. **인간발달연구, 22**, 1-19.

김선주(2017). 인성교육 진흥법 핵심가치덕목에 근거한 대학생용 인성 척도 개발. **학제간연구, 19**, 217-258.

김선희(2018). **세계시민교육론**. 경기: 교육과학사.

김선희(2018). 지구적 상호의존성과 세계시민 책임감. **국제교육연구, 27**(3), 45-68.

김영민(2012). **도덕교육의 이론과 실제**. 경기: 교육과학사.

김영택, 김미옥. (2007). 자기효능감과 학업성취도의 관계 연구. **교육심리연구, 21**(3), 45-67.

김윤태(2012). 대학생의 양심 교육 효과. **교육학연구, 30**(3), 99-118.

김인회(2004). 책임감 발달에 관한 연구. **교육심리연구, 18**(2), 112-130.

김정선, 김은정, 김은희, 김정희. (2013). 청소년의 입말에 나타난 비속어와 공격적 언어 표현 사용실태 조사. **한국언어문화, 11**(2), 123-145.

김정희(2013). **도덕성과 자기성찰.** 경기: 양서원.

김종운(2021). **만남 그리고 성장을 위한 인간관계 심리학.** 서울: 학지사.

김주환(2011). **회복탄력성.** 경기: 위즈덤하우스.

김진희(2016). 세계시민의식과 도덕 교육의 이론적 관계 정립…. **도덕윤리과교육**, 37, 7-37.

김현서, 박은하(2014). 성장 마인드셋이 대학생의 학업성취 및 자기효능감에 미치는 영향. **한국심리학회지: 교육, 28**(1), 101-120.

김혜숙(2019). **인성교육론.** 경기: 양서원.

노이경(2016). 대학의 교양과목을 활용한 인성교육 프로그램의 효과연구. **인간이해연구, 4**, 115-138.

대통령자문 지속가능발전위원회(2005). **공공갈등관리의 이론과 기법 上.** 서울: 논형.

박병춘(2010). 도덕성과 도덕 교육의 방향. **교육철학연구, 39**(1), 27-46.

박병춘(2010). 양심과 도덕판단. **한국도덕교육학회지, 25**(1), 45-67.

박상희, 신정민, 조예원(2019). **비즈니스 커뮤니케이션.** 서울: 대왕사.

박소연(2019). 대학생의 사회적 태도와 가치관 발달 연구. **교육과학연구, 50**(1), 77-95.

박소영 외(2020). **세계시민교육 이론과 실천.** 경기: 양서원.

박재환(1992). **사회갈등과 이데올로기.** 서울: 나남.

박재환(2017). **세계시민교육과 도덕성 발달.** 서울: 학지사.

박태순(2010). **갈등 해결 길라잡이.** 서울: 해피스토리.

박형빈(2016). 의학적 관점에서 본 도덕성의 정신건강 측면과 마음치유로서의 도덕교육. **윤리교육연구,** 10, 1-39.

배승미(2009). 비언어적 의사소통의 교육 내용 연구. 전남대학교 교육대학원 석사학위논문.

범기수, 김은정(2011). 공손성과 커뮤니케이션 능력의 관점에서 본 애매한 언술전략에 관한 연구: 공공기관 내 상사-부하 간 커뮤니케이션을 중심으로. **한국광고홍보학보, 13**(3), 234-264.

서은경(2010). 아동기 책임감 발달과 부모 양육태도의 관계 연구. **유아교육연구, 30**(6), 89-108.

신순정(2018). 갈등해결전략과 학교생활적응과의 관계. 숙명여자대학교 교육대학원 석사학위논문.

신홍미(2013). 중등 도덕과에서의 갈등해결교육에 관한 연구 -평화교육 관점을 중심으로. 한국교원대학교 대학원 석사학위논문.

안영희(2022). 대학생의 자기인식과 자기성찰이 인성적 태도에 미치는 영향. **교육심리연구, 36**(2), 45-66.

엄영란, 오효정, 이영선, 지희진(2023). **인성과 소통.** 경기: 양성원.

오정선(2009). 공감적 듣기 중심의 대화 방법 연구. 한국교원대학교 교육대학원 석사학위논문.

이건협(2007). 조직 내 커뮤니케이션 유형과 갈등관리방식의 관계에 관한 연구. 단국대학교 대학원 석사학위논문.

이광우(2015). **도덕교육의 이론과 실제.** 서울: 학지사.

이명준, 이미숙(2004). 초・중등학교의 갈등해결 교육에 관한 연구: 도덕과 사회과를 중심으로. 연구보고 RRC 2004-4, 서울: 한국교육과정평가원.

이민경(2016). 청년의 사회적 참여 경험이 책임감 형성에 미치는 영향. **청소년학연구, 23**(4), 57-74.

이수진(2018). 세계시민 도덕성의 개념과 교육적 함의. **도덕교육연구, 35**(2), 45-67.

이승진, 고영건(2021). 중학생의 소속감 지향성이 심리적 적응 및 친구 네트워크에 미치는 영향력 비교: 소셜 네트워크 분석을 활용한 단기-종단적 분석. **한국심리학회지: 학교, 18**(2), 175-195.

이승현(2022). 대학생의 인성적 태도 발달과 자기성찰의 관계. **한국심리학회지: 교육, 37**(1), 101-120.

이연미(2021). 교사의 학교폭력 갈등중재 경험 연구 -비폭력대화에 기반 한 중재를 중심으로- 단국대학교 대학원 박사학위논문.

이영안, 이홍재(2011). 갈등관리방식이 직무성과에 미치는 영향에 관한 연구: 경찰공무원의 인식을 중심으로. **한국정책연구, 11**(2), 225-243.

이영재(2018). 소통적 연대 원리의 공감이론적 재구축을 위한 시론적 모색 = 콜버그의 「단계6의 복귀」에 나타난 입장 변화를 중심으로. **정치사상연구**, 75-100.

이지혜(2014). 또래조정의 사회과 시민교육 효과 연구: 갈등해결력을 중심으로. 서울대학교 대학원 박사학위논문.

이현준, 이현진, 김명찬(2019). 대학생의 자기성찰이 자기주도학습에 미치는 영향 : 멘토링, 학습전략의 매개효과. **열린교육연구, 370**, 373-391.

인앤피플컴퍼니(2022). 정중하게 부탁하는 방법과 성숙하게 거절하는 방법.

정다혜(2020). 태도 형성과 행동 변화: 심리학적 접근. **한국심리학회지, 39**(2), 211-230.

정창우(2015). **인성교육의 이해와 실천.** 경기: 교육과학사.

조대연(2021). **비판적 사고와 시민교육.** 서울: 박영사,

지희진 외(2022). **인성과 소통.** 경기: 양성원.

지희진, 엄영란, 오효정, 이영선(2023). **인성과 소통.** 경기: 양성원.

진은희, 김훈희(2017). 영상매체를 활용한 전문대학생들의 인성덕목 교육프로그램 효과. **복합적학제간연구,** 7, 12-24.

평화를만드는여성회(2007). **청소년을 위한 갈등해결교육 교안집.** 서울: (사)평화를 만드는 여성회.

한경희(2018). **다문화와 세계시민교육.** 경기: 교육과학사.

한국교육학회(2020). 미래세대를 위한 인성교육 총론. 교육부 지원 연구보고서.

한국청소년개발원(2004). 청소년 갈등해결을 위한 정책방안. 연구보고 04-R15.

한미화(2020). 글로벌 문제 해결과 개인 책임. **국제교육연구, 12**(1), 15-34.

Allport, G. W. (1937). *Personality: A Psychological Interpretation.* Hol

Aristotle. (2009). *Nicomachean ethics* (W. D. Ross, Trans.). Oxford University Press. (원전 출간 연도 미상)

Assefa, H. (2007). **경쟁적 정치 · 경제 · 사회 구조 속에서의 평화와 화해의 새로운 패러다임** [Peace and Reconciliation as Paradigm] (이재영 역). 강원: 한국아나뱁티스트출판부 (원저출간: 1993).

Astin, A. W., Vogelgesang, L. J., Ikeda, E. K., & Yee, J. A. (2000). *How service learning affects students.* Higher Education Research Institute, University of California.

Bandura, A. (1977). *Self-Efficacy: The Exercise of Control.* New York: Freeman.

Baumeister, R. F. (1998). The self. In D. T. Gilbert, S. T. Fiske, & G. Lindzey (Eds.), *The handbook of social psychology* (4th ed., Vol. 1, pp. 680-740). New York, NY: McGraw-Hill.

Baumrind, D. (1991). Parenting styles and adolescent development. *Journal of Early Adolescence, 11*(1), 56-95.

Berkowitz, M. W., & Bier, M. C. (2004). Research-based character education. *Annals of the American Academy of Political and Social Science, 591*(1), 72-85.

Brackett, M. A. (2019). *Permission to Feel.* Celadon Books.

Brackett, M. A. (2020). **감정의 발견: 예일대 감성 지능 센터장 마크 브래킷 교수의 감정 수업.** [Permission to feel: unlocking the power of emotions to help our kids, ourselves, and our society thrive] (임지연 역). 서울: 북라이프(원저출간: 2019).

Buber, M. (1995). **나와 너.** [Ich und du] (표재명 역). 서울: 문예출판사(원저출간: 1923).

Cohen, G. L., & Sherman, D. K. (2014). The psychology of change: Self-affirmation and social psychological intervention. *Annual Review of Psychology,* 65, 333-371.

Collins, W. A., & Laursen, B. (1992). Conflict and relationships during adolescence. In C. U. Shantz & W. W. Hartup (Eds.), *Conflict in child and adolescent development* (pp. 216-241). New York: Cambridge University Press.

Collins, W. A., Laursen, B., & Mortensen, N. (1997). Conflict processes and transitions in parent and peer relationship: Implications For autonomy and regulation. *Journal of Adolescent Research, 12*(2), 178-198.

Crawford, D. & Bodine, R. (1996). *Conflict Resolution Education: A guide to Implementing Programs in Schools, Youth-Serving Organizations, and Community and juvenile Justice Settings.* Washington, DC: US Department of Justice Office of Juvenile Justice and Delinquency Prevention.

Deci, E. L., & Ryan, R. M. (1985). *Intrinsic motivation and self-determination in human behavior.* New York: Plenum Press.

Dollard, J., Miller, N. E., Doob, L. W., Mowrer, O. H., & Sears, R. R. (1939). Psychological principles: II. In J. Dollard, N. E. Miller, L. W. Doob, O. H. Mowrer, & R. R. Sears, *Frustration and aggression* (pp. 39-54). New Haven: Yale University Press.

Dweck, C. S. (2006). *Mindset: The new psychology of success.* New York: Random

House.

Eisenberg, N., Fabes, R. A., & Spinrad, T. L. (2006). Prosocial development in early adulthood. *Journal of Personality and Social Psychology, 91*(1), 46-61.

Emmons, R. A., & McCullough, M. E. (2003). Counting blessings versus burdens: An experimental investigation of gratitude and subjective well-being in daily life. *Journal of Personality and Social Psychology, 84*(2), 377-389.

Epictetus, Arrian, Carter, Elizabeth(2016). *The Enchiridion: The Manual of Epictetus.* Createspace Independent Publishing Platform.

Erikson, E. H. (1968). *Identity: Youth and Crisis.* W. W. Norton & Company.

Floridi, L., & Cowls, J. (2019). A Unified Framework of Five Principles for AI in Society. *Harvard Data Science Review,* 1, 2-15.

Gilligan, C. (1982). *In a Different Voice.* Cambridge, MA: Harvard University Press.

Goleman, D. (1995). *Emotional intelligence.* Bantam Books.

Gross, M. A., & Guerrero, L. K. (2000). Managing conflict appropriately and effectively: an application of the competence model to Rahim's organizational conflict styles. *International Journal of Conflict Management, 11*(3), 200-227.

Gross, Michael A., and Laura K. Guerrero. "Managing conflict appropriately and effectively: An application of the competence model to Rahim's organizational conflict styles." International journal of conflict management 11.3 (2000): 200-226.

Hocker, J. L. & Wilmot, W. W. (1991). *Interpersonal conflict* (3rd ed.). Dubuque, IA: William C. Brown. Google Scholar.

House, J. S. (1981). *Work stress and social support.* Reading, MA: Addison-Wesley.

Johnson, D. & Johnson, R. (2000). **갈등해결을 통한 학교 폭력 예방.** [Reducing school violence through conflict resolution] (추병완, 김영은 역). 서울: 백의(원저출간: 1995).

Kohlberg, L. (1981). *Essays on Moral Development, Volume One: The Philosophy of Moral Development.* Harper & Row.

Kohlberg, L. (1981). *The Philosophy of Moral Development.* New York: Harper & Row.

Kohlberg, L. (1984). *Essays on moral development.* Harper & Row.

Lennick. D., & Kiel, F. (2005). *Moral intelligence: Enhancing business performance & leadership success.* New Jersey: Wharton School Publishing.

Lickona, T. (1991). *Educating for character: How our schools can teach respect and responsibility.* Bantam Books.

Lorenz, K. Z. (1966). A. The psychobiological approach: methods and results-evolution of ritualization in the biological and cultural spheres. Philosophical Transactions of the Royal Society of London. *Series B, Biological Sciences, 251*(772), 273-284.

Luft, J. & Ingham, H. (1955). The Johari Window: a graphic model for interpersonal relations. University of California Western Training Lab.

Luft, J. (1969). *Of human interaction.* Palo. Alto, Calif.: National Press Books.

Lungu, A. (2021). **의미 있는 삶을 위하여.** 경기: 수오서재.

Luthans, F. (1977). *Organizational behavior* (2nd ed.). New York: McGraw-Hill.

Luthans, F. (1981). An experimental analysis of the impact of contingent reinforcement on salespersons' performance behavior. *Journal of Applied Psychology, 66*(3), 314-323.

Maslow, A. H. (1943). A theory of human motivation. *Psychological Review, 50*(4), 370-396.

Masten, A. S. (2001). Ordinary magic: Resilience processes in development. *American Psychologist, 56*(3), 227-238.

Masten, A. S. (2014). *Ordinary Magic: Resilience in Development.* New York: Guilford Press.

McCrae, R. R., & Costa, P. T. (1999). A five-factor theory of personality. *Handbook of Personality: Theory and Research, 2*, 139-153.

McCrae, R. R., & Costa, P. T., Jr. (1999). A five-factor theory of personality. In L. A. Pervin & O. P. John (Eds.), *Handbook of personality: Theory and research* (2nd ed., pp. 139-153). New York: Guilford.

Mezirow, J. (1991). *Transformative dimensions of adult learning.* Jossey-Bass.

Moore, C. W. (1986). The Mediation Process: Practical Strategies for Resolving Conflict. Jossey- Bass, San Francisco, CA.

Moser, J. S., Schroder, H. S., Heeter, C., Moran, T. P., & Lee, Y. H. (2011). Mind your errors: Evidence for a neural mechanism linking growth mindset to adaptive posterror adjustments. *Psychological Science, 22*(12), 1484-1489.

Neff, K. (2003). Self-Compassion: An Alternative Conceptualization of a Healthy Attitude Toward Oneself. *Self and Identity,* 2, 85-101.

NIS 한국지능정보사회지능원(2023). 디지털 윤리 "인공지능 윤리기준"(한국방송통신 위원회).

Nussbaum, M. C. (1997). *Cultivating humanity: A classical defense of reform in liberal education.* Harvard University Press.

Paul, R., & Elder, L. (2006). *Critical thinking: Tools for taking charge of your learning and your life* (2nd ed.). Upper Saddle River, NJ: Pearson/Prentice Hall.

Piaget, J. (1932). *The Moral Judgement of the Child.* London: Kegan Paul, Trench.

Pintrich, P. R., & De Groot, E. V. (1990). Motivational and Self-Regulated Learning Components of Classroom Academic Performance. *Journal of Educational Psychology,* 82, 33-40.

Putnam, R. D. (2000). *Bowling alone: The collapse and revival of American community.* Simon & Schuster.

Reivich, K., Seligman, M. E. P., & McBride, S. (2011). Master resilience training in the U.S. Army. *American Psychologist, 66*(1), 25-34.

Rest, J. R. (1986). *Moral Development: Advances in Research and Theory.* New York: Praeger.

Rosenberg, M. B. (2016). **비폭력대화: 일상에서 쓰는 평화의 언어, 삶의 언어.** [Nonviolent communication: a language of life (3rd ed.)] (캐서린 한 역). 서울: 한국NVC센터(원저출간: 2015).

Seligman, M. E. P. (2011). *Flourish: A Visionary New Understanding of Happiness and Well-being.* New York: Free Press.

Seligman, M. E. P. (2011). **마틴 셀리그만의 긍정심리학.** [Authentic happiness] (김인자 역). 경기: 물푸레(원저출간: 2004).

Taylor, S. E. (2011). Social support: A review. In H. S. Friedman (Ed.), *The Oxford handbook of health psychology* (pp. 189-214). New York: Oxford University Press.

Thomas, K. W. & Kilmann, R. H. (1975). Interpersonal conflict handling behavior as reflections of Jungian Personality Dimensions. *Psychological Reports, 37*(3), 971-980.

UNESCO 한국위원회(2015). 세계시민교육 가이드라인. UNESCO 출판부.

Werner, E. E. (1995) Resilience in development. *Current Directions in Psychological Science, 4*(3), 81-85.

Werner, E. E., & Smith, R. (1982). *Vulnerable but Invincible: A Study of Resilient Children.* New York, NY: McGraw-Hill

찾 아 보 기

저 / 자 / 소 / 개

▪ 지희진

중부대학교 학생성장교양학부 부교수

▪ 김은정

중부대학교 학생성장교양학부 연구교수

▪ 남궁주리

중부대학교 학생성장교양학부 객원교수

▪ 남원선

중부대학교 학생성장교양학부 연구교수

▪ 이영옥

중부대학교 학생성장교양학부 연구교수

AI시대
인성과 소통의 이해

1판 1쇄 인쇄 — 2025년 8월 25일
1판 1쇄 발행 — 2025년 8월 29일

저　　자 - 지희진 김은정 남궁주리 남원선 이영옥
발 행 인 - 강철원
발 행 처 - 양성원
주　　소 - 경기도 파주시 검산로 173번길 29-12
전　　화 - 031-946-3861(代)
팩　　스 - 031-946-3864
이 메 일 - tnwpub@naver.com
홈페이지 - tnwpub.co.kr
출판등록 - 2015년 8월 31일 제2015-000211호

ISBN 979-11-6126-659-6

정가 23,000원